中国田野考古报告集

考古学专刊

丁种第 113 号

元大都

1964～1974 年考古报告

贰

中国社会科学院考古研究所
北京市文物管理处　编著

文物出版社

北京·2024

THE COLLECTION OF CHINESE FIELD ARCHAEOLOGICAL REPORTS

ARCHAEOLOGICAL MONOGRAPH SERIES

TYPE D NO. 113

YUAN DADU

Archaeological Report from 1964 to 1974

II

(With an English Abstract)

by

The Institute of Archaeology, Chinese Academy of Social Sciences

Beijing Municipal Management Office of Cultural Relics

Cultural Relics Press

Beijing · 2024

第四章　居住遗址的考古发掘（续）

第八节　西绦胡同二号遗址

西绦胡同二号遗址位于旧鼓楼大街豁口西侧，压在明代北城墙下。东面与西绦胡同一号遗址相距约 150 米，西面与西绦胡同三号居住遗址相距约 20 米。该遗址于 1973 年 3 月 ~ 11 月发掘，发掘面积 1200 平方米。

一　平面布局

遗址呈东西向长条形，由三部分组成：一是东半部，为居住遗址；二是西半部，为作坊遗址；三是中间，为一条南北向胡同（图版 4 – 8 – 1、4 – 8 – 2；图 4 – 8 – 1）。遗址北端是一条东西向胡同的南侧边缘，其与中间的南北向胡同呈十字交叉。遗址南面的建筑超出城墙基范围，已被破坏。

（一）东部居住遗址平面

东部居住遗址东西长（西院墙至东院墙）36.15 米，南北残宽 19 米，在这块长条形的范围内，共发掘出十五间小型房屋，按发掘先后顺序分别编号 F1 ~ F15（图版 4 – 8 – 2：1；图 4 – 8 – 1、4 – 8 – 2）。从平面分布关系看，顺西侧院墙内，南北向排列着四间房，由北向南编号为 F6、F1 ~ F3（图版 4 – 8 – 3：1）；顺北侧院墙内，由西向东（从 F6 向东至东侧院墙）排列八间北房，编号为 F5、F4、F7 ~ F10、F12 和 F14（图版 4 – 8 – 1：2、4 – 8 – 2：1）。与这排北房相对应的南面，有一排南房，南、北房间距 3.7 米。南面的一排房都已残缺，仅一间房（F13）保存较完整（参见图版 4 – 8 – 12：1）。比较特殊的是，南、北两排房相对的间柱之间有南北向隔墙，这样使相对的南、北房形成南北串通、东西间隔的八组长条形的建筑平面。每组长条形建筑为一居住单元，每个单元由一间南房、一间北房和当中的方形天井小院组成。其中东头的三组长条形建筑保存较完整（图版 4 – 8 – 3：2）。这种长条形单元式的建筑组合是很适合一般小户家庭（一户一院）的居住形式。

东部居住遗址中的许多房子都有改建和扩建现象，如 F5、F7 ~ F9 把前檐墙向外推出与屋檐平齐，F12、F14 在后檐墙外接建半间小屋（F11、F15）。除以上现象外，还有的把较厚的隔断墙改建成较薄的单坯墙。经过改建后的房屋大小、墙壁厚薄不一，这些房子又多用半头砖砌成，因此从外表看，房子建得既不整齐又很简陋。虽然房屋墙壁有所改动，但房屋木架结构都未动，柱础石还是很有规律地分布在一条直线上。从柱础石的间距看，每间房屋面阔 3.55 米，进深 4.85 米，说明这片小型房子是经过规划后统一建成的（图 4 – 8 – 1、4 – 8 – 2）。

围绕这片房子的东、西和北面砌有院墙，南面院墙已缺。西侧院墙的南端辟有院门，出院门即为南北向胡

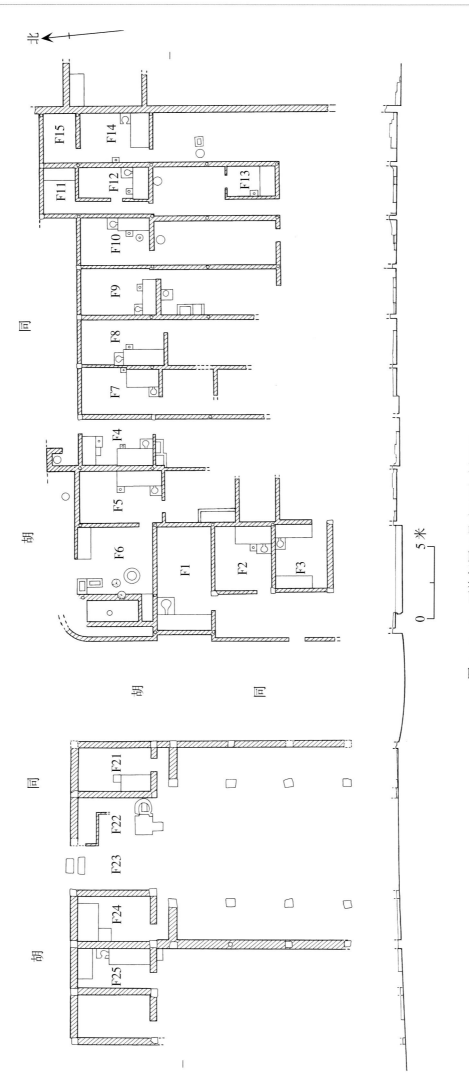

图 4-8-1 西绦胡同二号遗址平、剖面图

同。北侧院墙大部分也已被破坏了，只保存西北的环行拐角及东端的零星残墙，北侧院墙外为东西向胡同。东侧院墙保存较好，是用整砖砌成的，外表整齐坚固，与西侧这片小型房屋的建筑风格显然不同，所以这条院墙应属于东侧较高级宅院的围墙（遗址东端发现了残房址和铺砖露道），东侧院墙实际是借用的相邻宅院的西围墙。

（二）西部作坊遗址平面

作坊遗址东西长（从南北向胡同西边缘至铺砖地面西端）20.9 米，南北残宽 19 米，由六间北房和三开间的大厂房组成（图版 4-8-2：2；图 4-8-1）。六间北房分布在北侧，成东西向一排，编号为 F21~F26。其中东头一间（F21）和西边三间（F24~F26）为单间住屋，当中一间（F23）为门道屋，东侧一间（F22）为火炉房。门道屋与火炉房无隔断墙，也无前檐墙，是连通的敞屋。门道屋的后檐墙上辟一门，门外为东西向胡同，位于门口的地面上保存有长方形的踏脚石（图版 4-8-4：1；图 4-8-1）。三间大厂房位于东边四间北房（F21~F24）的南侧，南北相距仅有 1.6 米。三间厂房东西总进深 13.7 米，与相对的四间北房（F21~F24）的总面阔相等，所以厂房的东、西檐墙与 F21 北房的东山墙和 F24 的西隔墙南北相对，在它们之间砌有短墙连接，使厂房和其北面的四间北房连通一处，形成宽敞的作坊场地，此地还出土了锻打铁质工具用的铁砧子等遗物。厂房东侧为南北向胡同，隔胡同与东部居住遗址相对。

（三）南北向胡同

南北向胡同位于东、西两部分遗址的中间（图 4-8-1）。胡同残长 19 米，宽 6.85~7.1 米，地面是较硬的灰色路土，靠胡同两侧的墙根下堆积许多炉灰渣和废弃的石磨盘等遗物（图版 4-8-2：1），胡同北端与遗址北侧的东西向胡同相交，形成十字交叉路口（图 4-8-1）。

二　建筑结构

（一）东部居住遗址的房屋建筑

东部遗地发掘出的十五间房子均为平地起建，房下都不筑台基。房屋墙壁多用半头碎砖，以黄土灰泥砌墙。砌墙方法有两种，一种平铺错缝顺砌，一种为"斗槽"砌。全为暗柱，柱下均有扁平方形础石。绝大部分屋内未铺砖墁地，为土地面，建筑结构简单粗糙。从建筑布局结构看，十五间房可分两种形式，一种为单间房屋建筑，如顺西侧院墙南北向排列的四间房（F3、F2、F1 和 F6），它们没有自己的单独院落，而是混在一起的大杂院，一家只住一间房；另一种是前面所讲到的八组长条形建筑，应是统一规划建筑的，每组建筑内包括北房和南房各一间以及夹在中间的方形小院，这种组合可称为长条形单元式建筑。下面分别叙述：

1. 单间房屋

F1　F1 位于 F6 之南，F2 之北。房子东西长 7.3 米，南北宽 3.85 米，为一间半的通间大屋（图版 4-8-2：1；图 4-8-2）。屋内靠西侧墙下有炕、灶和炉子，屋中间放置一口水缸、一块捶布石和几件碗、盘、瓶等瓷器。

F1 的西半间是后扩建的，所以屋门只能辟在南墙偏西处，门东侧靠在 F1 与 F2 的间柱上。门口宽 100 厘米，木门已无存。房屋木柱都已朽无，留有柱洞，其中房子西北角和西南角的柱洞保存完整，柱洞直径 15 厘米。柱洞下都有方形柱础石，础石边长 30~40、厚 10 厘米，用青石块凿成。

房子的墙壁厚皆 0.30 米，其中西壁与南壁墙砌法相同。南壁（即 F1 与 F2 房子之间隔断墙）墙残高 0.70

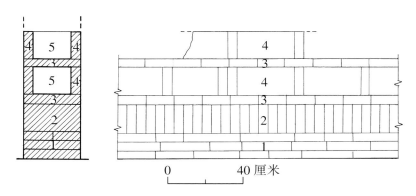

图4-8-3　西绦胡同二号遗址 F1 与 F2 之间隔断墙立面、剖面图
1. 平铺错缝顺砌砖　2. 立砌丁砖　3. 平铺丁砖　4. 顺砌斗转　5. 形成的"斗槽"空心墙

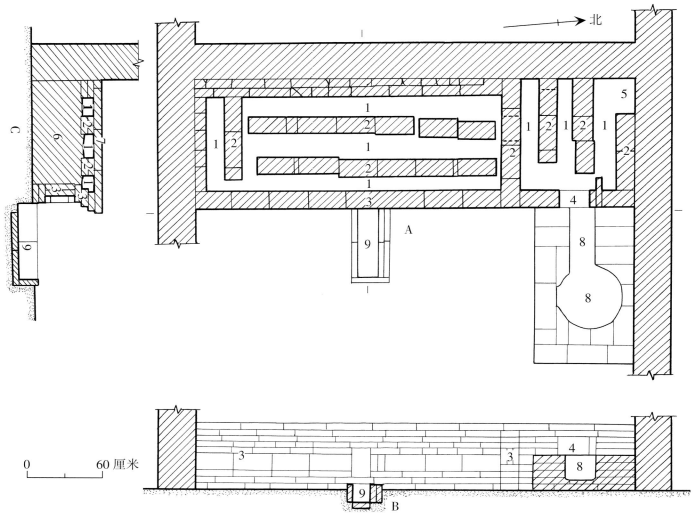

图4-8-4　西绦胡同二号遗址 F1 屋内炕、灶结构图
A. 炕、灶、烟道和烟囱平面图　B. 炕前脸立面图　C. 炕的横剖面图
1. 烟道　2. 砖砌隔梁　3. 炕脸砖　4. 火口　5. 烟囱　6. 炕心内填土　7. 炕面砖　8. 灶膛与烟道　9. 地炉槽

米，墙的隔减部分是用条砖平铺错缝顺砌三层，其上用立砖丁砌一层，隔减以上则采用"斗槽"墙的砌法（即在墙壁两侧面用陡砖顺砌，顺砌的陡砖之间用一或两块陡砖丁砌，这样墙心内形成"斗槽"状），砌一层"斗槽"砖，其上平铺一层丁砖，依次交替错缝层层砌墙（图4-8-3）。东壁和北壁墙大部分用碎砖头平铺顺砌，北壁西头（即后扩建的半间房屋）一段墙是用板瓦砌成的，外表抹一层草泥土，然后又抹一层0.3厘米厚的白灰皮（图版4-8-4：2）。

炕南北长355、东西宽110、高56厘米，用砖砌成。炕为平地起建，炕脸用单层条砖顺砌而成，下面三层砖为平铺错缝顺砌，其上砌层陡砖，再上又平铺两层顺砌，最上面砌出叠涩状炕沿（图4-8-4：A）。炕心的下半部用土填平夯实，其上顺炕方向用条砖砌两条隔梁，每条宽15厘米，形成三条沟槽状烟道（图版4-8-4：2；图4-8-4：A），中间一条烟道宽20厘米，两侧烟道宽16、深约8厘米，隔梁南端留有缺口，使三条烟道互相连通。从炕的结构看，北端108厘米长的一段炕是后接建的，这段炕脸与南边的炕脸砌法不同，在相接处留有一条明显的竖直接缝（图4-8-4：A）。北端炕心内的三条烟道呈东西向，烟道深18厘米（图版4-8-4：2），炕的火口位于炕脸北端，火口宽16厘米，火口外与炕前灶膛相通。炕面用三十块方砖平铺而成。炕的出烟口位于炕的西北角，向上砌的烟囱已残缺。

灶位于炕前侧北头，呈长方形，东西长135、南北宽82、高25厘米。灶口位于南侧，宽20、高15厘米。灶膛直径35厘米，灶膛西侧砌一条15厘米宽的火道，向西与炕脸前的火口相通（图版4-8-4：2；图4-8-4）。

炉子位于炕前的中间部位，已残。保存的地炉槽东西长70、宽16、深15厘米，用条砖砌成（图4-8-4），发掘时槽内填满了炉灰。

F2 位于F1和F3之间（图版4-8-3：1、4-8-5：1）。房子面阔4米，进深4.8米。屋内东南墙角下砌有炕、灶和炉子，屋内出土有酱釉粗瓷小口双耳瓶、捶布石和铁矛等遗物（图版4-8-5：2）。

房子的前檐墙保存很矮，两端间柱下的础石已露出，础石大小同F1的础石。后檐墙和南北两侧隔断墙保存较高，后檐墙内两端各有一柱洞，直径约15厘米。前檐墙和南侧隔断墙厚皆0.25米，其中隔断墙用土坯砌建，墙面抹一层草泥土，外表又抹一层0.3厘米厚的白灰皮。后檐墙和北侧隔断墙厚皆0.30米，均用条砖砌成。屋门辟在前檐墙南端，木门已无存，门口宽95厘米。屋内为土地面，只在灶火口前平铺一小片砖地面。

炕位于屋内东南墙角下，为长方形火炕，南北长250、东西宽120、高45厘米。炕是平地起建，炕脸和北侧炕壁用单坯条砖砌成，即从地面起先顺砌两层平铺错缝砖，上面砌一层陡砖，再上又平铺错缝顺砌四层砖（图版4-8-6：1；图4-8-5）。炕壁建成后，炕心内填30厘米厚的土，表面整平夯实，上面用单行顺砖砌南北向两条隔梁，把炕心均分成三条沟槽状烟道（图版4-8-6：2；图4-8-5），中间烟道长228、宽24厘米，

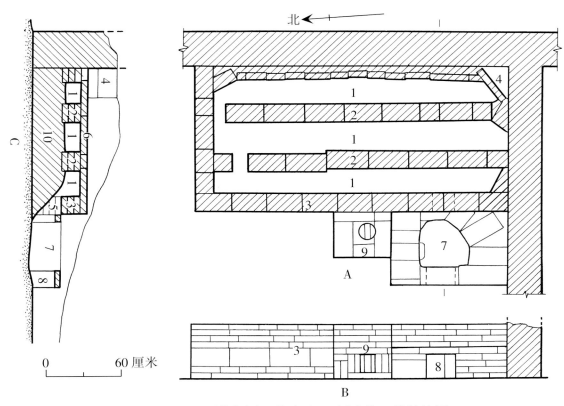

图4-8-5 西绦胡同二号遗址F2屋内炕、灶结构图
A. 炕（烟道、烟囱）、灶和炉子平面图 B. 炕、灶和炉子立面图 C. 炕、灶横剖面图
1. 烟道 2. 砖砌隔梁 3. 炕前脸砖 4. 烟囱 5. 炕前火口 6. 炕面铺砖 7. 灶膛 8. 灶口 9. 炉子 10. 炕心内填土

两侧烟道宽 20 厘米，烟道深皆 6 厘米。隔梁北端都有一宽
15 厘米的烟口，三条烟道通过烟口可互相连通。东侧烟道
的南端为出烟口，往上通入东南墙角烟囱内。烟囱用陡砖
依墙角壁斜砌成三角形状（图版 4 – 8 – 6：2），烟囱壁仅
保存两块陡砖高。炕面平铺三排条砖，炕面砖平架在炕心
内的砖砌隔梁上。

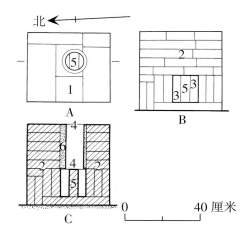

图 4 – 8 – 6　西绦胡同二号遗址 F2 屋内炉子平、剖面图
A. 平面图　B. 炉子前脸立面图　C. 炉子横剖面结构图
1. 炉台平面　2. 炉壁砖砌法　3. 炉门　4. 炉口与炉膛
5. 立砖炉壁　6. 炉膛壁

　　灶位于炕前南端，南北长 90、宽 60、高 24 厘米，灶膛
直径 30 厘米。灶用砖砌成，灶膛周壁砖都砍去一角，平铺
围砌而成，灶台面与灶膛周壁均抹一层草泥土，已被火烧
成红灰色硬面。灶火口在西侧，宽 16 厘米。灶膛后面有一
斜坡状火道，向上与炕脸前的火口相通（图版 4 – 8 – 6；图
4 – 8 – 5）。发掘时在灶膛内遗存大量草木灰。炕心内的烟道壁挂满很厚的一层黑烟灰。

　　炉子位于炕前中间，与炕靠在一起。炉子长 45、宽 38、高 45 厘米，用砖砌成（图版 4 – 8 – 6；图 4 – 8 –
6）。炉底从地面先平铺一层砖，其上砌炉门，宽 13、高 15 厘米。炉门两侧各砌两块陡砖，形成门洞壁。炉体四
壁用砖平铺砌筑，炉台中心留有火口，往下与炉膛和炉门洞相通。火口与炉膛用泥抹成圆筒状，直径 14、深 25
厘米。在炉膛底的炉门洞内，放进一块陡砖作为炉算用。炉膛周壁因被煤火烧烤，已形成红色硬面。发掘时，炉
膛和炉门内遗存许多炉灰渣（从炉灰渣看，烧的是自制的小方块煤饼和砸碎的硬煤块）。

　　F3　位于 F2 南面。面阔 3.75 米，进深 4.65 米。屋内砌有两铺对面炕和一个灶，灶旁放置一石臼和四齿
铁耙等工具（图版 4 – 8 – 5：1），还出土一些瓷灯碟、瓷瓶、瓷盘和瓷罐等生活用品，另外还出土有铜耳环、
铜簪和金箔花叶等装饰品。

　　房子的墙壁保存很矮，从残墙基看，前、后檐墙和隔断墙厚皆 0.25 米，南山墙厚 0.40 米。前、后檐墙砌法相
同，外皮用单行条砖平铺错缝顺砌，里皮用陡砖贴在外皮砖错缝砌。南山墙用砖平铺错缝顺砌。房子四角的墙内
都有暗柱，木柱已朽，柱下都有方形础石，边长约 40、厚 10 厘米。屋门辟在前檐墙南端，门口宽 100 厘米。

　　屋内砌有东、西两铺炕，炕已残破。东炕长 245、宽 100、残高 15 厘米，其结构与 F2 屋内炕相同。西炕长
240、宽 95、残高 15 厘米，炕心内砌有长方形火膛，炕前脸火口宽 25 厘米，火膛长 65 厘米。这种结构的火炕，
与雍和宫后居住遗址中的北房东火炕基本相同。

　　灶位于东炕前北头西侧，长 75、宽 65、残高 15 厘米。灶火口朝南，宽 16、高 15 厘米。灶膛呈圆形，直径
45 厘米。灶的结构以及灶、炕连通的形制，与 F2 内的灶、炕形制基本相同。

　　F6　位于东部居住遗址的西北角，房屋东临 F5，南接 F1（图版 4 – 8 – 2：1、4 – 8 – 3：1、4 – 8 – 7：1；
图 4 – 8 – 1、4 – 8 – 2）。F6 是间方形大屋，面阔和进深皆 4.85 米。F6 的东南角柱，同时还是 F5 的西南角柱和
F1 的东北角柱，即为三间房子合用的柱子（图 4 – 8 – 1、4 – 8 – 2）。从以上现象分析，东部居住遗址的这片建
筑是经过统一规划后建成的。

　　墙壁保存很矮，一般残高 0.15 ~ 0.40 米，墙的厚度不一，东墙厚 0.25 米，西墙厚 0.45 米，南墙厚 0.30
米，北墙厚 0.15 米。北墙是后改建的，墙的位置不在两柱之间，而是向北推出 0.45 米，墙壁较薄，采用单坯
砖平铺错缝顺砌而成。北墙西端辟有屋门，仅存门口痕迹，宽约 130 厘米。东墙为 F6 与 F5 房子之间的隔断墙，
在墙的南端辟有一门，为两间房子的室内过门，门宽 90 厘米，并残存一条砖砌门槛，门口两侧各平铺一块方形

石板。西墙较厚，仅残存一砖高的墙基。

在屋内的西南角，用砖围砌一圆形磨台基，直径120、残高30厘米。其西北侧还倒放着两扇石磨盘，北面的为下盘，南面的为上盘，直径60厘米。磨台旁出土有石臼、铁铡刀和磨刀石等（图版4－8－7）。从遗迹和出土遗物分析，F6无疑是加工粮食的磨房。屋内西北角用单行顺砖砌成两个长方形槽（图版4－8－7：1），北槽东西长110、宽70、高45厘米，南槽南北长100、宽60、高45厘米。靠屋内东墙下用砖砌有三道短墙，长约1.25、残高0.25米。这些砖砌的槽和矮墙，可能是架放喂牲口的草料槽及支撑案板用的短墙。另外，F6西面建有一南北向窄长的夹壁小屋，东西宽仅1.85米（图版4－8－8：1）。屋中间的地面埋放一个直径40厘米的水缸，缸口与地面平齐。夹壁小屋的南端砌有一道东西向单坯砖墙，把小屋南端分隔出一东西长1.9、南北宽0.70米的窄条形空间，东面为敞口，与F6磨房相通，但其底面高出F6地面0.25米，并用方砖平铺。其南、西、北三面墙壁和底面均抹一层0.5厘米厚的白灰皮，表面压光。推测此夹壁小屋用途，可能与磨房（箩筛面粉）有关。

屋内的东北墙角下砌有火炕和炉子。炕东西长194、宽90、高44厘米，其结构与F3的西火炕相同。炉子仅存炉槽，结构与F10的炉子相同。

2. 长条形单元式二合院

共有八组长条形单元式的二合院建筑，每组基本由一间北房、一间南房和两房之间的小院组成（图版4－8－3；图4－8－1、4－8－2）。这八组建筑以东边的三组（即F14、F15一组，F11、F12、F13一组，F10一组）保存较完整，其他五组（F4、F5、F7、F8、F9）建筑只保存了北房和小院，南房已被破坏。下面以东边三组建筑为重点，分别叙述于后：

F14、F15组 这组建筑位于遗址的东头，东面紧贴在院墙边。这组单元建筑，南北总长15.7、东西宽3.5米。

北端建北房一间，面阔3.5米，进深一间半7.35米，为一明一暗的筒形套间，南为明间（F14），北为暗间（F15），两屋之间的隔断墙西头辟一屋门，门口宽95厘米。明间屋门辟在前檐墙的西端，门口宽90厘米。以上两门南北相对（图版4－8－8：2）。房子的前、后檐柱及间隔柱均为暗柱，木柱已朽，遗存柱洞直径15厘米。

柱根下都有方形础石，边长约30、厚10厘米。房屋的墙壁都是用半头碎砖砌的，用掺灰泥砌墙，墙缝较厚，墙壁砌得不整齐。前檐墙厚0.25米，其他几面墙皆厚0.30米，墙残高约0.40米。墙壁下没有基础，都为平地起建。

明间F14内有炕、灶和炉子。炕位于前檐墙下，东西长240、南北宽125、高45厘米。灶靠在炕脸前东头，呈方形，边长75、高20厘米，灶火口朝西，灶膛呈圆形，直径37厘米。炉子靠在室内西隔断墙下，长50、宽40、高45厘米。炕、灶和炉子都是用砖砌成的，其结构与F2的炕、灶和炉子相同。暗间F15屋内没有炕、灶等设置，屋内铺有地面砖。明间F14屋内未铺地面砖，屋内地面比院内铺砖地面低0.10米。

院子位于北房前，院子南头未建南房，向南一面为敞开的。靠北房前的院内用条砖平铺地面，院中间放置一长方形石座和一件盛煤用的残缸。西侧院墙与北房西隔断墙南北连接为一体，长8.45、厚0.30米，这道院墙也是两组长条单元建筑（即F14、F15组和F11、F12、F13组）之间的分隔墙（图版4－8－9：1）。

F11、F12、F13组 这组建筑位于F14、F15组单元建筑的西侧，F10组单元建筑的东侧（图版4－8－9）。这组建筑保存得最完整，南北总长15.7米，东西宽3.5米，长条形，其两端各建有面阔一间的南房和北房，当中为一方形小院（图4－8－7）。

北房（F11、F12）面阔一间3.5米，进深一间半7.35米，为前后一明一暗的筒形套间，F12为明间，F11

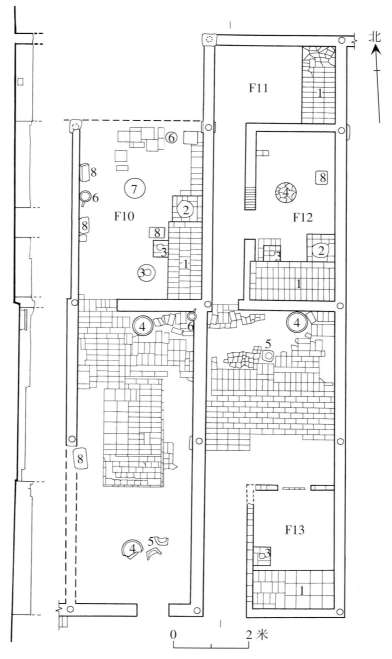

图 4-8-7 西绦胡同二号遗址 F10、F11~F13 两组长条形单元式建筑平、剖面图

1. 炕 2. 灶 3. 煤火炉 4. 缸 5. 石臼 6. 铁锅 7. 铁錾子 8. 捶布石

为暗间，与东侧 F14、F15 组单元建筑布局相同，有一点不同的是，该单元的明间屋内多了一道南北向隔墙，隔墙砌在明间屋门口到暗间屋门口的东侧之间，把明间西侧分隔出宽 0.80 米的一窄条过道（图版 4-8-9：2），并在南北向隔墙中另辟一门，通入明间（F12）内（图版 4-8-10：1；图 4-8-7），这样北房的里外间都有自己的屋门，为独立房间，比东侧 F14、F15 里外套间的布局形式更为合理。

明间 F12 屋内用砖砌有炕、灶和炉子，全部集中在南半部（图版 4-8-9：2、4-8-10：1；图 4-8-7）。炕在前檐墙下，东西长 220、南北宽 106、高 40 厘米。炕的结构与 F2 屋内炕相同，只有烟囱的砌法不同。该炕烟囱砌在前檐墙内的东端，呈方形，边长 10 厘米，往上可能通过屋顶延伸到室外。灶建在炕前东头，长 75、宽 70、高 20 厘米，灶火口开在西侧，宽 20、高 15 厘米，灶膛呈圆形，直径 43 厘米。炉子砌在炕前西头，长 60、宽 59、高 42 厘米，炉门辟在北侧下边，宽 17、高 15 厘米，炉口呈圆形，直径 16 厘米，炉膛深 26 厘米。灶和炉子的结构也与 F2 屋内的灶和炉子相同。F12 屋内还出土有水缸等生活用具。暗间 F11 屋内只有炕，炕靠在东壁下（图版 4-8-11：1），南北长 213、东西宽 95、高 45 厘米。炕心内砌有火膛和烟道（图版 4-8-11：2），其结构与雍和宫后居住遗址中的北房东火炕基本相同。

南房（F13）位于北房（F11、F12）的对面，面阔一间 3.75 米，进深一间 4.7 米。房子前、后檐的四个墙角内均有暗柱，木柱已朽，柱洞直径 15 厘米。柱洞下都有扁平状柱础石，其中东南角的础石是一扇废磨盘（直径 30 厘米）。南房是长条形单元建筑的门户，大门就辟在南房后檐墙之西端，门口宽 110 厘米。实际南房是间门道屋，它未砌前檐墙，向北是敞开的。为了充分利用门道屋的面积，在屋内东南角用单行顺砖围砌一间小屋，小屋南北进深 3.25 米，东西面阔 2.1 米，屋门壁在北侧前檐墙中，门口宽 85 厘米，门已无存，门口下的地面上砌有一条砖门槛，长 75、高 5 厘米（图 4 – 8 – 7）。这样门道屋内套一间小南房，小屋西侧形成一条宽 1.1 米的窄条形过道，过道南端为单元大门，过道北面通入小院（图版 4 – 8 – 10：2）。F13 屋内靠后檐墙下砌有火炕，东西长 220、南北宽 105、高 45 厘米，炕心内砌有火膛和烟道，其结构与 F11 屋内的火炕相同。炉子靠在西壁墙下，边长 50、高 40 厘米（图版 4 – 8 – 12：1），炉子的结构与 F2 屋内的砖砌炉子相同。

方形小院位于南北房之间，边长 3.7 米，院中用条砖铺地。靠北房（F12）的屋檐下埋放一个水缸，缸口露出地面 0.25 米，缸口直径 50、腹深 68 厘米。缸旁放置一套石臼、杵（图版 4 – 8 – 12：2）。小院东西两侧围砌院墙，院墙砌在南、北房的间柱之间，与房子的东、西隔墙南北连接一体。东侧院墙实际也是 F14、F15 组单元建筑的西侧院墙，从平面看为两组单元建筑之间一条南北贯通的长隔墙（图版 4 – 8 – 9）。西侧院墙的位置稍偏向间柱以西 0.10 米（图 4 – 8 – 7）。院墙用半头碎砖平铺顺砌，墙厚 0.35 米。从完整的平面布局看，这组长条形单元建筑实际是座封闭式的二合小院落。

F10 组　这组建筑位于 F11、F12、F13 组单元建筑的西侧，保存得不完整，南房部分已被破坏。该组建筑南北总长 13.3、东西宽 3.35 米，由一间北房（F10）、一间南房及方形小院组成（图版 4 – 8 – 13；图 4 – 8 – 7）。平面布局与东侧 F11、F12、F13 组建筑布局完全相同。

北房（F10）一间，面阔 3.5 米，进深 4.85 米。门位于前檐墙西端，木门已无存，门口宽 95 厘米。房屋四壁墙角内都遗存暗柱洞，后檐墙已倒塌，暗柱下的础石全部暴露。础石呈方形，用扁平石块凿刻而成，边长 30、厚 10 厘米。前檐墙厚 0.35 米，西侧隔断墙厚 0.20 米，东侧隔断墙厚 0.30 米，均用半头碎砖平铺顺砌而成。屋内地面未铺砖，比屋外的铺砖地面低 10 厘米。

屋内置有炕、灶和两个炉子，偏北的屋地面上出土一堆煤和许多生活用具（图版 4 – 8 – 13：1）。炕位于屋内东南墙角处，南北长 215、东西宽 90、高 40 厘米，炕的结构与 F8 屋内炕相同。灶靠在炕北头，呈方形，边长 80、高 20 厘米，灶火口在西侧，宽 20、高 15 厘米，灶膛圆形圜底，直径 40 厘米。灶膛南侧有条烟道，向南与炕北壁上的火口相通，火口又与炕内的三条烟道连通，是炕、灶连通形制。炉子有两个，位于炕前西侧。其中一个为方形炉子，结构分上、下两部分：下面为长条形炉槽，建在地面下，用砖砌成，长 36、宽 16、深 13 厘米，槽口与地面平；上面为近方形炉体，压在炉槽上，长 48、宽 40、高 26 厘米。炉口呈圆形，直径 16 厘米，炉口下的炉膛呈圆筒形，深 26 厘米，炉膛底部有三根东西向铁炉条，每根粗 0.8 厘米。炉膛周壁及炉口用泥抹平，经火烧后呈红色硬面。该炉结构与 F4 屋内的地炉子基本相同。另一个为圆形炉子，直径 55、高 45 厘米，用条砖围砌而成，炉台及周壁用泥抹光。炉口居中，呈圆形，直径 20 厘米，炉膛呈圆筒形，深 30 厘米，炉门朝南，呈方形，宽 20、高 15 厘米。

南房一间，面阔 3.35 米，进深 4.7 米。北面无前檐墙，向北敞开，与方形小院连通。后檐墙上辟一门，木门无存，门口宽 85 厘米。墙壁砌法和暗柱形式同 F10，南房内放置一个水缸和一件石臼。

方形小院南北长 3.7 米，东西宽 3.35 米，院内用条砖铺地，南侧铺地砖较整齐，东、南两侧还砌有砖线。院北侧靠北房前檐墙下埋放一个水缸，与东临的 F11、F12、F13 组单元建筑的小院形式完全相同（图版 4 - 8 - 13：2）。

　　F9组　这组建筑位于 F10 组的西侧、F8 组的东侧。该组建筑的南房已被破坏，从残存的形制看，与上述三组建筑相同（图版 4 - 8 - 14：1；图 4 - 8 - 2）。

　　北房（F9）一间，面阔 3.4 米，进深 4.85 米，其前檐墙向外推出 0.75 米，所以屋内实际进深 5.1 米。前檐墙厚 0.40、残高 0.25 米，于东端辟一门，门口宽 70 厘米。后檐墙已倒塌，露出后檐墙内的两块方形柱础石。西侧隔断墙用土坯砌筑，墙厚 0.35 米，外表抹一层草泥土墙皮。屋内用条砖铺地，部分砖地面已残破。屋内西北角有一堆木炭，旁边放置一件铜炭盆，屋内还出土许多生活用具以及供奉的小铜佛和瓷香炉等。

　　屋内靠前檐墙下砌有火炕、灶和炉子（图版 4 - 8 - 15）。炕东西长 240、南北宽 90、高 45 厘米。灶建在炕前西端，长 70、宽 60、高 20 厘米。炉子建在炕前东端，长 51、宽 40、高 45 厘米。炕、灶和炉子的结构与 F2 屋内的炕、灶和炉子相同。

　　南房一间，面阔 3.4 米，进深 4.7 米。房屋西南角残缺，东侧的隔断墙全都倒塌。南房形制与东侧 F10 组单元建筑的南房（门道屋）完全相同。

　　方形小院南北长 3.75 米，东西宽 3.4 米。靠近北房（F9）檐下用砖铺砌散水。靠前檐墙下还砌一方形灶（图版 4 - 8 - 16：1；图 4 - 8 - 8），边长 75、高 20 厘米，灶火口辟在东侧，宽 20、高 15 厘米，灶膛呈圆形，直径 35 厘米。灶膛后侧往上砌有圆形烟孔，烟孔之上用两块筒瓦合围成烟囱，直径 12、高 20 厘米，烟囱下部堆抹很厚的泥。另外，靠西侧院墙下用单行顺砖围砌出两个池子，每个池子边长约 0.80、残高 0.35 米，北侧池内盛满了煤块。东西两侧院墙用碎砖砌筑，墙厚 0.30 米。

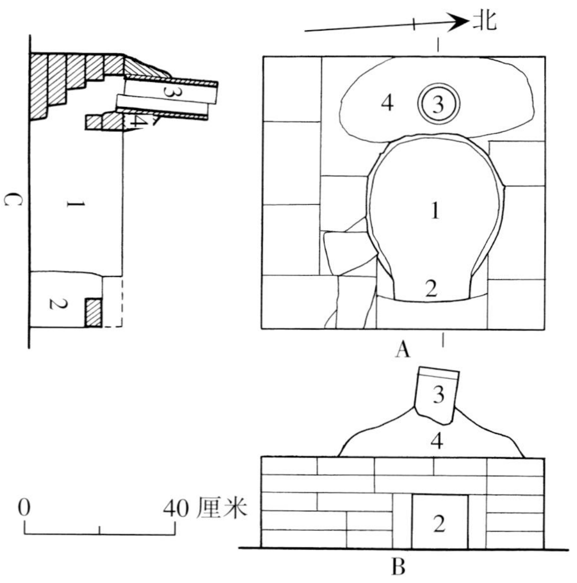

图 4 - 8 - 8　西绦胡同二号遗址 F9 院内灶结构图
A. 灶平面图　B. 灶前脸立面图　C. 灶剖面图
1. 灶膛　2. 灶火口　3. 烟囱　4. 泥堆

　　F8组　这组建筑位于 F9 组之西。建筑南北残长 11.7 米，东西宽 3.46 米，南房大部分已被破坏（图版 4 - 8 - 14；图 4 - 8 - 2）。

　　北房（F8）一间，面阔 3.46 米，进深 4.85 米，前檐墙向外推出 1.1 米，使房屋进深增加到 5.95 米。屋门辟在前檐墙东端，门口宽 87 厘米。后檐墙已倒塌，但两块柱础石还保留在原墙基内。前、后檐墙及东侧隔断墙皆厚 0.30 米，西侧隔断墙厚 0.15～0.30 米，北段墙较薄。墙壁皆平地起建，都是用条砖平铺错缝顺砌，只西侧隔断墙的北段贴砌一坯陡砖。靠屋内后檐墙下用条砖围砌一方槽，宽 1 米，槽内盛满了煤块。屋内残存有铺砖地面。

　　屋内西南角处砌有炕、灶和炉子（图版 4 - 8 - 14；图 4 - 8 - 2、4 - 8 - 9）。炕南北长 273、东西宽 100、高 45 厘米。灶靠在炕北头，呈长方形，东西长 85、宽 65、高 24 厘米，灶口在东侧，宽 26、高 18 厘米，灶膛呈圆形，直径 40 厘米。炕、灶连建在一起，灶膛与炕北壁的火口相通，相接处形成一条斜坡状火道，其底仰放一块板瓦，通过炕壁火口与炕心内的三条烟道连通。烟道长 218、宽 10～22、深 25 厘米。烟道南端砌一条东西向横隔梁，这样三条烟道向南，烟火需从横隔梁的两端绕转才能通入西南墙角的烟囱中（图 4 - 8 - 9：A）。在炕与灶相接处的北侧炕壁上加高砌出一段单坯砖坎墙，使炕、灶隔开，可防止炕上物件落在灶台上。炕的出烟口位于西南墙角处，顺墙角用板瓦砌有烟囱（图 4 - 8 - 9：A）。炉子靠建在炕前北头，南北长 45、东西宽 40、高 48 厘米，炉底部略小于炉台面，炉子结构与 F2 的炉子相同。

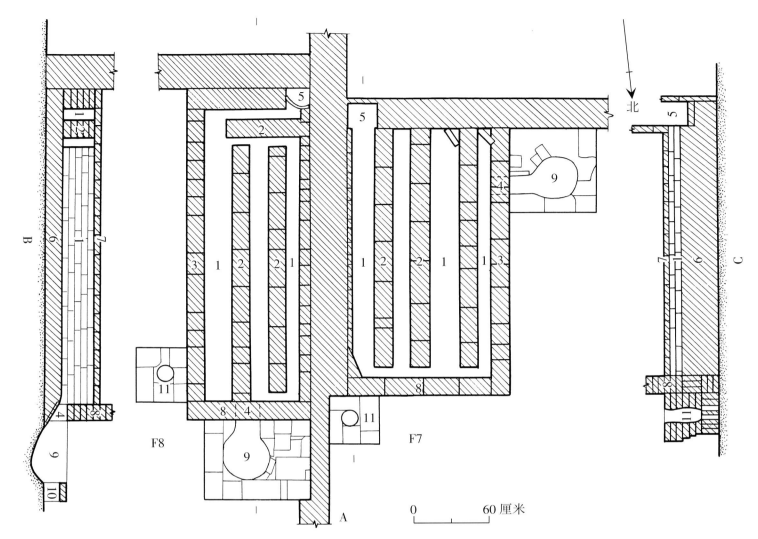

图 4 - 8 - 9　西绦胡同二号遗址 F7 与 F8 屋内炕、灶和炉子结构图

A. F7、F8 屋内炕（烟道、烟囱）、灶、炉子平面图　B. F8 炕、灶剖面图　C. F7 炕、炉子剖面图

1. 烟道　2. 隔梁　3. 炕前脸包砖壁　4. 火口　5. 烟囱　6. 填土　7. 炕面砖　8. 炕南侧壁　9. 灶膛　10. 灶口　11. 炉子

F7组　这组建筑位于 F8 组西侧。建筑南北残长 12.3 米，东西宽 3.45 米，北房保存较好，南房仅残存部分隔断墙及前檐墙（图版 4 - 8 - 14：2；图 4 - 8 - 2）。

北房（F7）一间，面阔 3.45 米，进深 4.85 米，前檐墙向外推出 0.70 米，使屋内进深增大。屋门辟在前檐墙西端，门口宽 110 厘米。后檐墙已倒塌，后檐的两块柱础石仍保存在原墙基内。前檐墙厚 0.20 米，后檐墙厚 0.30 米，西侧隔断墙厚 0.45 米，墙残高 0.15 ~ 0.45 米。墙为平地起建，用整、碎条砖平铺错缝顺砌。

靠东南角的前檐墙处砌有炕、灶和炉子。屋内地面中间放一堆煤，煤堆周围用砖圈起。靠后檐墙下放置一口缸（图版 4 - 8 - 14：2）。另外，出土许多生活用具，如瓷盘、瓷碗、瓷瓶、瓷灯、瓷罐等，还有铜象棋子、铜镜、石砚、瓷镇纸等文玩用品，以及一对三彩琉璃的道士塑像。

炕呈长方形，南北长 220、东西宽 130、高 45 厘米，炕的结构与 F2 屋内的炕基本相同，只是该炕比较宽大，炕心内砌有四条烟道，每条烟道长 205、宽 10 ~ 23 厘米（图版 4 - 8 - 16：2；图 4 - 8 - 9）。在东侧烟道的南端有一方形烟道口，宽 25 厘米，与前檐墙内的烟囱相通。烟囱位于前檐墙内东端，口呈方形，宽 25 厘米，向上顺墙角用砖砌成（图 4 - 8 - 9：C）。灶位于炕前南端，与炕连通建在一起，呈方形，边长 70、高 20 厘米，灶火口辟在北侧，宽 20、高 15 厘米，灶膛位于灶台中心，呈圆形，直径 34 厘米。灶口前平铺一片砖地面。炉子位于炕北头，呈方形，炉台边长 40、高 45 厘米，炉底略小于台面。灶和炉子的结构与 F2 屋内的灶和炉子相同。

_F4组_ 这组建筑位于 F7 组的西侧。只保存北房一间,南房已被破坏。

北房 (F4) 面阔 3.55 米,进深 4.8 米。前、后檐墙东端各辟一屋门,两门南北相对,木门都已无存,门口宽皆 95 厘米。房子西南墙角内遗存一柱洞,直径 15 厘米,其他三个角因墙壁倒塌,皆露出了柱础石。础石呈扁平方形,边长 35、厚 10 厘米,用青石块凿成。房子的东西隔断墙厚 0.45 米,西侧隔断墙南段是用土坯砌的,其余部分用条砖平铺错缝顺砌。前、后檐墙均用砖砌,前檐墙厚 0.15 米,用单坯顺砖错缝砌,后檐墙厚 0.20米。地面用条砖铺地,以一横行、一竖行交错平铺,东侧隔断墙下南北向平铺一排方砖。屋内砌有西炕和北炕,以及两个炉子和一个灶,在两炕之间的地面上放置有铁叉、带把铁锅和石臼杵等用具 (图版 4 - 8 - 17 ~ 4 - 8 -19),还出土一些瓷碗、瓷罐、瓷盘、瓷瓶和铜镜等生活用具。

西炕南北长 240、东西宽 120、高 45 厘米。炕脸砌法与 F2 屋内的炕相同。炕心内有三条烟道,长 208 ~223、宽 14 ~ 23、深 20 厘米 (图版 4 - 8 - 20:1;图 4 - 8 - 10:A、B)。在炕的北壁中间有一火门,宽 24、高34 厘米 (图 4 - 8 - 10:C),火门与炕内的中心烟道相通,烟道与火门之间立一块活动板瓦。炕的烟囱是顺屋子的西南墙角用筒瓦合围砌成的。炕北壁之上砌有单坯砖坎墙 (图 4 - 8 - 10:B、C)。灶位于炕前南端,与

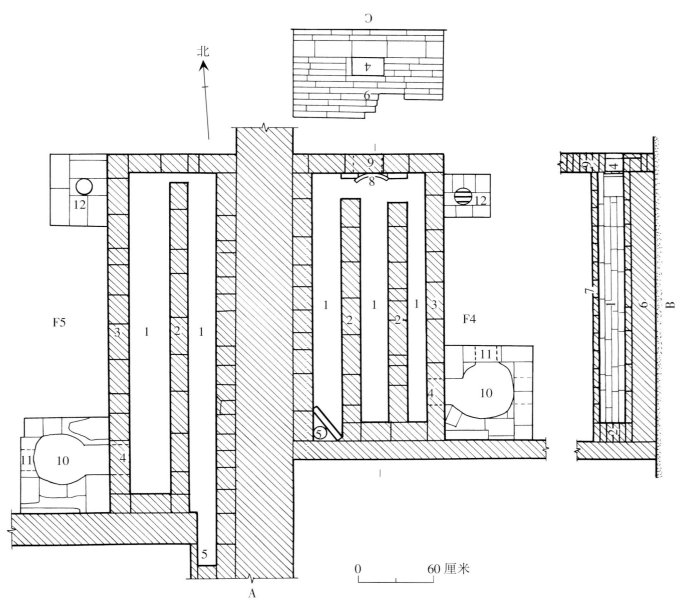

图 4 - 8 - 10   西绦胡同二号遗址 F4 与 F5 屋内炕、灶、炉子结构图
A. F4 西炕、F5 东炕及屋内灶和炉子平面图 B. F4 西炕纵剖面图 C. F4 西炕北壁立面图
1. 烟道   2. 砖砌隔梁   3. 炕脸砖壁   4. 火口   5. 烟囱   6. 炕心内填土   7. 炕面砖   8. 火门瓦   9. 炕北壁坎墙   10. 灶膛   11. 灶口   12. 炉子

炕连通建在一起，灶南北长80、东西宽70、高20厘米，灶火口在北侧，灶膛呈圆形，直径44厘米，灶膛西侧有烟火道，向西与炕脸上的火口相通（图4-8-10：A）。西炕前脸的北头，砌一方形炉子，边长36、高40厘米，炉门在东侧，方形，宽、高均16厘米，炉体中心围砌成筒状炉膛，深28厘米，底部放三根铁炉条，每根炉条长15、宽1、厚0.5厘米，炉口呈圆形，直径16厘米，炉口及炉膛周壁用泥抹光，经火烧烤形成红色硬面（图4-8-11）。

北炕东西长200、南北宽90、高40厘米。炕平地起建，用砖砌成（图版4-8-20：2），炕脸砌法与F2屋内炕相同（图4-8-12：A），炕心内砌出三条烟道，长170、宽7～16、深5厘米，烟道比一般炕的烟道窄小些（因为该炕是与炉子连通的，没有灶的烟火大，烟道也随之变得窄而浅）。炕面平铺三排条砖。炕脸东端辟一方形火口，宽、高皆12厘米，向内与炕心最南侧烟道相通（图4-8-12）。在火口外的下方有一地炉，炉口与炕的火口上下在一个平面

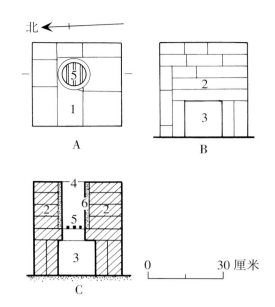

图4-8-11 西缘胡同二号遗址F4屋内炉子
平剖面图及炉前脸立面结构图
A. 平面图 B. 炉前脸立面图 B. 剖面图
1. 炉台面 2. 炉壁砖 3. 炉门 4. 炉口
5. 炉膛与铁炉条 6. 炉膛壁

上（图版4-8-19：2；图4-8-12），它们之间可能是用拐脖烟囱来连接，这样炉子的烟火通过拐脖烟囱进入炕的火口，再通到炕心内的三条烟道中。地炉子砌在北炕前，结构较为特殊，它分上、下两部分：下面（在地面以下）用砖砌一长方形炉槽，东西长80、宽20、深20厘米，槽口与屋地面平齐；上面为长方形炉体，东西长66、宽48、高16厘米。台面中心的炉口直径18厘米，下方的炉膛深22厘米，炉膛底有四根南北向铁炉条，炉条横断面呈方形，宽、厚皆1厘米，炉膛与炉台面用泥抹光。发掘时炉槽内有许多炉灰渣（图版4-8-19；图4-8-13）。

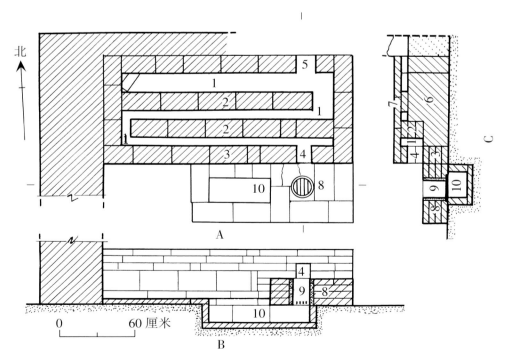

图4-8-12 西缘胡同二号遗址F4屋内炕和地炉子结构图
A. 炕（烟道）、炉子平面图 B. 炕前脸立面和地炉子纵剖面结构图 C. 灶、炉子横剖面结构图
1. 烟道 2. 砖砌隔梁 3. 炕脸砖壁 4. 火口 5. 烟囱 6. 炕心内填土 7. 炕面砖 8. 炉膛壁 9. 炉膛（下有铁炉条） 10. 炉槽

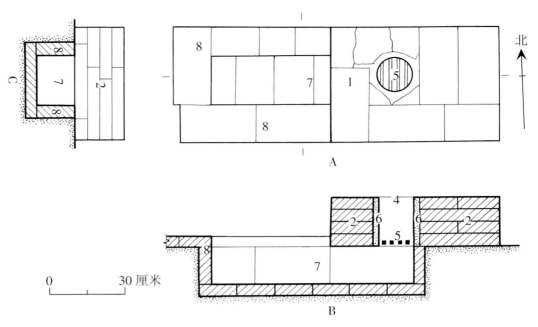

图 4 - 8 - 13　西绦胡同二号遗址 F4 屋内地炉子结构图

A. 平面图　B. 纵剖面图　C. 横剖面图

1. 炉台面　2. 炉壁砖　4. 炉口　5. 炉膛与铁炉条　6. 炉膛壁　7. 炉槽　8. 炉槽壁砖

北屋（F4）外的前檐墙下放置一口水缸，直径 55 厘米，缸周围砌成砖圈。水缸东侧用板瓦砌成长方形池子，长 1、宽 0.55、高 0.50 米，池中盛满了煤块。屋外的后檐墙下埋放一口缸，直径 50 厘米，缸口与地面平齐，缸的西、北两面用碎砖头围砌矮墙，从迹象看应为厕所的位置（图 4 - 8 - 2）。

F5 组　这组建筑位于 F4 组西侧。有完整的北房一间和长方形小院，南房只保留部分前、后檐墙（图版 4 - 8 - 17、4 - 8 - 21）。

北房（F5）面阔 3.8 米，进深 4.8 米，房子的前、后檐墙均向外推出，前檐墙推出 0.70 米，后檐墙推出 0.45 米，房子进深增加（图版 4 - 8 - 21；图 4 - 8 - 2）。前檐墙西端辟有屋门，门口宽 75 厘米，相应门槛的地面上遗留一条地枕槽，槽宽 5 厘米。槽北侧的屋地面上平放一块青条石，长 40、宽 20、厚 5 厘米，为踏道。前檐墙厚 0.20 米，后檐墙厚 0.30 米，两墙砌法相同，墙的隔减部分用砖平铺错缝顺砌，隔减以上采用"斗槽"墙砌法，与 F1 和 F2 之间的"斗槽"墙相同。西侧隔断墙厚 0.30 米，用砖平铺错缝顺砌。隔断墙南端辟有一门，使 F5 与 F6 相通，门口宽 85 厘米，F5 为住屋，F6 为磨房。从房屋使用功能看，应为加工粮食的家庭作坊。

炕、灶和炉子位于屋内东南角（图版 4 - 8 - 21：2）。炕南北长 298、东西宽 100、高 45 厘米。平地起建，炕壁用单行条砖平铺错缝顺砌，炕内中心南北向砌一道单行砖隔梁，把炕心分成东、西两条烟道（图版 4 - 8 - 22：1；图 4 - 8 - 10：A），西侧烟道长 267、宽 30 厘米，东侧烟道宽 22 厘米，烟道深皆 30 厘米。出烟孔位于东侧烟道的南端，向南穿过前檐墙，通到屋外的砖砌烟囱中，烟囱长 35、宽 30、残高 15 厘米。炕面平铺两排大型条砖。火口位于炕脸壁南端，宽 24、高 18 厘米，火口西侧与炕前的灶膛连通（图 4 - 8 - 10：A）。灶靠建在炕脸前南端，长 80、宽 70、高 18 厘米，灶火口在西侧，宽 20、高 12 厘米，灶膛呈圆形，直径 40 厘米。出土时灶膛内遗存大量草木灰（图版 4 - 8 - 22）。炉子位于炕前北端，紧贴在炕壁边上。炉台面长 60、宽 45 厘米，炉体高 40 厘米，炉口直径 15 厘米，炉膛深 25 厘米，炉门位于炉膛底部，面西，宽 13、高 15 厘米。出土时炉膛内遗存有未烧尽的煤饼。

南房的建筑可能与 F13 类似，但它的前、后檐墙皆无门，屋门可能辟在东侧。南房面阔 3 米，进深 2.4 米。

前、后檐墙厚 0.30 米，用碎砖砌建。东侧墙已被破坏。靠西壁墙下有炕的痕迹。

长方形小院南北长 4.7 米，东西宽 3.5 米。院内用碎砖铺地。西南角用砖砌一长方形煤池，长 1.25、宽 0.50、高 0.40 米。

在北房屋外的后檐墙下埋放一口缸，直径 50 厘米，缸口与地面平，应是厕所的粪缸。

（二）西部作坊遗址建筑

作坊遗址东西长 21 米，南北宽 19 米。由六间北房和面阔三间、进深三间的厂房组成（图版 4 - 8 - 1：1、4 - 8 - 2：2、4 - 8 - 4：1；图 4 - 8 - 14）。

1. 北房

六间北房位于厂房北侧，东西向排列。每间面阔皆 3.4 米，进深 5.3 米。房屋墙壁保存很矮，一般仅存隔减墙下的一两层砖，墙厚皆 0.50 米。墙壁采用平铺错缝顺砌，有很少的砖层中砌一两块丁砖，但无规律。房屋前、后檐柱下的础石都已暴露，础石呈扁平方形，长约 55、宽 50、厚 10 厘米，用石块凿成。屋内地面皆用条砖平铺，一行横砖一行竖砖交替铺砌。为叙述方便，我们把六间北房从东至西分别编号 F21 ~ F26。每间屋内的设置情况分别说明如下：

F21　屋内用砖砌有火炕和炉子，均残存底部。炕南北长 200、东西宽 105 厘米。炉子位于炕北头，呈方形，边长 50 厘米。屋门位于前檐墙中间，门已无存，门口宽 90 厘米。

F22　屋内南半部用砖建一座大火炉，屋北面用单行顺砖砌一道折角形墙，墙北头由西北角柱起，向南砌 1.3 米，然后向东折砌 2.35 米，又向南折砌 0.80 米后残断。这段折角墙把屋北侧间隔开，其用途不清。该屋不砌前檐墙和西侧隔断墙，西侧与 F23 屋相通，南面与厂房相通（图版 4 - 8 - 4：1）。

F23　是间门道屋。该屋东侧不砌隔断墙，与 F22 屋相通；南面也不砌前檐墙，与南面厂房相通。北面的后檐墙中间辟一门。门口部位的南北两侧各平铺一块长方形踏脚条石，北侧条石长 100、宽 45、厚 10 厘米，南侧条石长 120、宽 42、厚 10 厘米。门外即为东西向胡同（图版 4 - 8 - 4：1）。

F24　屋内靠后檐墙下砌有火炕和灶。炕和灶仅存底部。炕东西长 255、南北宽 135 厘米，炕心中间用陡砖砌一炕洞，残长 55、宽 25 厘米。灶位于炕前西端，呈方形，边长 85 厘米。屋门辟在前檐墙西端，门口宽 110 厘米。

F25　屋内砌有前檐炕、后檐炕和灶，皆残存底部。前檐炕南北长 270、东西宽 117 厘米。后檐炕东西长 217、南北宽 95 厘米，炕心内遗有炕洞残迹。灶位于前檐炕北端，长 80、宽 70 厘米，灶膛南侧烟道与炕北壁上的火口连通。在屋外的前檐墙下用砖砌一长方形煤池，长 0.90、宽 0.35 米。

F26　屋内不设炕、灶，是空房间。屋内铺砖地面保存很完整。

F25 与 F26 位于厂房的西北角，屋门均在前檐墙西端，门口宽 110 厘米，屋门已无存。F25、F26 与东侧 F21 ~ F24 的房子不相通，之间有墙隔开，其南面的院内遗有铺砖露道残迹。厂房西侧可能是作坊主的住宅。

2. 厂房

共计九间。东西面阔三间，当心间面阔 8.3 米，两次间面阔 2.7 米，南北进深三间，每间进深皆 3.86 米（图版 4 - 8 - 1：1、4 - 8 - 2：2；图 4 - 8 - 14）。厂房为平地起建，只砌有东、西檐墙。东檐墙已被破坏，但相应墙基的部位遗有砌墙时的白灰痕。西檐墙中段保存较好，墙厚 0.70 米，用条砖平铺错缝砌，在墙内遗存一柱洞，直径 30 厘米。东、西檐墙内各有四根暗柱，大部分础石已露出，础石呈扁平方形，边长 40、厚 10 厘米。东、西檐柱内侧相对的还有八根明柱，明柱下的础石比檐柱础石大，也呈扁平方形，边长 60、厚 15 ~ 20 厘米。

最北边的明柱与檐柱之间砌有墙壁，墙厚0.60米，也用条砖平铺错缝顺砌。南边的明柱与檐柱之间是否砌墙，痕迹不清。厂房内全部用条砖平铺地面，以一行横砖一行竖砖交替平铺。围绕八块明柱础石内侧平铺一周丁砖，形成一长方形框，以区分中心间与两次间。因长期踩踏，铺地砖局部砖面已残破，残破的地面又经补铺。厂房内未发现有炕、灶和其他建筑痕迹，显然不是居住或厅堂用所。厂房内出土遗物极少，只有一件铁砧子、四块磨刀石、一件铁锄和一件铁权。厂房北面与四间北房（F21～F24）南北相对，间距仅有1.6米（以两房南北相对的础石中心计算），在它们相对的础石之间砌墙连接，形成一组（F21～F24和三间厂房）连通的作坊建筑（图4-8-14）。

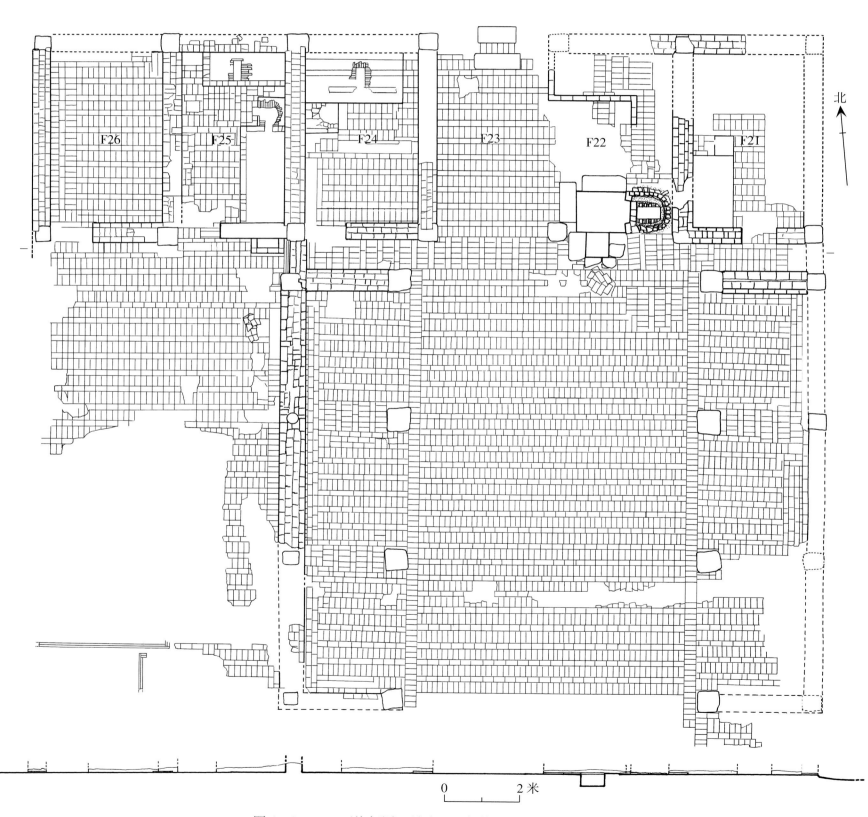

图4-8-14　西绦胡同二号遗址西部作坊遗址平、剖面图

3. 火炉

火炉位于 F22 屋内，为东西向，由火膛、炉算、炉门和炉坑等部分组成（图版 4－8－23；图 4－8－15）。火口和炉膛的上部分已被破坏，保存的都是地面以下部分。

炉膛位于炉坑的东侧，呈圆形，上口残径 82、底径 46、残深 60 厘米。炉膛周壁用条砖围砌两层，里层用半头砖砌，外层用大小不一的条砖紧贴里层砖围砌，两层砖壁厚 26 厘米。炉膛内壁用泥抹平，因长期被火烧烤，炉壁砖被烧成青红色，表面挂有一层流状物（炉汗），并粘满一层煤焦渣，非常坚硬。炉膛外层砖及周围的土也被火烧烤成红褐色。炉算由四根铁炉条组成，平放在炉膛底部。炉条已缺失，但印在底部的痕迹清晰可辨，炉条为南北向平放，每根炉条长 78、宽 8、厚 5 厘米，炉条间距 8 厘米。这四根炉条平架在炉门之上（图 4－8－15：B、E）。炉门洞在炉膛底之下，炉门面西，宽 36、高 65 厘米（图 4－8－15：D），炉门洞长 80 厘米，炉膛就坐落在炉门洞之上。炉门上横架一根铁门楣作为过梁，长 64、宽 13、厚 5 厘米，与东面的四根炉条在同一平面上（4－8－15：B），炉门洞用条砖平铺错缝顺砌。铁门楣之上的南北两端砌一顺砖宽的砖垛，南侧砖垛保留五层，北侧砖垛仅存一砖高，砖垛之间为一个 28 厘米宽的缺口，可能为火口。

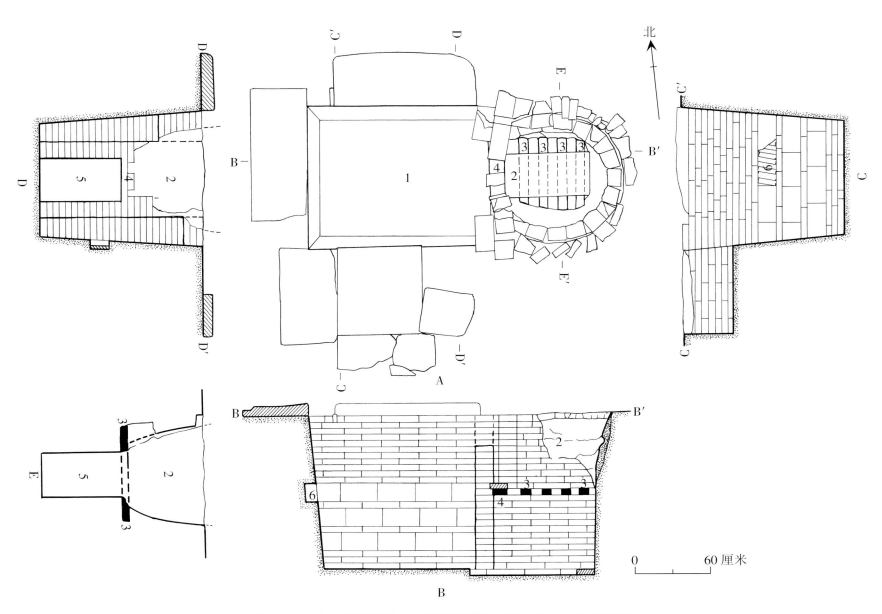

图 4－8－15 西绦胡同二号遗址西部作坊遗址中大火炉结构图

A. 平面图 B. 纵剖面图 C. 炉坑横剖面（西视）图 D. 炉坑横剖面（东视）图 E. 炉膛剖面图

1. 炉坑 2. 炉膛 3. 铁炉条（炉算） 4. 铁横梁 5. 炉膛下门洞 6. 壁龛窝

炉坑位于炉膛西侧，呈长方竖穴形，坑口大于坑底。口东西长 1.34、南北宽 1.18 米，坑底长 1.24、宽 0.96 米，坑深 1.35 米。炉坑之南侧设一小坑，长 0.73、宽 0.69、深 0.40 米。炉坑建在地面以下，用砖砌成，从坑底起先平铺顺砌三层砖，其上砌一层陡砖，陡砖之上又平铺一层顺砖，这样交错向上各砌三层，再上都平铺错缝顺砌条砖，砌至与地面相平。坑口用条石压边，大条石长 80～114、宽 45、厚 10 厘米，小条石宽 40、厚 10 厘米。在炉坑的西壁和南壁上各设两个小壁龛（图版 4-8-23：2；图 4-8-15：A～C），壁龛砌在最上面的陡砖层中，距坑底深 0.55 厘米，壁龛口长 30、宽 15、深 8 厘米。壁龛可能有两种用途，一是上下坑时当脚窝使用，二是晚间烧火时可把油灯放在壁龛内用来照明。发掘时炉坑内一半填的都是炉灰渣，灰渣中有许多未烧透的硬煤块和煤饼。在坑口南边及小坑内还堆放着许多备用的煤。从炉子和出土遗物分析，这处厂房可能是制造铁工具的手工业作坊遗迹。

三　建筑构件

西绦胡同二号遗址东部居住遗址为灰顶屋的低矮民房建筑，出土的建筑构件多是碎砖破瓦，不见较讲究的瓦饰和石材构件。西部作坊遗址所用建筑材料也是一般常见的砖瓦。遗址中只出土极少装饰在门上的铺首和门环。

柱础石　4 件。两件相同。YG73T：47，边长 22、高 9、盆径 19 厘米。覆盆方形座础，盆上雕莲瓣，中心有一圆孔（图版 4-8-24：1）。另两件与 YG72：116①（图版 4-7-10：3）相同。

铜铺首　1 对。YG73F3：11、12，直径 15.4 厘米（图版 4-8-24：2）。

铜钮头圈子　1 件。直径 8 厘米。与后英房居住遗址出土的海棠形曲线钮头圈子相同。

铜闩座　3 件。长 9.2、宽 6.1 厘米。形制与后英房居住遗址出土的闩座相同。

四　出土遗物

（一）生活用具

居住遗址出土的大量生活用具，可分为瓷器、陶器、琉璃器、骨器、漆器、铜器、铁器和石器。

瓷器是主要的生活用具，不但数量多，器形品种也多样。出土的完整瓷器不多，大量的是瓷器碎片，经复原后较完整的多达 210 件。从这批瓷器的窑口看，有磁州窑系、钧窑系、景德镇窑系和龙泉窑系，还有各地小民窑烧制的酱釉、黑釉粗瓷器。从瓷器碎片总数看，以磁州窑系最多，约占 40%，其次是钧窑系、景德镇窑系和龙泉窑系。另外，有极少的碎片属山西霍窑产品，极少的灰青釉瓷片似"北方青瓷"，但窑口不清。

磁州窑系的器形有碗、高足碗、盘、碟、盆、罐、瓶、壶、器盖和缸等。其中以罐、盆、碗、盘最多，罐、盆、瓶、缸等器形较大。瓷胎可分两种，一种为泥质的黄白胎，数量较多，另一种为夹砂红（或红褐）色缸胎。以白釉瓷为主，即先在胎外施白衣（白色化妆粉），然后挂白釉，也有部分黑釉、酱釉瓷。白釉黑（或土黄、赭色）花是该窑系的主要特点，常见在罐、盆、碗、盘及器盖上绘花，花纹题材有菊花、牡丹花（图 4-8-16：14）、葵花等各种花卉，草叶花，以及弦纹、点纹、云纹、龙纹、凤纹和鱼纹等，也有在器物上用黑釉书写文字的，如碗、盘的底面上常见有"花""文""元""齐""王""耒"等，经瓶肩上有的书写"内府"二字，器盖上有的书写"春夏秋冬"，有极少数盆（研磨器）的内壁上为斜交的划纹。黑釉、酱釉瓷一般釉泽光亮，有一种敞口碗的内壁上施黑釉带酱釉色竖条纹，还有的呈铁锈斑和油滴状花纹斑。磁州窑系的碗、盘一般外壁施釉不到底，圈足上留有明显粗支钉痕。

钧窑系的器形有碗、盘、杯、盂、罐、执壶、炉和钵等。其中以碗、盘最多。胎色一般呈黄白色或深灰色，少数为灰白色或红褐色。釉色繁多为钧瓷的特点，有月白、天蓝、蓝灰、蓝黄等色，少数窑变瓷的釉面出现蓝斑、紫红斑等鲜艳的色调。器外壁施釉一般都不到底。

景德镇窑系的瓷器多是湖田窑烧制的。器形有碗、高足碗、盘、罐、炉、灯、瓶、壶、盆、器盖等，还有极少的造像。器形以碗、盘最多。胎色洁白。釉色以枢府釉（卵白釉或灰白釉）较多，其次为影青釉（青白釉）。器物底足一般不施釉，少数底足施釉的均是芒口覆烧器。花纹技法繁多，有刻划花、划花、印花、堆花和绘画的青花。花纹题材有菊花、牡丹花、梅花、荷花等（图 4 - 8 - 16：1 ~ 3、5、7 ~ 10、12、13、15、16），以及弦纹、云纹、龙纹、凤纹等。其中青花瓷出土数量极少，花纹多为缠纹花卉和莲瓣纹（图 4 - 8 - 16：1 ~ 3）。

图 4 - 8 - 16　西绦胡同二号遗址出土瓷器花纹

1 ~ 3. 青花缠枝花卉纹、莲瓣纹和菊花纹　4. 刻划花牡丹纹（碗内壁）　5、9、10、16. 刻划花菊花纹（内底与腹壁）　6、11、13. 刻划花莲瓣纹　7、8. 刻划花荷花纹　12. 划花花卉纹　14. 白釉黑彩牡丹纹　15. 刻划花缠枝花卉纹（4、6、11 为龙泉窑系，14 为磁州窑系，余为景德镇窑系）

　　龙泉窑系的器形有碗、高足碗、盘、洗、罐、炉、壶、盏托、器盖等，其中以碗、高足碗、盘、洗等器形最多。胎色灰白。以青釉为主，常见的有豆青、灰绿、黄绿等色，有极少粉青釉色。花纹技法有划花、刻花、印花、贴花等。花纹题材有菊花、荷花、牡丹花、茶花和莲瓣（图4－8－16：4、6、11，4－8－17：10～14，4－8－18），以及鱼纹、龟纹、弦纹（图4－8－17：1～5），少数碗内壁上印莲瓣八宝纹和八仙人物纹（图4－8－17：6、9），有的碗内底上印"钱"形纹，其内有八思巴文，也有全印成八思巴文的（图4－8－17：7、8）。有的在花卉中印一八思巴文，或在花卉两侧印"清河"二字。炉的器身上常饰八卦纹。部分折沿盘口作葵边形。

图4－8－17　西绦胡同二号遗址出土龙泉窑系瓷器花纹

1～4. 印花鱼纹（碗内底）　5. 贴花龟纹（碗内底）　6. 模印花莲瓣八宝牡丹纹　7、8. 印花钱形八思巴文（内底）　9. 模印花莲瓣八仙人物纹　10～12. 印花牡丹纹（内底）　13、14. 刻划花菊花纹（内底）

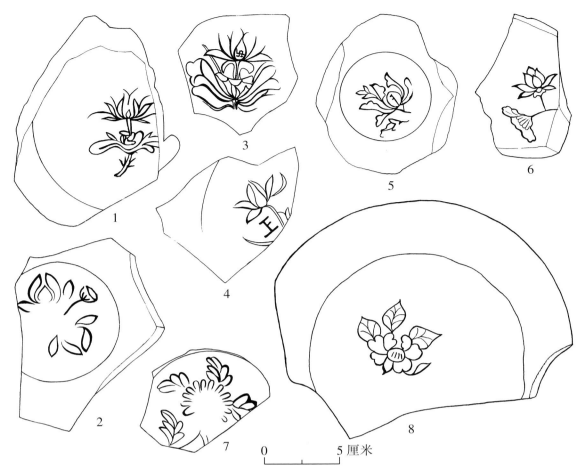

图 4 - 8 - 18　西绦胡同二号遗址出土龙泉窑系瓷碗内底花纹
1~4、6. 印花荷花纹　5. 印花牡丹纹　7. 印花菊花纹　8. 印花茶花纹

山西霍窑的器形有碗、高足碗、盘、盏托等。灰白胎，牙白釉。高圈足上一般有弦纹。器底及圈足上遗存有米粒状小支钉。多为素面器。

灰青釉（似北方产的）瓷片很少，器形有碗、罐，其中以碗较多。胎色黄白（近似磁州窑系的胎色）或浅灰。有的碗底及圈足上挂满釉，多是芒口覆烧器。有的器底及圈足上无釉，底上留有支钉痕。

在瓷器的外底面上发现部分有墨书姓氏和记号的，如"张记""郑""宋""刘""李""屈""王""周""杜""范"等，也有书写八思巴文的。

陶器有盆和仿古的黑皮陶瓶、陶炉等。琉璃器只有香炉一种。

铜器、铁器和石器出土数量不多，主要有锅、盆、錾子、洗和器座等。

出土的完整器及复原器物，按用途质料和器形不同分述于后：

1. 瓷器

枢府釉碗　4 件。皆景德镇湖田窑。YG73T：49①，高 8.5、口径 18.6、足径 6.3 厘米。敞口，圆唇，腹较深，矮圈足。白胎，青白釉，圈足与底无釉。内壁及底刻划牡丹纹。腹壁有修补的铁锔钉眼痕（图 4 - 8 - 19：1）。YG73T：22，高 8、口径 17、足径 5.7 厘米。敞口，圆唇外侈，深腹，平底，矮圈足。白胎，灰白釉，圈足底无釉。内壁印有龙纹，底面印团花（图版 4 - 8 - 24：3；图 4 - 8 - 19：3）。YG73T：50①，高 7、口径 16.5、足径 5.2 厘米。敞口，圆唇，斜弧腹，碗底厚重，未挖圈足，小平底，底心微凹（图 4 - 8 - 19：2）。

青釉碗　6 件。皆龙泉窑系。灰白胎，青绿釉。按器形不同可分如下四种：

莲瓣纹碗　2 件。YG73F1：6，高 6.4、口径 16.7、足径 4.2 厘米。大口，圆唇，弧壁，小圈足。豆青釉，圈足着地面一周无釉。外壁饰莲瓣纹（图版 4 - 8 - 24：4；图 4 - 8 - 19：4）。

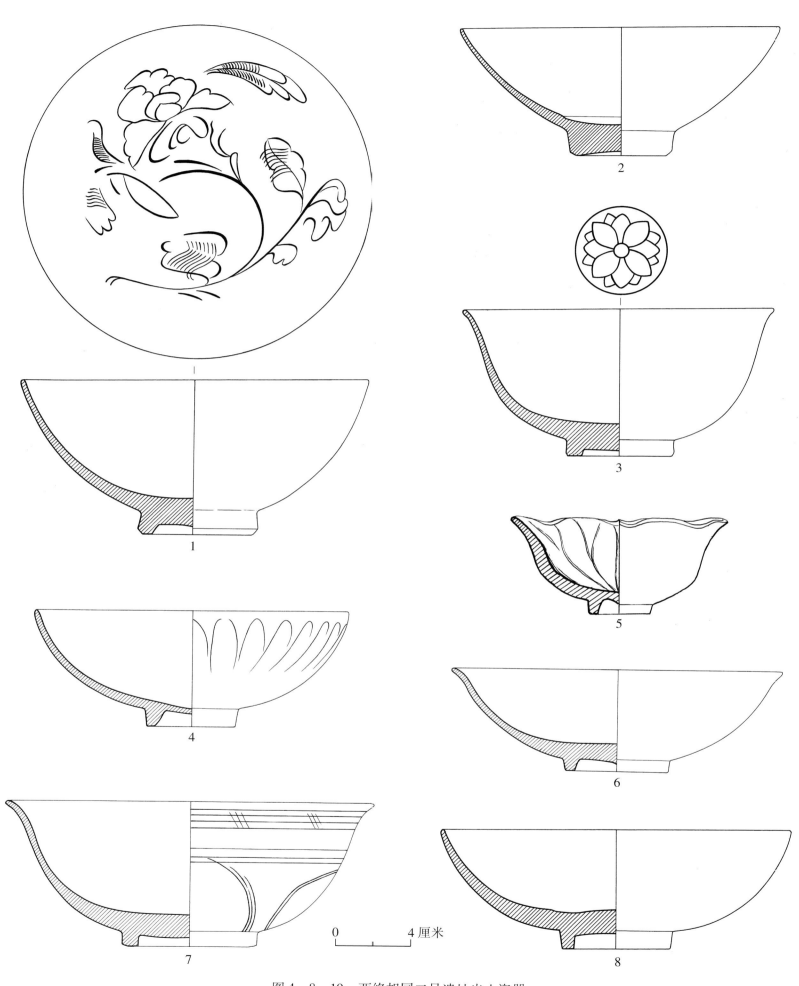

图 4 - 8 - 19　西绦胡同二号遗址出土瓷器

1~3. 枢府釉碗（YG73T：49①、50①、22）　4. 青釉莲瓣纹碗（YG73F1：6）　5. 青釉荷叶形碗（YG73F10：12）　6、8. 青釉敞口碗（YG73F1：11、13）　7. 青釉侈口深腹碗（YG73F4：18）（1、5、6 为龙泉窑系，余为景德镇窑系）

　　荷叶形碗　1件。YG73F10：12，高5.3、口径11.6、足径3.2厘米。侈口，器壁呈荷叶形，腹较深，小圈足。深绿釉，圈足着地面无釉（彩版二七：5；图版4-8-24：5；图4-8-19：5）。

　　敞口碗　2件。YG73F1：11，高6、口径17.6、足径5.8厘米。圆唇，平底，矮圈足。青黄釉，足底未施釉，内底面一周无釉（图版4-8-25：1；图4-8-19：6）。YG73F1：13，高6.4、口径18.5、足径5.8厘米。器形同YG73F1：11。内底面印花纹（图版4-8-25：2；图4-8-19：8）。

　　侈口深腹碗　1件。YG73F4：18，高7.6、口径19.3、足径7.2厘米。圆唇，平底，矮圈足。豆青釉，釉面有小裂纹，器底无釉。外壁口沿下有四周凹弦纹，其上按等距离刻划三短线，短线由左上向右下斜划，腹部划莲瓣纹。外底面有墨书痕，字迹不清（图版4-8-25：3；图4-8-19：7）。

　　钧釉碗　2件。钧窑系。YG73F4：17，高6.7、口径16.6、足径6厘米。黄白胎，浅黄釉，底足无釉。底上有墨书的八思巴文字（图版4-8-25：4）。YG73F4：11，高3.4、口径10、足径4.5厘米。灰白胎，灰白釉，底足无釉（图4-8-20：1）。

　　白釉黑彩碗　3件。皆磁州窑系。YG73F4：13，高5.2、口径15、足径6.2厘米。敞口，圆唇，斜壁，矮圈足。黄白胎，白釉，外壁施釉不到底。内壁绘黑釉弦纹一周，底面绘草叶纹（图版4-8-25：5；图4-8-20：5）。

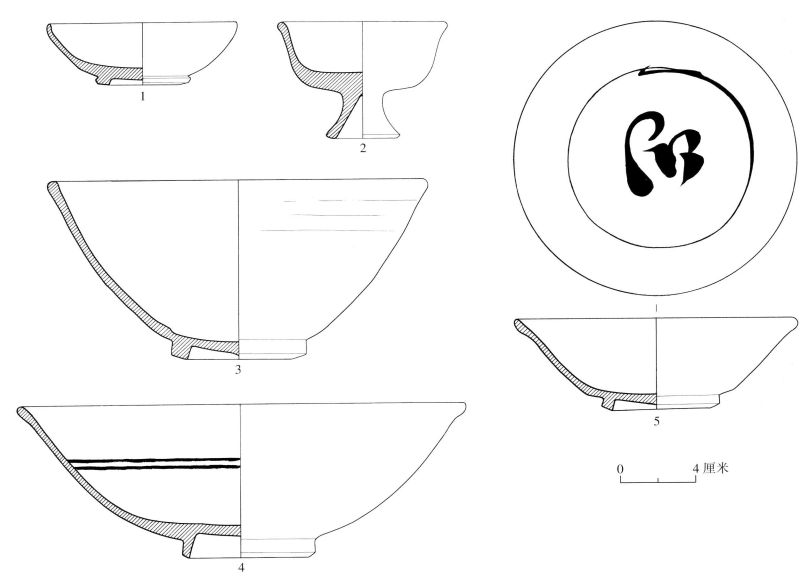

图4-8-20　西绦胡同二号遗址出土瓷器

1. 钧釉碗（YG73F4：11）　2. 黄白釉高足碗（YG73F4：14①）　3. 黑釉碗（YG73T：51）　4、5. 白釉黑彩碗（YG73F1：8、YG73F4：13）（1为钧窑系，2~5为磁州窑系）

YG73F1：8，高8、口径23.5、足径7.3厘米。敞口大碗，圆唇，矮圈足。灰白胎，灰白釉，外壁施釉不到底，内底面一周无釉。内壁绘两周黑釉弦纹（图版4-8-26：1；图4-8-20：4）。YG73F4：7②，高3.2、口径10、足径5厘米。敞口，圆唇，浅腹，矮圈足。黄胎，灰白釉（图版4-8-26：2）。

黄白釉碗　1件。YG73F14：2，高7.5、口径19、足径9厘米。敞口，方唇，深腹，矮圈足。黄胎，黄白釉，外壁釉不到底，内底面一周无釉。底心印荷花纹（图版4-8-26：3）。

黑釉碗　1件。YG73T：51，高9.7、口径20、足径7.4厘米。厚圆唇，斜壁，深腹，矮圈足。黄白胎。内壁饰有酱色竖条纹（图版4-8-26：4；图4-8-20：3）。

青白釉高足碗　1件。残。景德镇窑系。YG73F1：17，通高9、口径11.5、足径3.5厘米。器形与YK70：5（参见图版4-12-2：1）相同。白胎，影青釉。碗内底刻划牡丹纹（图版4-8-27：1）。

黄白釉高足碗　2件。磁州窑系。YG73F4：14①，通高6.5、口径8.9、足高2.5、足径4厘米。侈口，圆唇，腹壁较直，平底，喇叭形圈足。黄白胎，黄白釉，圈足下部无釉。碗内底有支钉痕（图版4-8-27：2；图4-8-20：2）。

青白釉盘　4件。皆景德镇窑系。YG73F10：29，高4.6、口径16、足径5.4厘米。宽沿外侈，小圈足。影青釉，底足无釉（图4-8-21：1）。YG73F10：7，高4、口径13.2、足径4.3厘米。尖唇，腹较深，小底，矮圈足。影青釉，圈足底无釉。内底和内壁布满菊花瓣纹饰（图版4-8-27：3；图4-8-21：2）。YG73F1：4，高5、口径19、足径6.7厘米。敞口，浅腹，小底，矮圈足。影青釉，底足无釉。内底印一对飞翔的凤鸟，外围饰飘云和缠枝牡丹纹（图版4-8-27：4；图4-8-21：4）。YG73F5：22，高3、口径12.3、足径5.2厘米。窄折沿，浅腹，大平底，矮圈足。白胎，影青釉，口沿一周无釉。器壁饰菊瓣纹（图版4-8-27：5；图4-8-21：3）。

枢府釉盘　4件。皆景德镇窑系。白胎，卵白釉。YG73F5：11，高4.5、口径15.7、足径5.2厘米。敞口，圆唇，小平底，矮圈足，底足不施釉。内壁及底面上印缠枝花卉，其中腹壁一周花卉带的上下两端印有"枢府"二字（彩版二六：1；图版4-8-28：1；图4-8-21：6）。YG73F10：1，高1.1、口径13.5～15.9、底径9.8～13.4厘米。椭圆形，折沿，浅腹，大平底，底不施釉。盘心堆塑折枝桃，三个桃凸起，造型别致，花纹素雅（图版4-8-28：2；图4-8-21：5）。

白釉盘　3件。可能为定窑。YG73T：52①，高3、口径14.5、足径9.5厘米。敞口，圆唇，浅腹，大平底，大圈足。白胎较薄，白釉，底足不施釉（图版4-8-28：3；图4-8-21：7）。

青釉盘　12件。皆龙泉窑系。灰白胎，青绿釉。按器形不同可分如下几种：

圆唇大口盘　3件。YG73F1：3，高4.3、口径20.4、足径12.8厘米。浅腹，大平底，矮圈足。豆青釉，圈足内的外底一周无釉。碗内底一周弦纹，内印牡丹纹（彩版二七：2；图版4-8-28：4；图4-8-22：1）。

大口浅腹盘　2件。YG73F1：1，高4.9、口径20.7、足径7厘米。直口，圆唇，小平底，小圈足。豆青釉，圈足内底一周无釉。盘内底面印十字形杵纹，外壁饰莲瓣纹（彩版二七：3；图版4-8-28：5；图4-8-22：2）。

折壁深腹盘　1件。YG73F11：2，高4.4、口径13、足径7厘米。圆唇外侈，大平底，矮圈足。青绿釉，圈足内底一周无釉。内壁刻缠枝花卉，内底面印盘龙纹（彩版二七：4；图版4-8-29：1；图4-8-23：1）。

圆唇敞口盘　5件。YG73W：5，高3、口径12.6、足径7.4厘米。大平底，矮圈足。浅青绿釉有裂纹，足底无釉。内底面印荷花纹。外底面墨书"致和元年李"五个字，"致和元年"即1328年（图版4-8-29：2；图4-8-23：2）。YG73F9：5，高4、口径16.2、足径6.1厘米。浅腹，平底，小圈足。足底及内底中心一圈无

0   4厘米

图4－8－21　西绦胡同二号遗址出土瓷器

1～4. 青白釉盘（YG73F10：29、YG73F10：7、YG73F5：22、YG73F1：4）　5、6. 枢府釉盘（YG73F10：1、YG73F5：11）　7. 白釉盘（YG73T：52①）

图 4 - 8 - 22　 西绦胡同二号遗址出土瓷器
1. 青釉圆唇大口盘（YG73F1：3）　　2. 青釉大口浅腹盘（YG73F1：1）

釉。底心有印花（图版 4 - 8 - 29：3；图 4 - 8 - 23：4）。YG73F12：5①，高 3.8、口径 15.5、足径 5.8 厘米。器形同 YG73F9：5。圈足内无釉（图版 4 - 8 - 29：4；图 4 - 8 - 23：5）。

　　厚圆唇侈口小盘　 1 件。YG73F10：3，高 3.2、口径 11.5、足径 6 厘米。平底微鼓，矮圈足。灰绿釉，足底无釉。釉面有较大的冰裂纹。内壁有莲瓣纹，外壁有周凸弦纹（图版 4 - 8 - 29：5；图 4 - 8 - 23：3）。

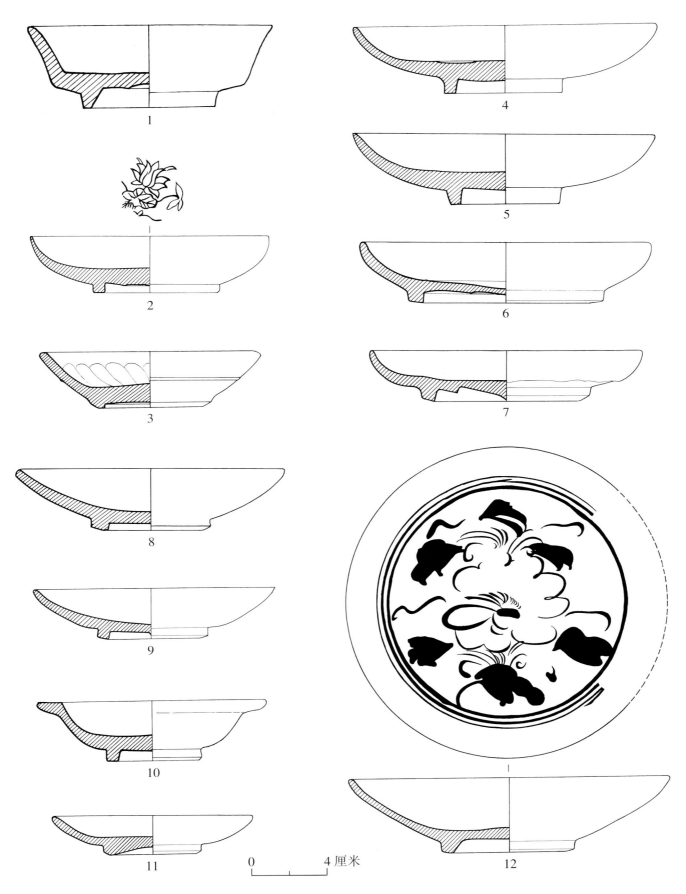

图 4 - 8 - 23　西绦胡同二号遗址出土瓷器

1. 青釉折壁深腹盘（YG73F11：2）　　2、4、5. 青釉圆唇敞口盘（YG73W：5、YG73F9：5、YG73F12：5①）　　3. 青釉厚圆唇侈口小盘（YG73F10：3）　　6、7. 钧釉盘（YG73F9：3、YG73F4：5）　　8、12. 白釉黑彩盘（YG73E：11、YG73F9：4）　　9. 黑釉碟（YG73F3：6）　　10. 青釉洗（YG73F12：5②）　　11. 青灰釉碟（YG73F4：7①）　　（1、2 为龙泉窑系，6、7 为钧窑系，其余为磁州窑系）

钧釉盘　2件。钧窑系。YG73F9：3，高3.5、口径15.5、足径10.2厘米。敞口，圆唇，浅腹，平底，矮圈足。浅黄胎，灰蓝釉，外壁施釉不到底，釉面有细小裂纹。内底有周凸弦纹（图版4-8-29：6；图4-8-23：6）。YG73F4：5，高2.8、口径14.4、足径8.8厘米。器形同YG73F9：3。蓝黑釉（图版4-8-29：7；图4-8-23：7）。

白釉黑彩盘　3件。均属磁州窑系。YG73F9：4，高4、口径17、足径7厘米。敞口，圆唇，浅腹，小圈足较矮。黄白胎，白釉，器外壁下半部施黑釉。盘内壁用黑釉绘弦纹及牡丹纹（图版4-8-30：1；图4-8-23：12）。YG73E：11，高3.5、口径14、足径6.2厘米。器形同YG73F9：4。黄白胎，白釉，外壁釉不到底。内底面用黑釉书写一"花"字，外围绘两周弦纹（图版4-8-30：2；图4-8-23：8）。

黑釉碟　1件。YG73F3：6，高2.9、口径12.5、足径6厘米。敞口，圆唇，浅腹，矮圈足。黄白胎，只口缘挂层黑釉（图版4-8-30：3；图4-8-23：9）。

青釉洗　2件。龙泉窑系。YG73F12：5②，高3.3、口径12、足径5厘米。圆唇，平折沿，浅腹，圈足。灰白胎，灰绿釉，圈足内无釉，釉面有裂纹（图版4-8-30：4；图4-8-23：10）。

青灰釉碟　1件。YG73F4：7①，高2.2、口径10.6、足径5厘米。敞口，圆唇，浅腹，矮圈足。灰黄胎，青灰釉，外壁釉不到底（图4-8-23：11）。

白釉碟　5件。磁州窑系。YG73F5：6，高2.4、口径9.8、足径4.9厘米。器形与YE65：9（参见图版4-10-3：1）相同。

白釉黑彩盆　4件。磁州窑系。YG73W：8，高15.9、口径31、底径16厘米。大敞口，厚方唇，斜直壁，腹较深，平底，底心挖旋成浅圆凹状。夹砂红缸胎，器内壁及口沿施白釉，器外壁施黑釉。内壁用黑釉绘弦纹及草叶纹（图版4-8-31：1；图4-8-24：1）。YG73T：37，高19、口径40、底径20.5厘米。器形和花纹同YG73W：8。黄白胎，外壁为酱釉。YG73F10：9，高19.5、口径51、底径22.5厘米。大敞口，厚沿外折，器壁斜直，平底，底心挖旋成浅圆凹状。黄白胎，器内壁及口沿为白釉，外壁为黑釉。内壁用黑釉绘弦纹及竖条状水波纹，底面绘鱼纹及水草纹（图版4-8-31：2）。

钧釉花盆　1件。钧窑系。YG73F4：10，高10.3、口径16、腹径12、足径8厘米。敞口，折沿，深腹，腹微鼓，矮圈足，底中心有一圆孔。灰紫胎，蓝白釉。沿唇扭成波浪纹（彩版三〇：3；图版4-8-26：5；图4-8-24：3）。

青白釉罐　2件。景德镇窑系。YG73F11：1，高10.5、口径10.5、肩径14.3、底径10.2厘米。直口，矮领，圆肩，腹壁较直，大平底，器形矮肥。腹部中间有接缝痕。灰白胎，影青釉。器身呈瓜棱状（图版4-8-32：1；图4-8-24：8）。YG73F10：11，高6.2、口径5.2、腹径8.2、底径5.5厘米。圆唇，直口，鼓腹，平底微凹。白胎，影青釉，器底无釉。器外壁饰有酱褐色圆点斑。腹部有接缝痕（彩版二〇：3；图版4-8-32：2；图4-8-24：4）。

青釉罐　1件。龙泉窑系。YG73T：39，高24.6、口径25、腹径33.4、足径17厘米。方唇，矮直领，鼓圆肩，下腹内收，平底内凹（隐圈足）。白胎，豆青釉，底足无釉。器身呈瓜棱状（图版4-8-32：3；图4-8-24：9）。

白釉黑（赭黄）彩罐　15件。磁州窑系。其中11件为黄白胎，器形基本相同，均呈直口，矮领，丰圆肩，收腹，平底或凹底（隐圈足），罐的最大径在肩部。白釉，底足无釉。另外4件为夹砂红缸胎，这四件器形基本相同，为直口，圆唇，矮领，溜肩，鼓腹，腹下部内收，平底，外底心稍向内圆凹，器物最大径在腹部。器外壁施白釉，内壁施黑釉，器底无釉。下面以胎质及花纹不同分叙如下：

黄白胎花卉纹罐　8件。YG73T：19①，高29.3、口径17.6、肩径28.8、足径12.4厘米。肩部有弦纹和葵

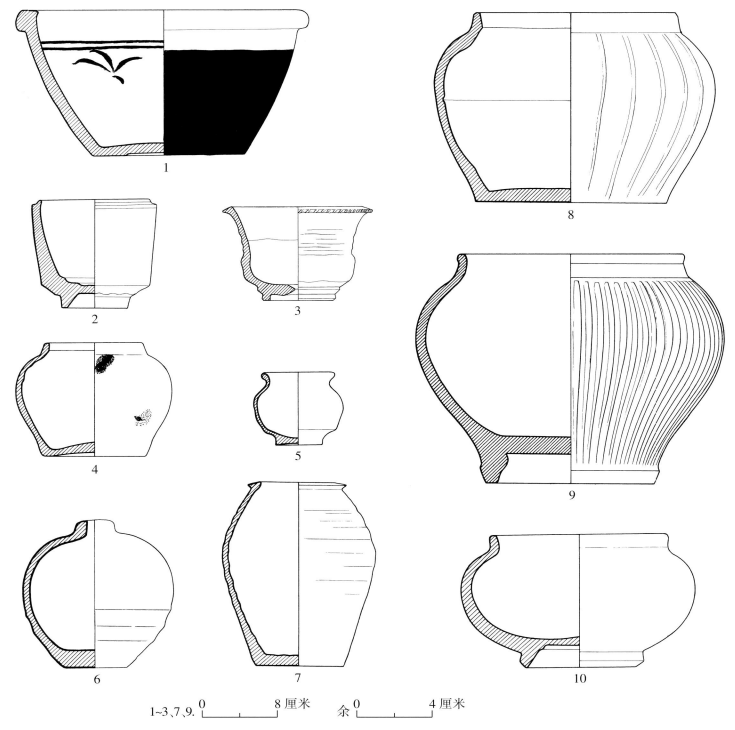

图 4 - 8 - 24　西绦胡同二号遗址出土瓷器

1. 白釉黑彩盆（YG73W：8）　2. 黑釉大口直腹罐（YG73F10：16）　3. 钧釉花盆（YG73F4：10）　4、8. 青白釉罐（YG73F10：11、YG73F11：1）　5、6. 黑釉小罐（YG73F14：8①、YG73T：20）　7. 黑褐釉罐（YG73T：5）　9. 青釉罐（YG73T：39）　10. 黄白釉罐（YG73T：52②）（2 为钧窑系，1、3 为磁州窑系）

花纹，腹部两侧的开光内有对称的大朵葵花纹，围绕花冠有六枚肥大的花叶，位于两侧主题花叶衔接处绘有对称的山形太阳纹（图版 4 - 8 - 32：4；图 4 - 8 - 25：1）。YG73T：41，高 28、口径 18、肩径 31、底径 12 厘米。花纹类 YG73T：19①（图版 4 - 8 - 32：5）。YG73F14：1，高 12、口径 9.5、肩径 14.4、底径 7.3 厘米。用酱色釉绘花纹，肩部有弦纹和圆点纹，腹部花纹类 YG73T：41，但绘画较简单（彩版六：1；图版 4 - 8 - 32：6；图 4 - 8 - 25：5）。YG73F14：6，高 14.1、口径 15.6、肩径 17.4、足径 8.5 厘米。大口。肩部有弦纹和牡丹纹（图版 4 - 8 - 33：1；图 4 - 8 - 25：2）。YG73T：12，高 18.4、口径 15.3、肩径 21、底径 8.5 厘米。肩部有弦纹和曲线纹，腹部两侧为对称大朵菊花纹（图版 4 - 8 - 33：2）。

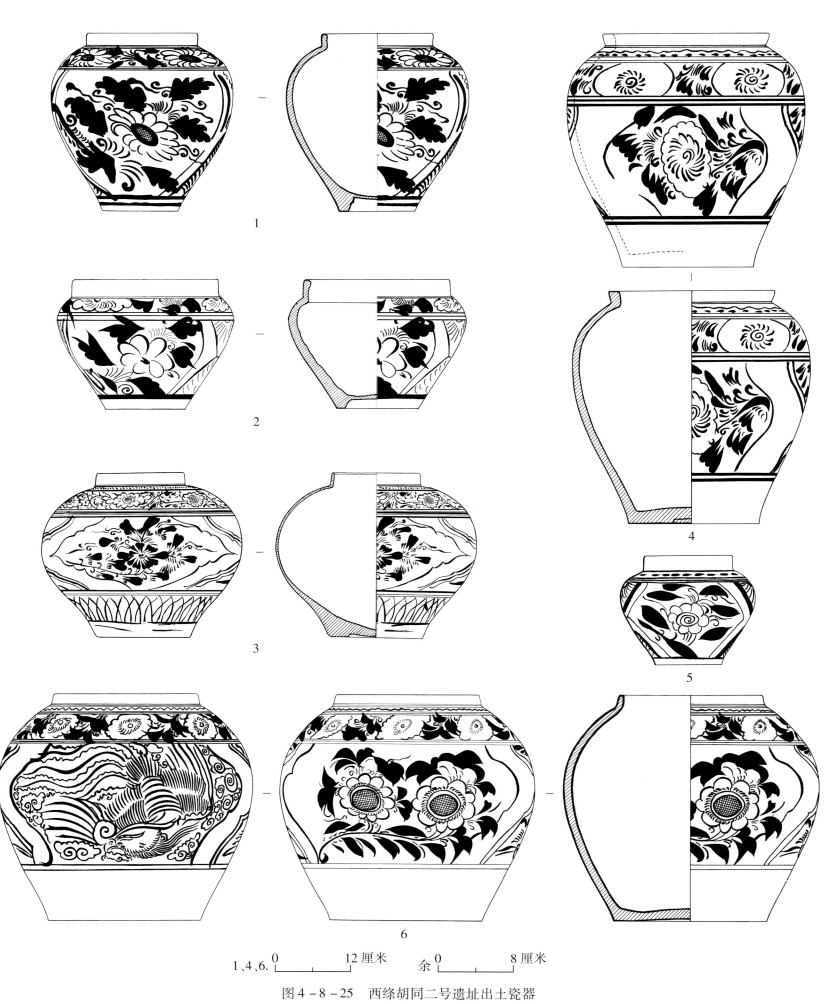

1、4、6. 0 _____ 12厘米　　余 0 _____ 8厘米

图 4 - 8 - 25　西绦胡同二号遗址出土瓷器

1～5. 白釉黑彩花卉纹罐（YG73T：19①、YG73F14：6、YG73F10：5、YG73F14：5、YG73F14：1）　6. 白釉赭黄彩花卉凤纹罐（YG73T：19②）

黄白胎云山纹罐 1件。YG73F6：18，高25.4、口径18、腹径28、足径16.5厘米。直口，圆唇，溜肩，鼓腹，凹底（隐圈足）。器外壁施白釉，内壁施黑釉。腹上部为对称的山形纹和卷云纹，腹下部为弦纹和云纹（图版4－8－33：3）。

黄白胎龙凤纹罐 2件。YG73T：17，高44.5、口径19、最大径45.5、底径17.5厘米。花纹用黑、赭和土黄三色绘成。肩部为弦纹和缠枝牡丹纹，腹部的主题花纹，一侧为海水云龙纹，一侧为云凤纹，龙凤纹之间衔接处填以折枝桃叶纹（彩版七；图版4－8－34；图4－8－26：1）。YG73F4：16，高39.2、口径16.5、肩部40.5、底径14.5厘米。花纹技法采用黑釉剔花。肩部为弦纹、莲瓣纹和牡丹纹，腹部的主题花纹，在两侧的开光内分别绘云龙纹和云凤纹，龙凤纹之间衔接处填以牡丹纹及山形草叶纹（图版4－8－35：1；图4－8－26：2）。

夹砂红胎花卉纹罐 3件。YG73F10：5，高18.2、口径9.6、腹径21.5、底径10.5厘米。通身可分三组花纹，每组花纹以宽带弦纹相隔：肩部为缠枝菊花纹带，腹部两侧开光内绘对称的牡丹纹，两组牡丹纹衔接处填以对称的山形草叶纹，腹部以下绘一周莲瓣纹（彩版六：2；图版4－8－35：2；图4－8－25：3）。YG73F10：17，高39.5、口径23.5、腹径41、底径20厘米。花纹用黑、赭二色绘出。肩部有弦纹、连弧纹和牡丹纹，腹部两侧的开光内绘对称的牡丹纹，花瓣涂成赭黄色，牡丹纹之间衔接处填以山形草叶纹。YG73F14：5，高38、口径26、腹径40、底径20.4厘米。肩部有弦纹、曲线纹、点纹和牡丹纹，腹部两侧开光内绘对称的牡丹纹以及草叶纹。花纹绘画较草率（图4－8－25：4）。

夹砂红胎花卉凤纹罐 1件。YG73T：19②，高37.5、口径24、腹径41、底径24.6厘米。肩部有弦纹、曲线纹和牡丹纹，腹部两侧的开光内，一侧绘一枝两朵菊花纹，花瓣涂成赭黄色，另一侧有云凤纹（彩版四：2；图版4－8－33：4；图4－8－25：6）。

黄白釉罐 1件。YG73T：52②，高7.5、口径9.5、足径6.3厘米。圆唇，矮领，鼓圆肩，下腹内收，矮圈足。黄白胎含细砂，白釉，外壁釉不到底（图版4－8－36：1；图4－8－24：10）。

黑釉罐 2件。磁州窑系。YG73F9：18，高17.2、口径16.5、腹径23、底径14.8厘米。器形与YM74F3：8（参见图4－5－10：2）相同。

黑釉五瓣足罐 1件。YG73F14：9，高11.5、口径10.5、腹径12、底径11厘米。圆唇外侈，鼓腹，厚底，底部周边捏成五瓣形。夹砂红胎，黑釉，器底无釉（图版4－8－36：2）。

黑釉大口直腹罐 1件。YG73F10：16，高12.2、口径11.6、足径7厘米。子母口，直腹壁，小圈足。灰黄胎，黑釉，口部及底无釉（图版4－8－36：3；图4－8－24：2）。

黑釉小罐 2件。YG73F14：8①，高4.1、口径3.8、底径2.5厘米。圆唇外侈，鼓肩，收腹，平底。黄白胎，褐釉微黄，外壁釉不到底，应为鸟食罐（图4－8－24：5）。YG73T：20，高8.1、口径1.8、腹径8、底径3.3厘米。小口，球形腹，平底。砂红胎，黑釉，外壁釉不到底（图版4－8－36：4；图4－8－24：6）。

黑褐釉罐 4件。YG73T：5，高20.9、口径10.3、腹径16、底径9.4厘米。敛口，溜肩，鼓腹，平底微凹。砂胎（图版4－8－36：5；图4－8－24：7）。

酱釉三耳罐 1件。YG73F4：20，高19.6、口径6、腹径14.7、足径8.5厘米。小口，双唇，斜肩，直腹较深，凹底（隐圈足），肩部有三个竖条耳。夹砂灰缸胎。

枢府釉干枝梅瓶 1件。景德镇窑系。YG73E：17，高19.5、口径4.2、腹径10.1、足径6.6厘米。小口，细长颈，鼓圆腹，平底，矮圈足，颈部有云形耳。白胎，卵白釉。腹部一侧贴干枝梅花。器形小巧，造型优美，花纹素雅（彩版二六：2；图版4－8－37：1；图4－8－27：1）。

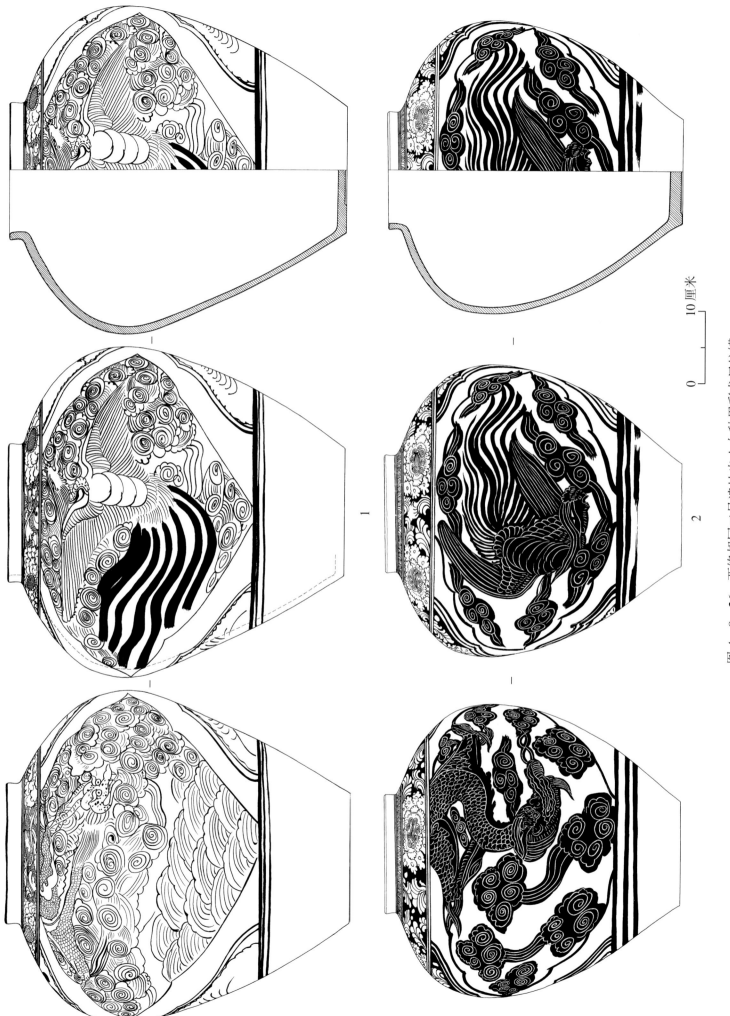

图 4 - 8 - 26　西绦胡同二号遗址出土白釉黑彩龙凤纹罐

1. YG73T:17　2. YG73F4:16

白釉黑彩四耳瓶 5件。皆磁州窑系。

云龙纹瓶 2件。YG73T：4，高52、腹径28.5、足径12.3厘米。小口，细颈，溜肩，深腹，器身细长，矮圈足，肩颈部有四个对称耳。黄白胎。器身上半部施白釉，绘黑釉花纹，下半部施黑釉，底足之间无釉。肩部有弦纹草叶纹，腹部在黑釉上用剔划法绘出云龙纹（图版4-8-37：2）。

花卉瓶 3件。YG73T：9，高25.4、口径4.5、腹径14、足径9.4厘米。器形同YG73T：4。肩饰三周弦纹，腹饰草叶纹（图版4-8-37：3；图4-8-27：7）。

白釉经瓶 5件。均属磁州窑系。YG73F3：9，高33.8、口径5.7、腹径21.3、足径13.5厘米。小口，圆

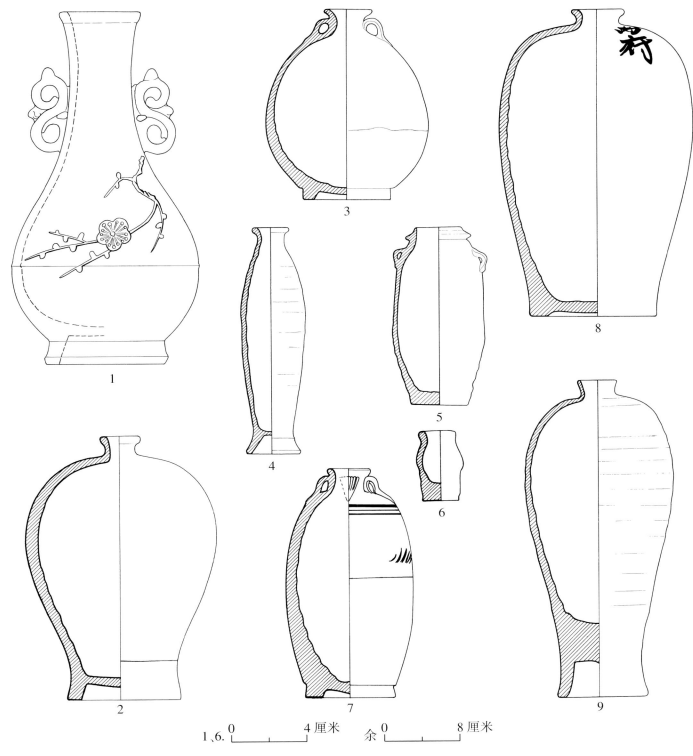

1、6. 0 ————— 4厘米　　余 0 ————— 8厘米

图4-8-27 西绦胡同二号遗址出土瓷器

1. 枢府釉干枝梅瓶（YG73E：17）　　2、9. 黑釉经瓶（YG73T：13、YG73F14：10）　　3. 黑釉双耳瓶（YG73F9：19①）　　4. 绿灰釉瓶（YG73F7：12）　　5. 酱釉双耳瓶（YG73F7：16）　　6. 黑釉小瓶（YG73F14：8②）　　7. 白釉黑彩花卉纹四耳瓶（YG73T：9）　　8. 白釉经瓶（YG73F3：9）

（1 为景德镇窑系，余为磁州窑系）

唇外卷，广圆肩，深腹，腹下内收，凹底（隐圈足）。夹砂红缸胎，白釉，器底无釉。肩部用黑釉书写"内府"二字（图版4-8-37：4；图4-8-27：8）。

　　黑釉经瓶　5件。YG73F14：10，高34、口径4、腹径14.5、足径9.5厘米。小口，圆肩，深腹，器身瘦长，凹底（隐圈足），圈足外撇。夹砂紫缸胎，灰褐釉，肩部一圈与足底无釉。腹部阴刻"张□□"和"福"字（图版4-8-38：1；图4-8-27：9）。YG73T：13，高29、口径4、足径12厘米。小口，广圆肩，收腹，凹底（隐圈足），圈足外撇。黄白胎，足底无釉（图版4-8-38：2；图4-8-27：2）。另外三件经瓶与YM74F3：59（图版4-5-13：2）相同。

　　黑釉双耳瓶　1件。YG73F9：19①，高21.2、口径5、腹径17.5、足径9厘米。小口，卷唇，细颈，大圆腹，矮圈足。黄白胎，腹下部无釉（图版4-8-38：3；图4-8-27：3）。

　　酱釉双耳瓶　6件。YG73F7：16，高20、口径4.7、腹径9.4、底径6.1厘米。小口，双唇，溜肩，深腹，平底，唇沿下有四个竖条耳。夹砂红缸胎，釉面粗糙（图版4-8-38：4；图4-8-27：5）。

　　绿灰釉瓶　1件。YG73F7：12，高25、口径4、足径5.7厘米。小口，卷唇，深腹，器身瘦长，圈足外撇。灰黄胎，绿灰釉（图版4-8-39：1；图4-8-27：4）。

　　黑釉小瓶　2件。YG73F14：8②，高3.8、口径2、底径1.8厘米。小口，圆唇，深腹微鼓，平底。器形小巧，似玩具。黄白胎，黑釉，外壁釉不到底（图4-8-27：6）。YG73F5：18，高3.2、口径2.2、底径2厘米。黄白胎，黑釉，外壁釉不到底（图版4-8-39：2）。

　　青白釉扁壶　1件。景德镇窑系。YG73W：1，高40、口长13.5、口宽11、腹宽23.5、圈足长12、圈足宽9厘米。长方形口，直沿，束颈，鼓腹，平底，底下有长方形圈足，肩颈部有对称的双龙耳。白胎，青白釉，圈足底无釉。器物周身饰满花纹，题材以牡丹花为主，口与圈足上饰回纹，颈部和圈足上有缠枝纹、宽带纹及三角形纹饰（彩版二二；图版4-8-39：3；图4-8-28）。

　　青白釉釉里红盒　1件。缺盖。景德镇窑系。YG73F3：10，高4.2、口径10.7、足径6.6厘米。扁圆形

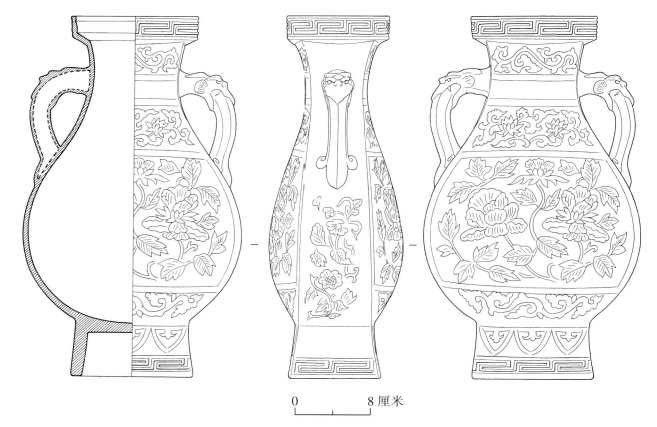

0　　　　　　8厘米

图4-8-28　西绦胡同二号遗址出土青白釉扁壶（YG73W：1）

体，子口，平底，矮圈足。白胎，外壁紫红釉，内壁青白釉，釉泽透明光亮，釉面有裂纹。器壁饰仰莲纹（彩版二三：2；图版4-8-40：1）。

　　枢府釉炉　2件。景德镇窑系。YG73F10：2①，高8.7、口径7.9、腹径8.8、底径4.6厘米。直口，方唇，高颈，鼓圆腹，口部两侧有对称长方形扁耳，腹下有三条柱状兽面足。白胎，灰白釉，器底与足底无釉。出土时器内盛满香灰（图版4-8-40：4；图4-8-29：1）。YG73F10：2②，器形同YG73F10：2①，为兽面蹄形

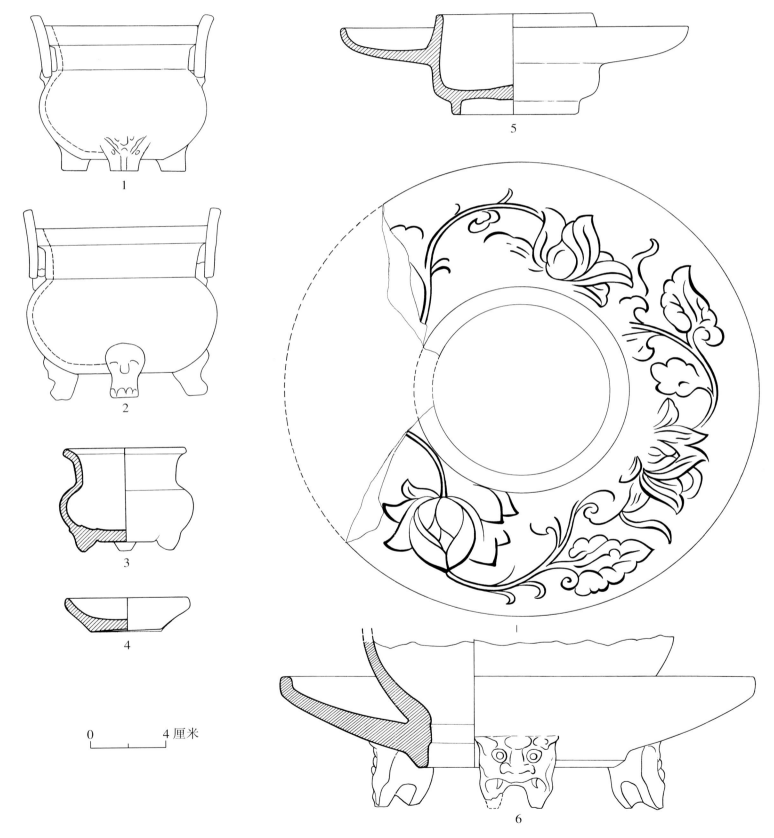

图4-8-29　西绦胡同二号遗址出土瓷器

1、2. 枢府釉炉（YG73F10：2①、②）　3. 钧釉炉（YG73W：10）　4. 酱釉灯碟（YG73F6：11①）　5、6. 青釉盏托（YG73T：16、YG73E：16）

足（图版4-8-40：5；图4-8-29：2）。

钧釉炉　1件。YG73W：10，通高5.6、口径6.5、腹径6.5、底径3厘米。直领口，外折沿，扁圆腹，小平底，腹下有三条矮足。黄白胎，青蓝釉，釉面有紫斑（图版4-8-40：6；图4-8-29：3）。

青釉盏托　2件。龙泉窑系。YG73T：16，高5.6、口径8.3、盘径18.3、足径6.6厘米。中间呈圆唇直口，平底，矮圈足盂形器，于腹部中腰围绕大口浅腹盘。白胎，青绿釉，釉面有裂纹，足底无釉。盘面上印有凤鸟纹（图版4-8-40：2；图4-8-29：5）。YG73E：16，残高9、盘径25厘米。浅腹盘形，无底，中心为一敞口器托，盘下有三条兽面足。白胎，青绿釉，足底无釉。盘面印缠枝牡丹纹（图4-8-29：6）。

青白釉豆形灯　4件。景德镇窑系。YG73F9：12，通高8.7、口径7.4、足径5厘米。器形与YG72：43（参见图版4-7-26：3）灯相同。

白釉、酱釉灯碟　80余件。出土数量之多，说明这是当时很普遍的用具。器形小，呈浅碟状。一般口径5.5～7.5、高1.4～2、底径2～3.5厘米。黄白胎或灰白胎，有的口沿或内壁施一层白釉或酱釉，有的不上釉，为素烧的胎坯。口缘处往往遗留有灯芯烧熏的油烟痕。YG73F6：11①，口径6.5、高1.8厘米（图4-8-29：4）。

青釉荷叶形器盖　1件。龙泉窑系。YG73T：6，高6.9、盖径23.5厘米。子口，桃形纽。器盖在使用时已被破坏成两半，所以盖面遗留有铁锔钉修整痕迹。灰白胎，豆青釉，釉面有裂纹（图版4-8-40：3；图4-8-30：1）。

白釉黑彩器盖　5件。磁州窑系。其中3件为荷叶形器盖。YG73F6：11②，高7.9、盖径20.6厘米。圆纽，

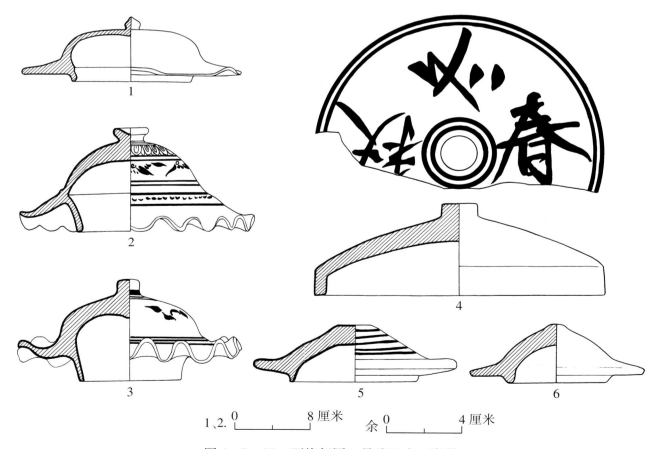

图4-8-30　西绦胡同二号遗址出土瓷器

1. 青釉荷叶形器盖（YG73T：6）　　2～5. 白釉黑彩器盖（YG73E：27、YG73F13：2、YG73T：50②、YG73E：12）　　6. 黑釉器盖（YG73F18：3）（1为龙泉窑系，余为磁州窑系）

子口。夹砂红胎，白釉。用黑彩绘草叶纹和弦纹（图版4-8-41：1）。YG73F13：2，高5.5、盖径11.5厘米。器形和胎质同YG73F6：11②。黑彩花纹（图版4-8-41：2；图4-8-30：3）。YG73E：27，高11.3、盖径24厘米。器形和胎质同YG73F13：2。白釉。黑彩，绘莲瓣、草叶和弦纹（图版4-8-41：3；图4-8-30；2）。YG73E：12，高3、盖径10.7厘米。斗笠形小盖，无纽。黄白胎，白釉。黑彩，盖面绘螺旋纹（图版4-8-41：4；图4-8-30：5）。YG73T：50②，高5.1、盖径15.4厘米。圆纽，直口。盖面用黑釉书写"春夏秋冬"四字，"冬"字残缺（图版4-8-41：5；图4-8-30：4）。

黑釉器盖 1件。YG73F18：3，高3.4、盖径9厘米。斗笠形，子口。黄灰胎，黑釉（图版4-8-41：6；图4-8-30：6）。

2. 陶器

碗 1件。YG73F4：19，高9、口径22、足径9.8厘米。厚圆唇，口稍内收，深腹，矮圈足。泥质灰黑陶，素面（图版4-8-42：1）。

3. 琉璃器

碗 1件。YG73F3：15，高5.5、口径15、足径5.5厘米。圆唇，弧腹，平底，矮圈足。红胎，施黄绿釉彩。内壁刻划弦纹，底为牡丹纹（图版4-8-42：2）。

盘 2件。YG73F3：8，高2.5、口径13、足径8厘米。圆唇，折沿，浅腹，平底，矮圈足。红胎，蓝釉，釉已剥落。唇缘呈花边形，内壁模印莲瓣纹，底为牡丹纹（图版4-8-42：3）。

花盆 2件。YG73T：28，高8.5、口长宽皆10.5、底长宽皆8厘米。方斗形，底下四角有三角形矮足。红胎，绿釉。腹壁饰牡丹纹。

香炉 2件。YG73F9：6，通高9.4、足径8.5厘米。方唇，直领口，圆腹，圜底。三角形足。口腹之间有对称的长条形耳。红陶，蓝釉。腹部饰龙纹，耳上饰花卉纹（图版4-8-42：4）。这种琉璃釉香炉的碎片出土很多，是当时一种普遍使用的供佛用具。

圆屋形器 1件。YG73F13：1，高23、底径25厘米。器形呈蒙古包状，荷叶形顶，顶心有一圆孔，直壁，平底，壁上围绕七个拱形镂孔。夹砂紫红胎，外壁施蓝釉，内壁施黄釉。近底周壁阴刻缠枝花卉（图版4-8-42：5）。

器盖 1件。YG73E：1，高14.7、口径11厘米。博山炉盖，盖顶的山峰上有一条盘龙。夹砂红胎，黄、绿釉。

4. 骨器

盒 1件。残。YG73F4：12，高2.35、口径6厘米。扁圆形，底为子口，盖为母口（图版4-8-43：1）。

5. 漆器

盒 1件。残。YG73F11：3，底径9厘米。只存盒底。麻胎，外髹棕褐色漆，内髹红漆。底用红漆书写"庚申年辛巳月九 癸 日金富"等字（图版4-8-43：2）。

6. 铜器

锅 4件。均残。YG73F10：14，高4.8、口径13厘米。圆唇，卷沿，口沿一侧带流嘴（图版4-8-43：3）。YG73T：2，残高15、口径19.6、底径8.5厘米。平口沿，稍敛，微鼓肩，收腹，平底。YG73F17：7，高5.5、口径11.2厘米。圜底，下有三足。

壶 1件。YG73T：1，高27、口径4.6、腹径16、足径12.5厘米。小口，细长颈，平折肩，直筒形腹，平

底，矮圈足，口部有一管形流嘴，另一侧为椭圆形壶把。肩部有周齿形纹（图版 4 - 8 - 43：4）。

碗　2 件。YG73F7：3，高 4.4、口径 8.7、足径 4 厘米。圆唇，敞口，矮圈足（图版 4 - 8 - 43：5）。YG73F5：12，口径 14.6 厘米。敞口，圆唇，半球形腹，底部残缺。腹下部有周凸弦纹。

盆　3 件。YG73F9：2，高 13.2、口径 50.5、底径 37、足高 10 厘米。大口，平折沿，直壁浅腹，大平底，底下有三条兽面蹄形足。为炭火盆（图版 4 - 8 - 43：6）。YG73F6：7，高 7.5、口径 30 厘米。折沿，直腹，大平底。YG73F11：4，高 10、口径 31、底径 13 厘米。折沿，深腹，小平底，口沿两侧有环形提耳。口沿有块修补痕迹。

熨斗　2 件。YG73T：29，高 5.9、口径 17、底径 14.2、把长 14.8 厘米。敞口，直壁，大平底，一侧有圆形长柄，柄前端的口沿上立有云头形挡片（图版 4 - 8 - 44：1）。

勺　7 件，其中 3 件完整。YG73F12：1，长 12 厘米。勺头为扁平椭圆形，把呈窄条形（图版 4 - 8 - 44：2 上）。YG73F3：4①，长 10.6 厘米（图版 4 - 8 - 44：2 下）。YG73F5：2，长 24 厘米。勺头呈梅花形，上面有七个小圆孔，是件小漏勺（图版 4 - 8 - 44：3）。

灯　4 件。其中碗形灯 2 件，豆形灯 2 件。YG73F14：7，高 3.6、口径 9、底径 3.8 厘米。碗形灯，器形与 YM74F4A：1（参见图版 4 - 5 - 17：3）相同。一件通高 4.9、口径 4.6、足高 3.1 厘米。豆形灯，器形与 YH65：80（参见图版 4 - 1 - 56：1 右）相同。

器盖　1 件。残。YG73E：20，口长 20 厘米。口呈六角形，盖纽为一条盘龙，龙头残缺。盖面上有很细的回纹、三角纹和弦纹等，花纹之间有钱形镂孔（图版 4 - 8 - 44：4）。

马镫　1 件。YG73F5：15，高 13、上宽 11、下宽 14 厘米，踏板宽 4.6 厘米。踏板呈尖角菱形，踏板两端连有方形提梁，梁上端有长方穿孔。在提梁上有缠裹皮条的痕迹（图版 4 - 8 - 44：5）。

7. 铁器

錾子　4 件。均残。器形与 YG72：104（参见图版 4 - 7 - 28：2）相同。

灯碗　1 件。YG73F6：12，高 7、口径 14.5、底径 8 厘米。碗形，敞口，小平底。口沿一侧立有云形錾手（图版 4 - 8 - 44：6）。

熨斗　1 件。残。YG73F4：21，高 6、口径 20、把长 15 厘米。器形与 YG73T：29 铜熨斗（参见图版 4 - 8 - 44：1）相同。

8. 石器

洗子　1 件。YG73F9：14，高 14.4、口径 23 厘米。莲花形，有四条莲瓣纹足。用黄白色石制成（图版 4 - 8 - 45：1）。

水仙盆　1 件。YG73F8：6，高 8.5、口长 19.2、口宽 12.5 厘米。长方形，直壁，平底，四角下有矮足。用青灰石雕刻成。器壁四面均刻牡丹纹（图版 4 - 8 - 45：2）。

盒　1 件。缺盖。YG73F7：17，高 4.4、口径 12.5、足径 6.8 厘米。子口，浅腹，矮圈足。用灰色滑石制成（图版 4 - 8 - 45：3）。

（二）工具

1. 铁器

斧　2 件。YG73F5：5，长 13、上宽 5、厚 3、刃宽 8 厘米。形制与现代的斧子相同，长条梯形，中腰有安木把的长方形穿孔，孔长 2.8、宽 1.2 厘米（图版 4 - 8 - 45：5 左）。

刀　2件。YG73F10：20，长16、宽11厘米。刀身呈扁片长方形，刀柄较短细，外包有朽木把，形式与现今使用的菜刀基本相同（图版4-8-45：6）。YG73F18：1，残长53、把长14、刀身宽4厘米。长条形，单面刃。

铡刀　3件。皆残。YG73F6：14，残长84、宽7厘米。长条形，刀头下弯，其上有一圆孔，刀柄呈圆把形，把端有圆裤，可安木把。形式与现今的铡草刀相同。（图版4-8-46：1）。

耙　1件。残。YG73F3：18，宽25、齿残长9厘米，裤把长12、裤径3.5厘米。四齿耙，后端圆裤可安装木把。

叉　1件。残。YG73F4：22，通长28、齿长15.5、两出间距9.5厘米。二齿叉，后端有圆裤把，裤径4厘米。

矛　1件。残。器形与YE73：37（参见图版4-6-12：4）相同。

铲　2件。残。YG73F5：3，长10.1、宽8.7、厚0.6厘米。铲头呈长方形，后端有圆形裤把。

长把饼形器　2件。YG73E：2，饼端直径15.5、把长26厘米。前端为一扁圆形铁饼，饼后中心连一圆形裤把。出土时与灶在一起（图版4-8-46：2）。

砧子　1件。YG73E：10①，高16、上宽12、下宽16厘米。长块形，上小底大，底部中心微凹，角上有一圆洞（图版4-8-46：3）。

齿轮形轴套　2件。YG73E：10②，直径15.5、厚5.5、齿长2厘米。圆形，齿呈方形（图版4-8-46：4）。出土时有的镶嵌在石磨盘或石碾中心处，与铁轴相套。

钩　1对。YG73F5：10，长10、宽6厘米。呈"S"形（图版4-8-45：5右）。

夯锤　1件。YG73E：18，高12、最大径12厘米。夯锤呈桃形，上端平面有一圆窝，直径5、深9厘米，可安夯把（图版4-8-46：5）。

2. 铜器

剪　1件。残。YG73E：8，通长6、刃长2.5厘米。小型剪刀。

轴轮　2件。YG73F3：17，直径4.2、孔径1.6厘米。圆轴形，中间有圆形穿孔。

3. 石器

磨盘　8块。其中有完整的3套磨盘。YG73F6磨房内出土的磨盘最大，直径60厘米（参见图版4-8-7）。YG73F3：21，直径50、两扇磨盘厚17厘米。上盘面线雕双层葵瓣纹，中心并排凿穿两个圆孔，两侧边凿有斜形小穿孔（图版4-8-47：1）。

臼　13件。呈方形或方斗形，最大者30厘米见方，最小者15厘米见方。上面都凿挖一圆臼，臼底呈圜状，臼壁有的凿刻成竖条磨齿状，有的磨平。YG73F12：6，30厘米见方，圆窝径20、深15厘米，出土时在圆臼内放有一件石杵头（图版4-8-47：2）。YG73T：33，15.5厘米见方，圆窝径10.5厘米，方斗形（图版4-8-47：3）。YG73T：45，高11、边长18厘米，圆窝径12、深8厘米。

杵　10件。YG73F12：9，高17、直径17厘米。呈桃形，上面凿挖一圆窝，直径4.2厘米，杵头周壁凿刻成磨齿状（图版4-8-47：4）。YG73T：46，长42、宽16.5、厚11.5厘米。锤形杵，上端削平，下端为杵头，器身上部凿穿一横孔，孔径5厘米（图版4-8-47：5）。

磨刀石　13块。YG73F9：9，长41、宽7、厚12厘米。上面有磨刀使用痕。

臼盖　5件。YG73F5：4，高9、直径18厘米。圆形盖，顶上雕刻一爬卧状雄狮，头向右侧视，嘴衔绣球

飘带（图版4-8-48：1）。YG73T：34，高6.3、直径20.2厘米。圆形盖，顶上有圆形纽（图版4-8-48：2）。YG73F11：7，高5.5、边长12.5厘米。方形盖，圆纽（图版4-8-48：3）。有的盖纽顶上刻成莲瓣纹。

捶布石 3块。YG73T：44，长53.5、宽37.5、厚13.5厘米。长方形，四角有矮足，面光平微鼓。青色黄斑石制成。

纺轮 1件。YG73F8：2，直径4.5、厚1.7厘米。扁圆形，中间有小圆孔（图版4-8-48：4）。

4. 陶器

杵 3件。杵把皆残。YG73F9：16，残长4.8、头径5.8厘米。细砂灰胎，陶质坚硬，杵把挂白彩施褐釉（图版4-8-45：4左）。YG73E：15，把残长6.8、头径6.6厘米。泥质红灰胎，陶质坚硬。把上有弦纹（图版4-8-45：4右）。

坩埚 1件。YG73F9：17，高23、口径12厘米，筒形，圜底。夹砂灰胎。

（三）文具

石砚 16件。按形式可分：

长方形砚 9件。YG73F14：3①，长22.2、宽14～14.8、厚2.7厘米。一端为斜坡状凹水池，台面四周阴刻单线，四角呈牙边状。灰色石制成（图版4-8-49：1）。YG73F14：3②，长14、宽8.5、厚1.6厘米。器形同YM74F3：38（参见图版4-5-19：3），灰色石制成。YG73T：14，长16.6、宽10、厚2厘米。器形同YG73F14：3②。砚面四周阴刻双线，四角阴刻双弧线牙边。灰紫石制成（图版4-8-49：2）。YG73F17：2，长9.3、宽4.5、厚1.3厘米。砚面一端凿刻出卷云纹边的水池，底面四角有方柱形矮足。灰色石制成（图版4-8-49：3）。

梯形抄手砚 3件。YG73F10：6①，长15.1、宽9.2～10.5、厚1.8厘米。砚面一端凿刻出向后倾斜的坡状水池，另一端为浅槽圆凹形研墨面，底部两侧为长条形边足。灰褐色石制成（图版4-8-49：4）。

须弥座形砚 1件。YG73F7：11，长21.6、宽12.8～14、厚4.5厘米。砚面除凿刻出向后倾斜的坡状水池和圆凹形研墨面外，在前端和一侧边各凿刻出长方形凹槽，槽内可能放置墨或镇尺。在两槽相交的一角阴刻成葫芦形图案，砚面四边阴刻单线一周。灰色石制成（图版4-8-49：6）。

椭圆形砚 1件。YG73F10：6②，长13.3、宽8、厚2厘米。砚面周边起凸棱，水池呈梅花形，凹底。灰泥石制成（图版4-8-49：5）。

圆形砚 1件。YG73T：24，直径18.7、厚3.2厘米。扁平，围绕周边凿刻成凹槽状水池，中心为一圆形研墨面。灰色石制成（图版4-8-50：1）。

双联暖砚 1件。YG73F3：7，长32.5、宽28.5、厚13.5厘米。长方形，云头形砚额，下面并排双联砚面，前端均凿刻出坡状水池，池内分别遗留有黑色和红色痕迹。砚面下方凿挖出空膛。浅灰色石制成（图版4-8-50：2）。

黑釉瓷镇纸 1件。YG73F7：15，长6.5、宽4.2、厚2.3厘米。椭圆形，鼓面平底，实心。鼓面处施黑釉。灰黄胎（图版4-8-50：3）。

铜镇纸 1件。YG73F3：2，高8.6、下宽5.3厘米。山形，围绕山尖有一条盘龙，山尖部位有三个圆形穿孔（图版4-8-50：4）。

铜象棋子 1板。YG73F7：4，直径2.7厘米。圆形，正面为"车"字，背面为一武士推车图案。铸成（图

版4-8-50：5）。

骨骰子　1件。YG73F13：5，长、宽、高均为1.2厘米。正方体，六个面分别阴刻1~6个圆点，点内涂以黑色。

骨牌　1件。YG73T：38，直径2.8厘米。圆片形。两面均刻有圈点纹，一面为四点、五点，另一面为六点。圈点内涂有红、黑二色（图版4-8-50：6）。

（四）度量衡器

铜权　2件。YG73F18：2，高8.8、宽4.7、厚2.7厘米。六棱柱形器身，束腰，六角形底座，方环鼻。器身的前后两面阴刻文字，一侧为"至正十八年都府公"，一侧为"都府□同二十五斤"（图版4-8-51：1；图4-8-31：1）。YG73F4：14②，高3.4、宽1.7厘米。器形同YG73F18：2，是件小铜权（图版4-8-51：2）。

铁权　3件。YG73F5：20，高12、宽5.5厘米。器形与YG73F18：2铜权相同，无文字（图版4-8-51：3左）。YG73F9：8，高10.3、底径5.4厘米。覆钵塔式器身，束腰，圆形底座，方环鼻（图版4-8-51：3右）。

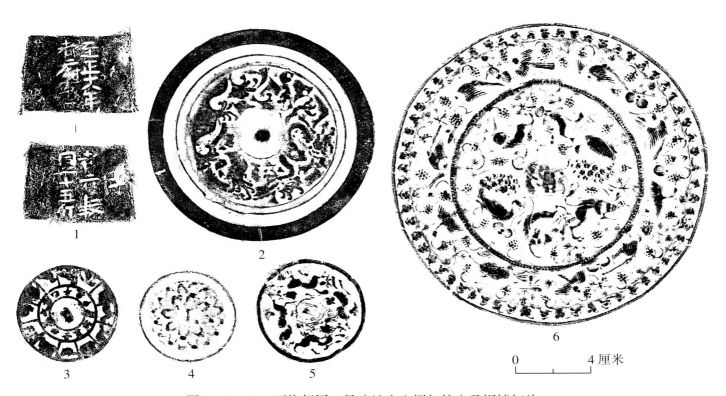

图4-8-31　西绦胡同二号遗址出土铜权铭文及铜镜拓片
1. 铜权铭文"至正十八年都府公""都府□同二十五斤"（YG73F18：2）　2. 海水龙纹铜镜（YG73F4：1）　3. 十二生辰铜镜（YG73F7：2①）
4. 花卉纹铜镜（YG73F7：2②）　5. 四兽纹铜镜（YG73F17：1）　6. 海马葡萄纹铜镜（YG73F10：19）

（五）货币

铜钱　共148枚（残碎和看不清字迹者未计算在内），均为方孔圆钱。汉代五铢钱1枚。唐代开元通宝11枚。宋代淳化元宝3枚、咸平元宝3枚、景德元宝2枚、祥符元宝4枚、天禧通宝1枚、天圣元宝1枚、景祐元宝1枚、皇宋通宝17枚、治平元宝2枚、熙宁元宝13枚、熙宁重宝2枚、元丰通宝19枚、元祐通宝5枚、元符元宝1枚、圣宋元宝1枚、大观通宝2枚、政和通宝6枚、重和元宝1枚、宣和通宝2枚、淳熙元宝1枚、嘉熙通宝1枚、咸淳元宝2枚；金代大定通宝25枚。元代至正通宝6枚，直径2.5~2.9厘米（图版4-8-51：4中、4右）；大元通宝钱4枚，直径4.3厘米，为八思巴文（图版4-8-51：4左）。

（六）梳妆用具

铜镜 共 8 件，其中有 2 件已残。按花纹不同可分如下几种：

海马葡萄镜 2 件。YG73F10：19，直径 16.1 厘米（图版 4 - 8 - 52：1；图 4 - 8 - 31：6）。

二龙戏珠镜 1 件。YG73T：25，直径 14.5、厚 0.2 厘米。

海水龙纹镜 1 件。YG73F4：1，直径 12.1、边厚 0.3 厘米（图版 4 - 8 - 52：2；图 4 - 8 - 31：2）。

四兽镜 1 件。YG73F17：1，直径 5.6、边厚 0.3 厘米（图版 4 - 8 - 52：3 左；图 4 - 8 - 31：5）。

十二生辰镜 1 件。YG73F7：2①，直径 5.3 厘米（图版 4 - 8 - 52：3 中；图 4 - 8 - 31：3）。

花卉纹镜 1 件。YG73F7：2②，直径 5.2 厘米（图版 4 - 8 - 52：3 右；图 4 - 8 - 31：4）。

"长命富贵，金玉满堂"镜 1 件。YG73F6：2，直径 9.5、厚 0.1 厘米。

骨梳 1 件。残。YG73F10：15④，长 3.3、宽 1.8、齿长 2 厘米。长方形，共有 16 根细齿（图版 4 - 8 - 52：4）。

（七）装饰品

1. 金器

耳环 1 件。YG73F3：4②，直径 1.6 厘米。环形，一侧有缺口，一端呈尖形，一端穿一珍珠坠（彩版四〇：6 左下；图版 4 - 8 - 52：5 左）。

金箔片饰 1 件。YG73F3：3，长 2.5、宽 1 厘米。用薄片模压成花叶纹（图版 4 - 8 - 52：5 右）。

2. 银器

簪 2 件（图版 4 - 8 - 53：1 左、1 中）。残。YG73F3：14①，残长 10.8 厘米。器身细长，簪顶呈牡丹花朵形。

3. 铜器

簪 1 件。YG73F13：3，长 12.8、簪帽径 1.5 厘米。器身细长为锥形，圆形簪帽（图版 4 - 8 - 53：1 右）。

戒指 3 件。YG73F4：2，9，直径 1.9 厘米。宽带环形，一侧有接口，宽面上镶嵌一扁圆形绿松石珠（彩版四〇：6 右下；图版 4 - 8 - 53：3 上）。

镯 1 对。残。YG73F6：1，直径 5 厘米。环形，一侧有缺口（图版 4 - 8 - 53：4）。

带饰 3 件。YG73F7：6①，共 2 件，大小相同。长 4、宽 2.6、厚 1.6 米。扁平，长方束腰形（图版 4 - 8 - 53：5 左、中）。YG73F7：6②，1 件，较小。长 3.1、宽 2.1、厚 0.5 厘米。一面铸有奔跑的走兽（图版 4 - 8 - 53：5 右）。

镶嵌绿松石耳环 1 对。YG73F5：13，长 4.6 厘米。弯钩形，一端弯钩上穿套一颗三角形绿松石珠，珠上端露出的铜丝头作盘结状，珠下端镶嵌一颗圆珠，珠已残（彩版四〇：6 左上；图版 4 - 8 - 53：6）。

葫芦形饰件 2 件。YG73T：48，大的长 2.7 厘米，其上嵌有蚌片及松石；小的长 1.7 厘米，其上嵌有松石及红玛瑙石（图版 4 - 8 - 53：3 下）。

4. 玉石、玛瑙器

玛瑙方形片饰 1 件。YG73E：5①，长 4.7、宽 4.3、厚 0.8 厘米。红、白两色，半透明状，正面抛光，背面有切割痕迹（彩版四〇：5）。

枣核形玛瑙珠　7件。YG73T：32①，长2.7厘米。白石制成（图版4－8－54：1左上）。YG73F10：15①，长2厘米。白玛瑙制成，磨光（图版4－8－54：1左下）。YG73F12：3，长2.3厘米。青玉石制成（彩版四〇：6右上；图版4－8－54：1右上）。

玛瑙圆珠　2件。YG73E：5②，直径1.2厘米。红玛瑙制成（彩版四〇：6右中；图版4－8－54：2左）。

玛瑙扁圆珠　2件。YG73F10：15③，直径0.9厘米。红玛瑙制成（图版4－8－54：2右）。

玛瑙角形器　1件。YG73F4：3，长9.1厘米。弯角形，后端有一小孔，磨制光亮。白玛瑙制成（图版4－8－54：3）。

玉枝叶　5枚。YG73F5：16，长2.5~3.5厘米。尖叶形，叶茎阴刻三条线，内描金线，叶后端缠绕铜丝枝。为盆景上的装饰（图版4－8－54：4）。

5. 蚌器

小蚌珠　1串（30颗）。YG73F3出土，每个珠子直径约2毫米。圆形（图版4－8－54：5）。

海贝　8件。YG73F10：15②，长1.6~2厘米。可作串珠用。

花瓣形蚌片　1件。YG73F3：16，长2.6、宽1.8厘米。花瓣中心有并排的两个圆孔（图版4－8－54：6）。

6. 料器

笄　2件。残。YG73E：4，残长6.5厘米。一件笄顶呈梅花形，一件呈花叶形。蓝色（图版4－8－53：2）。

瓜棱形珠　3件。YG73T：32②，长2厘米。为绿色料珠（图版4－8－54：1右下）。

（八）造像

青白瓷造像　7件。均残。属景德镇窑系。YG73T：30，残高9.5厘米。无头盘腿坐像。YG73T：27①，残高5.6厘米。器形同YG73T：30。YG73T：27②，头长2厘米。童子头像，头顶上往下梳有长发辫。YG73T：30，头长4.7厘米。菩萨头像。YG73E：9，残长9、高7厘米。人骑象造型，人已残缺，象仅存头部。

三彩琉璃釉道士像　2件，形制相同。YG73F7：1，通高41厘米。坐姿道士像。头戴黄僧帽，外套绿袍，双手捧圭于胸前，头端正，两眼前视，三缕长须下垂，腰束黄佩带，脚穿黑靴。泥质红胎，模制而成（彩版三一；图版4－8－55）。

铜造像　7件。YG73F9：11，通高6.4、像高3.4厘米。应为一组造像，现仅残留一座观音像（图版4－8－56：1左）。YG73F6：13，通高6、像高3厘米。像下为莲花座，身后有火焰背光，左手握宝瓶，右手持拂尘，应为观音像（图版4－8－56：1右）。YG73W：3，通高12.5、通宽10.5厘米。为一组五尊佛造像，当中三个像为一坐二立。基座呈海浪莲花形。两侧为立像，身后面均有背光，表面残存鎏金痕迹（图版4－8－56：2）。

石狮造像　2件。均未精细加工，留有明显刀刻痕。YG73E：22，座高4.9、狮子高12.2厘米。长方座，其上雕刻半蹲坐的雄狮，左前爪下按绣球，头侧向左方，作张口吼叫状（图版4－8－56：3）。YG73W：2，座长18.5、宽9厘米，狮高24厘米。狮子呈半蹲状，昂首前视，右前腿直立着地，左前爪下按着一个仰躺在地上的小狮子（图版4－8－56：4）。

（九）其他

箱柜铜饰件　9件。

把手　1对。YG73T：3①，长7.2厘米。呈"U"形（图版4－8－57：1右上、1右中）。

云头形三穿鼻　1件。YG73T：3②，长7.8厘米（图版4-8-57：1右下）。

云头形纽　1对。YG73F7：6③，两节通长5.2厘米。中间有环相连，小节上有铁钉可固定在板上（图版4-8-57：1左上、1左下）。

鼻扣　1件。YG73F7：6④，长4.1厘米。上有梅花形环鼻，其上套连一云头形穿鼻（图版4-8-57：1中下）。

椭圆形环垫　1件。YG73F1：10，长4.7、宽3.6厘米。当中有一圆孔（图版4-8-57：2上）。

圆角方形饰件　1件。YG73F3：1③，宽2.2厘米，正面有梅花纹（图版4-8-57：2下右）。

梅花形小拉环　1件。YG73F3：1①，长1.7、环径0.8厘米（图版4-8-57：1中上）。

拉链鼻　1件。YG73F3：1②，纽上用铜丝制成一节节链条（图版4-8-57：2下左）。

铜塔形器　1件。残。YG73E：21，高约9.2、宽约4厘米。六面体，尖形镂孔顶，塔心中空（图版4-8-58：1）。

铜鼓形器　1件。残。YG73F9：1，残高7.1、直径11.5厘米。扁圆形，腹部有四个铜环。

铜麒麟飞凤纹饰片　1件。YG73F12：2，直径5.5厘米。圆形，其内为一飞凤和一奔跑的麒麟（图版4-8-58：2）。

骨鼻纽　1件。YG73T：49②，长1.8厘米。兽头形，前端有一铜鼻（图版4-8-58：3左）。

骨花押　1件。YG73F17：4，长2.5、宽1.7厘米。三角形，下面刻一人形象，上有一圆孔，下有两周凹纹（图版4-8-58：3右）。

第九节　西绦胡同三号居住遗址

西绦胡同三号遗址位于二号遗址之西20米处，于1969年9月开始发掘，历时约40天，发掘面积为200平方米。发掘情况表明，该遗址是一座居住院落，只保存了北房和房下台基以及房前月台、慢道和露道。西房仅有一些残迹。院子南侧超出了城基范围，已被破坏（图版4-9-1：1；图4-9-1）。

一　建筑结构

（一）北房

台基为平地起建，平面略呈长方形，东西长12.15米，南北宽7.5米，高0.10~0.30米。台基保存得极不完整，仅东侧保存尚好。台壁是用长30、宽15、厚5厘米的条砖平铺错缝顺砌五层，东台壁靠在水沟处，地势较低，台壁高0.30米，采用露龈砌法（图版4-9-1：2），每层内收2厘米。南、北两台边平铺青条石压阑，条石略经打磨，长20~140、宽25~50、厚10厘米。前檐台基压阑石下顺砌四层条砖为壁，后台基压阑石下未发现台壁砖。台心填黄土，台面铺条砖。前檐台明宽0.75米，后檐台明宽0.65米。

前檐台基顺压阑石边砌散水，现仅在台基东部保留一段，长3.24、宽0.15米。用半头砖平铺砌成，其高度略低于压阑石（图版4-9-1：2）。

台基上建面阔三间的北房，为两明一暗开间。东西总面阔11.60米，南北进深5.55米，面积为64.38平方米。东明间和当心间面阔皆为3.90米，西暗间面阔3.8米。该房除东山墙和前、后檐墙东段保存较好外，余均

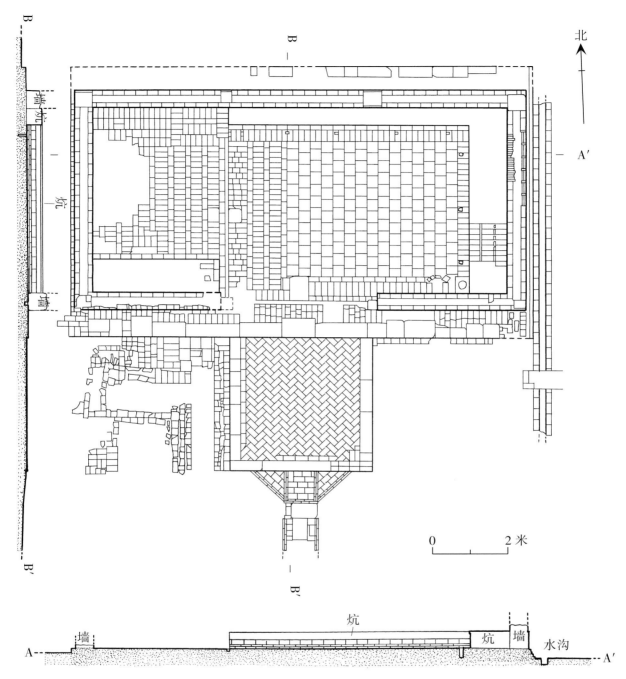

图 4-9-1 西绦胡同三号居住遗址平、剖面图

被破坏，一般仅留一层条砖。

东山墙残高 0.80、厚 0.46 米。隔减部分高 0.44 米，内外墙壁均用条砖平铺错缝顺砌而成，墙心用黄土和碎砖填馅。隔减以上墙每边各内收 2 厘米，墙厚 0.42 米，墙砌成斗槽形，与 YG73F1、YG73F2 之间隔墙砌法相同。内壁墙面抹一层黄土泥浆，其外再抹一层厚约 3 厘米的掺灰泥作为墙皮。

前、后檐墙各有四个柱础石（当心间和暗间的前檐柱础石已被破坏），皆用方形青石制成，素面，略经加工，不甚规整，长 37～53、宽 30～43、厚 6～10 厘米。柱径约 26 厘米。前檐柱皆为明柱，后檐柱除两角柱为明柱外，中间两个都是暗柱。

当心间的前檐处不砌墙，采用格子门，在铺地砖上有东西向的地栿槽（图版 4-9-1：3），长 380、宽 10、深 8 厘米。在当心间与暗间之间的铺地砖上也有一条南北向地栿槽，长 450、宽 8～10、深 8 厘米，应是截间格子门下的地栿槽。

三间北房的地面都是用砖铺地。当心间和明间皆用条砖和边长 34、厚 5 厘米的方砖墁地。做法是：东部全用方砖，南北成行平铺错缝砌。中部以西用条砖铺地，一排横砖一排竖砖相间铺墁。行与行之间均错缝砌，既美观又坚固（图版4－9－1：2；图4－9－1）。

室内出土器物多残碎不全，置于铺地砖上，以当心间发现的器物最多，东明间次之。东炕前出土一件彩绘瓷虎枕和一件铁铛（图版4－9－2：1）。

围绕两明间的北、东两面墙壁下砌有连接的拐角形炕，东面的称东坑，北面的称北炕。暗间南面靠前檐墙处的称南炕。三座炕除南炕仅存东西长350、南北宽110米的炕底外，北炕、东炕保存尚好。

东炕为火炕，南北长520、东西宽100、高约44厘米。南北两端与前、后檐墙相接，炕为平地起建，炕前脸从屋地面起，先平铺错缝顺砌三层条砖，其上顺砌一层陡砖，再上平铺错缝顺砌三层条砖（其中部分是土坯）而成，外表抹一层青灰压光。在炕前脸陡砖层中间留有一火门，宽24、高15厘米。火门内的炕心中间砌一长方形火膛，东西长49、南北宽22～24、高28～32厘米，底部东高西低略呈斜坡状。炕的结构与雍和宫后居住遗址的北房东炕相同。

炕前有三个槏柱眼，均马蹄形，间距约1.46米，最大径为10、深30厘米左右，眼内留有朽木痕。

北炕为实心炕，东西长630、南北宽50、高48厘米。东端与东炕相连，西端与当心间和暗间之间的隔断墙相接。前脸底层平铺错缝顺砌三层条砖，其上顺砌一层陡砖，陡砖内侧再斜放立砌半头土坯（间或夹砌少量半头条砖），上部再平铺顺砌四层土坯（其中夹有少量条砖），砌法不甚规整。土坯外抹一层青灰。最上用条砖铺墁炕面。炕心用黄土及灰渣填实。炕面砖上抹一层掺灰泥，炕沿部分再抹10厘米宽的青灰。

炕前有槏柱眼五个，均呈长方形，长8、宽6、深25～27厘米，柱眼间距不等，眼内残留朽木痕迹。

在东明间东南角紧贴东炕前有一砖砌的火炉，长44、宽38、残高24厘米。底部平铺一块方砖，其上三面立砌半头砖，铁炉箅平放在立砖之上，然后用半头砖平铺环砌成炉膛，炉膛内抹一层黄土泥（经使用现已成为红烧土），炕外壁抹黄土泥，上部已被破坏，结构不清。

在火炉西侧14厘米处，用条砖及半头砖砌一个煤池，现仅保留两层砖高，长40、宽30、高10厘米。池内留有煤末儿。

（二）西房建筑

西房已被破坏，只在月台的西侧残留一片用条砖平铺的地面，其上残留烟熏痕。西部伴出一堆煤饼和煤炭灰，并出有两个残破的小型坩埚，锅内有铜绿锈。

（三）院中的其他建筑

月台　正房当心间的门前砌有砖石结构的方形月台（图版4－9－1：1；图4－9－1），南北长3.70米，东西宽3.84米，高约0.20米。月台周边砌青条石压阑，石宽30、厚10厘米。压阑石内侧用条砖平铺呈"人"字形，月台中部微微隆起。压阑石下平铺错缝顺砌两层条砖，月台高度与台基相同。

慢道　月台南端砌慢道，作三瓣蝉翅形（图版4－9－2：2；图4－9－1），南北长0.80米，北宽2.53、南宽0.90米。慢道边沿用顺砌立砖砌出线道两条，中错缝平铺条砖，两翅向外侧微呈斜坡状。为元大都遗址中仅见的此形式慢道。

露道　慢道之南为砖石砌成的露道（图版4－9－1：1；图4－9－1），宽0.94米，南部已被破坏，残长1.50米，露道两侧砌两块立砖为线，中间用条砖和青石铺砌，道面略呈弧形。

水沟　在北房东侧砌有南北向水沟一条（图版 4 - 9 - 1：2；图 4 - 9 - 1）。呈南高北低斜坡状，南北残长 10、宽 0.14、深 0.22 米。水沟两壁各平铺错缝顺砌四层条砖而成，沟底未铺条砖，水沟南端用条砖覆盖，北端用石板覆盖，中间部位已破坏无存。

二　建筑构件

铜门环　1 件。YG69：02，环径 8、鼻长 5 厘米。环呈六瓣花朵形，套于双环铁鼻上。

柱础石　1 件。YG69：31，边长 19、厚 7.5、孔径 2.5 厘米。方形，平底，上部呈四坡状，中有一孔，与石础 YG72：115①（参见图版 4 - 7 - 10：5）相同。

三　出土遗物

出土遗物多为碎瓷片，现将能复原的器物分述如下：

（一）生活用具

1. 瓷器

青釉碗　2 件。均属龙泉窑系。YG69：66，高 6、口径 18、足径 6.5 厘米。敞口，侈唇，弧腹较肥。灰白胎，青绿釉，光亮，底足无釉。内底印牡丹纹，花两侧印有"东山"二字（图版 4 - 9 - 3：1）。

钧釉碗　1 件。属钧窑系。YG69：153，高 7、口径 15.5 厘米。器形与 J：218（参见图版 4 - 13 - 24：3）相同。

钧釉盘　1 件。属钧窑系。YG69：48，高 5.2、口径 26.8、足径 18.7 厘米。器形与 YG72：55（参见图版 4 - 7 - 14：5）相同。

黑釉盘　1 件。属磁州窑系。YG69：10，高 3、口径 13.8、足径 5.8 厘米。敞口，圆唇，浅腹，圈足。砂胎，器内外口沿部分施黑釉。器形与 YG73F3：6（参见图版 4 - 8 - 30：3）相同。

豆青釉碟　1 件。YG69：12①，高 3、口径 12.6、足径 5.6 厘米。敞口，平折沿，浅腹，圈足，底心微鼓。灰白胎，内外壁施豆青釉，圈足内无釉。

青白釉瓜棱罐　1 件。YG69：54，高 9、口径 10、腹径 12.6、底径 9 厘米。大口，直颈，圆肩，鼓腹，平底，外壁作瓜棱形。白胎，青白釉。器形与 YG73F11：1（参见图版 4 - 8 - 32：1）相同。

黑釉背壶　1 件。YG69：72，直径 22.8、高 11.2 厘米。扁圆形，平置似龟形，近边缘处有一圆形双唇小口，器身中腰有一周凹槽，槽上有对称的四个弧形扁耳，器身由上、下两片分制后贴合。灰黄胎，通体施黑釉，色光亮明润。器形别致（图版 4 - 9 - 3：2；图 4 - 9 - 2：3）。

钧釉双耳炉　1 件。钧窑系。YG69：15，通高 13.2、口径 8.7、腹径 11.4 厘米，耳长 5、宽 3.8～4.2、厚 0.8 厘米。圆唇外折，直颈，鼓腹，三足。颈上有两个对称的附耳，耳呈扁长方形，耳孔处堆以泥条。淡黄胎，外壁施天蓝釉，光润厚重，外壁底无釉，垂釉较厚，内壁仅口沿有釉（图版 4 - 9 - 3：4；图 4 - 9 - 2：2）。

白釉、酱釉灯碟　9 件。器形与 YE65：11（参见图版 4 - 10 - 3：2 左）相同。

青白釉器盖　2 件。属景德镇窑系。YG69：12②，高 17、口径 8.5 厘米。器形同 YH72：10（参见图版 4 - 1 - 54：2）相同。YG69：70，高 4、口径 9 厘米（图 4 - 9 - 2：1）。

青釉荷叶形器盖　2 件。属龙泉窑系。YG69：24，直径 31、子口径 18、高 8 厘米。荷叶形。灰白胎，青灰

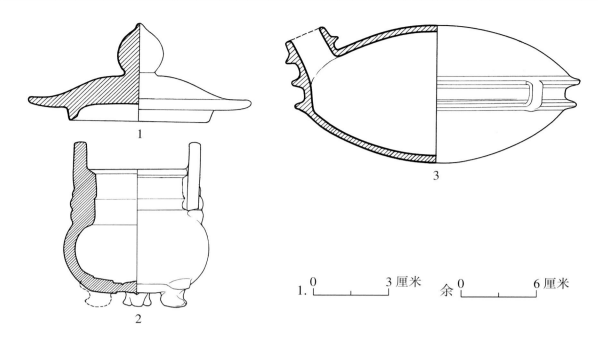

图 4 – 9 – 2　西绦胡同三号居住遗址出土瓷器
1. 青白釉器盖（YG69：70）　2. 钧釉双耳炉（YG69：15）　3. 黑釉背壶（YG69：72）

釉（图版 4 – 9 – 3：3）。YG69：71，器形与 YM74F3：58（参见图版 4 – 5 – 15：2）相同。

黄釉黑彩虎形枕　1 件。YG69：40，高 15、长 38、宽 13 厘米。形作卧虎状，双目直视，尾后卷。灰黄胎，通体施深黄釉，底无釉，用黑釉点绘出虎之鼻、眼、嘴和尾等。神态生动，造型别致（彩版一一；图版 4 – 9 – 4：1）。

2. 铜器

执壶　1 件。YG69：69，高 22、口径 6.5、腹径 15、底径 11 厘米。盘口，长颈，鼓腹，平底，假圈足。颈中凸出一圈弧形棱，上下两边各套一铜圈，肩上部起凸棱，口与肩之间有耳形把手，缺壶嘴。底、把手后安，把手用圆形铆钉固定（图版 4 – 9 – 4：2）。

香炉　1 件。YG69：8，通高 6.4、口径 7.2、腹径 7、足高 1.5 厘米。大口，圆唇，直壁，下部收敛为圜底，蹄足。腹上有一周凸弦纹。

灯　1 件。YG69：28，通高 15、盘径 5.8、深 1.4、柄长 11、座高 2.5 厘米。圆形灯盘，直壁，平底，中间有铁钎插，柄作竹节状，座为三条腿支架。

勺　2 件。YG69：37，残长 11.7 厘米，柄长 9、宽 0.4、厚 0.2 厘米，勺长 2.7、宽 1.2 厘米。柄作长条扁形，柄尾残，勺作长条形（图版 4 – 9 – 4：3 下）。YG69：13，通长 23 厘米，柄长 18、宽 0.4 ~ 0.6、厚 0.1 ~ 0.5 厘米，勺长 5.5、宽 5.2 厘米。柄作长条扁形微上翘，勺作圆形，柄与勺用铆钉接（图版 4 – 9 – 4：3 上）。

器盖　1 件。YG69：27，高 4、直径 10.4 厘米。圆形，顶有圆环把手。

支架　1 件。YG69：65，高 15.5 厘米。支架如今日之鼓架，由三根曲形足组成，每足上端有旋纽，纽中间用铁轴相插连，三支架可随轴自由旋转。

3. 铁器

铛　1 件。残。YG69：39，直径 44 厘米。浅腹，平底，口沿处有环形耳。

（二）工具

铁夯锤　1 件。YG69：52，直径 11、高 9 厘米。形制与 YG73E：18（参见图版 4 – 8 – 46：5）相同。

齿轮形铁轴套　1 件。YG69：60，直径 17、厚 3 厘米。形制与 YG73E：10②（参见图版 4 - 8 - 46：4）相同。

磨石　1 件。YG69：6，残长 12、宽 2～3.1、厚 2 厘米。长条形，四面均磨得很光滑，两侧面有刻划的竖阴线条。青灰色。

石臼　1 件。方斗形，器形与 YG73T：33（参见图版 4 - 8 - 47：3）相同。

石杵　2 件。器形与 YG73F12：9（参见图版 4 - 8 - 47：4）相同。

陶坩埚　2 件。形制相同。YG69：2，残长 9、口径 8 厘米。器形与 YE73：24 相同。

（三）度量衡器

铜权　1 件。器形与 YG72：85（参见图版 4 - 7 - 30：4 右）相同。

铁权　2 件。YG69：92，高 10 厘米。器形与 YG73F9：8（参见图版 4 - 8 - 51：3 右）相同。

（四）货币

铜钱　9 枚。圆形。其中有北齐常平五铢，宋淳化元宝、绍宋通宝，金大定通宝，元至正通宝。至正通宝，直径 2.6、孔径 0.6 厘米。楷书，背面穿上有一八思巴文的"辰"字。

（五）梳妆用具

骨梳　1 件。YG69：53，宽 11 厘米。半圆形，齿和下部残缺。牙黄色。

骨刷把　1 件。YG69：26，通长 16、柄长 8、宽 1.7～3.9 厘米。体作扁长条形，有四排小圆孔，每排 17 眼，为安装刷毛处，现已脱落无毛（图版 4 - 9 - 4：4）。

（六）其他

骨珠　1 件。YG69：63，直径 1.3、厚 0.6 厘米。扁圆形，中钻一圆孔，单面钻。牙黄色。

铜铃　1 件。YG69：14，高 9.5、长 6.5、宽 4.8 厘米。体呈梯形，截面呈椭圆形，半环扁纽上有一长方孔，用以系绳（图版 4 - 9 - 4：5）。

骨羊拐　3 件。形制相同。YG69：5，长 3.4、宽 2、厚 1.4～1.6 厘米。上下两面均经人工打磨（图版 4 - 9 - 4：6）。

第十节　一〇六中学居住遗址

1965 年秋，在德胜门东侧的一〇六中学的操场下（即明代北城墙下）发掘了一座房基。房基周围还有一些建筑残迹，从残存平面形状看，与西绦胡同二号遗址（YG73）东部居住遗址的小型房子相同。

一　建筑结构

北房一间，方向 185 度，房屋面阔 3.9 米，进深 4.5 米。房基低狭，建筑简陋（图版 4 - 10 - 1；图 4 - 10 - 1）。房屋四角墙内各有一暗柱，木柱已朽，柱洞直径 15～18 厘米。木柱下均有扁平方形柱础石，长 36～40、宽

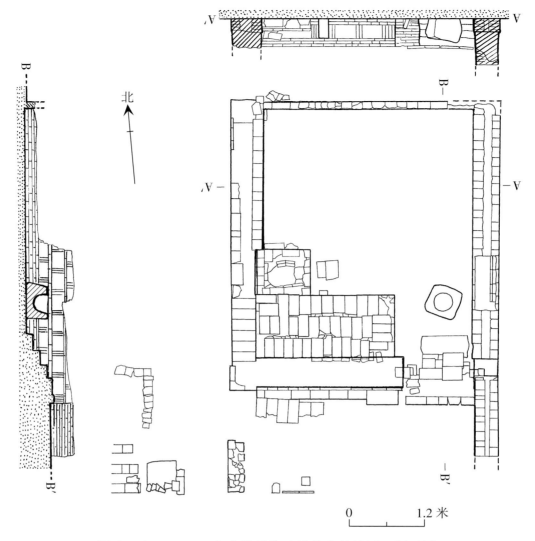

图 4 - 10 - 1　一〇六中学居住遗址北房基址平、剖面图

34～37、厚 7～10 厘米，础面稍经凿平。房屋四壁以东山墙保存最好，高 0.50、厚 0.43 米；西山墙高 0.45、厚 0.50 米；前檐墙高 0.20、厚 0.50 米；后檐墙高 0.15、厚 0.15 米。东、西、南三面墙均用条砖（或半头砖）先平铺错缝顺砌四层，其上外壁砌陡砖，里壁用土坯垒，墙心用碎砖黄泥填平；后檐墙只用单坯顺砖平铺错缝砌。

屋门辟在前檐墙东端，门口宽 90 厘米，门已无存。屋内地面比门口外的地面低 0.40 米，所以在门内砌有简单的三层台阶。台阶用条砖和青石板混合砌成，第一层平铺一块青条石，宽 75、深 30、高 10 厘米；第二层砖砌，宽 65、深 22、高 15 厘米；第三层砖砌，宽 70、深 23、高 15 厘米。进门下台阶，靠东壁下放一件石臼（图版 4 - 10 - 1）。屋内为土地面。

屋内前檐墙下有一砖砌的火炕，东西长 220、南北宽 108、高 45 厘米。炕结构与 YG73F2 屋内炕基本相同。有一点不同的是在炕前脸的中间偏东有一炕洞，洞口宽 17、高 32 厘米，炕洞呈长方形，向里伸入到炕心内与中间烟道连通。在清理时发现洞口用土坯封起。

炕的西端北侧有一灶，与炕连接在一起。灶用半头砖砌成，东西长 80、南北宽 73、高 25 厘米。灶口在东侧，宽 22、高 15 厘米。灶膛呈椭圆形，直径 32～40 厘米，灶膛周壁抹一层泥，经火烧烤呈灰红色硬面。在灶膛底部西南角有一斜坡状火道，通过炕前脸西北角的火口与炕内烟道相通。

北房前有一小院，院墙已被破坏，仅残存东院墙一段（即房子东山墙向南延长），残长 1.06、高 0.75、厚 0.35 米。西院墙仅残留一些碎砖块。院墙基下先平铺一层碎石块，其上用半头砖和土坯平铺顺砌。在屋外前檐下用整、碎砖平铺一条东西向散水，南北残宽 15～55 厘米。院墙西侧还残存一些零星的碎砖墙，可能还有类似的房基遗迹，因保存很差未发掘。

二　出土遗物

（一）生活用具

主要是瓷器，器形有碗、盘、碟、灯等，大部分为碎瓷片，以磁州窑系、钧窑系的瓷片最多，经复原有如下器物：

青釉碗　3 件。均属龙泉窑系。YE65：5，高 6.7、口径 15.9、足径 5.6 厘米。器形与 YG72：54（参见图版 4－7－11：3）相同。灰胎，施灰绿釉。内有弦纹一周，内底印有菊花。YE65：6，高 5.2、口径 11.7、足径 3.3 厘米。口微敛，弧壁，小圈足。白胎，青绿釉，圈足底一周无釉，露紫色胎。外壁刻瘦长形莲瓣纹（图 4－10－2：1）。器形与 YG73F1：6（参见图版 4－8－24：4）相同。YE65：10，高 3.5、口径 12、底径 5.6 厘米。敞口，圆唇，弧壁，平底内凹。灰白胎，青黄釉，釉面有裂纹，内外底心无釉（图版 4－10－2：1；图 4－10－2：2）。

钧釉碗　10 件。有两种类型，其中 5 件与 J：221（参见图版 4－13－24：5）相同，施黄绿釉或天蓝色釉，另外 5 件与 J1：76（参见图版 4－13－9：4）相同。在残破碗底部有的墨书"洪""范""邢""王""赵"字。

白釉黑彩碗　11 件。皆磁州窑系。有大小两种类型。

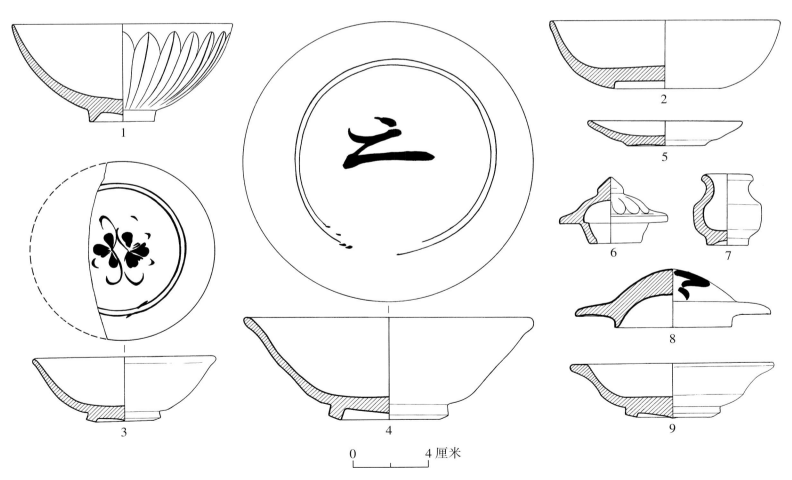

图 4－10－2　一〇六中学居住遗址出土瓷器

1、2. 青釉碗（YE65：6、10）　3、4. 白釉黑彩碗（YE65：33、2）　5、9. 白釉、酱釉灯碟（YE65：11、9）　6. 青白釉莲瓣纹器盖（YE65：15）　7. 黑釉小瓶（YE65：29）　8. 白釉黑彩器盖（YE65：16）（1、2 为龙泉窑，6 为景德镇窑，余为磁州窑）

大碗　2件。YE65：1，高9、口径22.5、足径7.2厘米。器形与YG73F1：8（参见图版4-8-26：1）相同。

小碗　9件。形状相同，大小不等。YE65：2，高5.5、口径15.5、足径6.5厘米。敞口外侈，圆唇，斜壁，矮圈足。黄白胎，白釉，外壁釉不到底。内底绘褐色花草纹似"之"字，外底墨书"高"字（图版4-10-2：3；图4-10-2：4）。YE65：33，高3.6、口径9.7、足径3.9厘米。器形同YE65：2。碗内壁有两道酱褐色弦纹，底部绘花卉纹（图版4-10-2：2；图4-10-2：3）。在此类碗的残片中见有在内底用酱色釉书写"日""王""元"等文字。

青釉小盘　1件。属龙泉窑系。YE65：30，高2.6、口径12.4、足径5.5厘米。器形与J：215（参见图版4-13-24：1）相同。

白釉盘　2件。属磁州窑系。YE65：7，高2.9、口径13.2、足径5.8厘米。器形与YG73F9：4（参见图版4-8-30：1）相同。

黑白釉盘　6件。YE65：8，高1.6、口径14、足径6.4厘米。器形与YG72：68②（参见图版4-7-15：1）相同。

白釉、酱釉灯碟　16件。属磁州窑系。YE65：9，高2.8、口径10.8、足径5厘米。敞口，沿外折，浅盘，矮圈足。黄白胎，内外施白釉，外壁釉不到底（图版4-10-3：1；图4-10-2：9）。YE65：11，高1.2、口径8、底径4.2厘米。浅盘，平底。灰黄胎，口沿内外施酱釉（图版4-10-3：2左；图4-10-2：5）。YE65：12，高2、口径6、底径3.3厘米。敞口，斜弧壁，平底。黄白胎，外施一层白色化妆土，壁内与口沿处遗有烟熏痕迹（图版4-10-3：2右）。

白釉褐彩盆　2件。均属磁州窑系。YE65：13，高28、口径55、底径28厘米。器形同YG72：28①（参见图版4-7-17：1）。粗红胎，壁外施褐色釉，内施白釉褐彩弦纹及草叶纹。YE65：31，高13、口径31、底径15厘米。器形、胎、釉、花纹与YG72：18（参见图版4-7-16：2）相同。

青白釉器盖　1件。属景德镇窑系。YE65：15，高3.5、外径5.9、内径2.7厘米。圆形，子口，顶端为桃形圆纽。白胎，器外施青白釉。盖顶饰莲瓣纹（图版4-10-3：4；图4-10-2：6）。

青釉器盖　1件。属龙泉窑系。YE65：14，高8、直径31.5、子口径18.5厘米。荷叶形。灰白胎，器表施豆绿色釉，釉面有裂纹。盖面印有缠枝莲花纹（图版4-10-3：3；图4-10-3）。

白釉黑（褐）彩器盖　2件。属磁州窑系。YE65：16，高3、外径10.5、内径6.2厘米。圆顶无纽。黄白胎，壁外施白釉，绘褐色彩（图版4-10-3：5；图4-10-2：8）。YE65：98，器形大小与YE65：16相同，盖面饰一圈黑色纹饰。

黑釉小瓶　1件。YE65：29，高3.9、口径2.6、腹径3.2、底径2.4厘米。口外侈，短颈，斜肩，鼓腹，平底微凹。灰白胎，内外施黑釉，釉不到底（图版4-10-3：6；图4-10-2：7）。

（二）工具

石臼　1件。器形与YG73T：33（参见图版4-8-47：3）相同。

小石杵　2件。残。YE65：17，高2.5、直径2.5、孔径1.9、深1.7厘米。器物皆为桃形，与YG72：109相同。

铁碾轮　2件。YE65：18，直径34、轴长23、厚4厘米。圆轮形，中间有一轴，两端为尖圆头。周身有弦纹。模铸。器形与YME：106的碾轮（参见图版4-13-2：6）相同。

骨器　1件。YE65：32，高4、直径3.5厘米。长圆形，下端削平，上端中间凹下，呈双沟状，有使用磨光

图 4 - 10 - 3　一〇六中学居住遗址出土龙泉窑青釉器盖（YE65：14）

痕迹。近器身下部有三道细弦纹，器表磨光（图版 4 - 10 - 4：1）。

（三）货币

铜钱　14 枚。计有唐开元通宝 1 枚，宋崇宁重宝 1 枚、景德元宝 1 枚、天禧通宝 1 枚、皇宋元宝 1 枚、皇宋通宝 1 枚、治平元宝 1 枚、熙宁元宝 2 枚、元丰元宝 2 枚，金大定通宝 2 枚，元至大通宝 1 枚。至大通宝 YE65：19，楷书，直径 2.4、孔径 0.6 厘米。

（四）梳妆用具及装饰品

铜镜　1 件。YE65：20，直径 15.1、边厚 0.4 厘米。圆形，镜面微凸，背面有一圈凸起弦纹，中央有一纽，纽外有两圈凹弦纹。模铸（图版 4 - 10 - 4：4）。

铜簪　1 件。YE65：21，长 9.8 厘米。一端呈扁圆形，刻铸绳纹花边，另一端为两根细尖状长条形，系插在发髻上（图版 4 - 10 - 4：5）。

玉带饰　1 件。YE65：23，长 2.9~3.1、宽 0.65~1.1、高 13 厘米。梯形长条状，中腰有一长条穿孔，可穿套在带子上（图版4-10-4：2）。

石花饰片 1件。YE65：24，长3.5、宽2.5厘米。花瓣形，正面雕刻三片花瓣和一圆心，背面有四个小圆孔，用以镶在固定处（图版4-10-4：3）。

料珠 1件。YE65：25，长1.1、两端径1、孔径0.5厘米。椭圆瓜棱形，中央有一穿孔。蓝色（图版4-10-4：6）。

（五）其他

铜铺首 2件。YE65：26，直径5、中间孔径0.5厘米。葵花形。应为箱柜上的一对铺首（图版4-10-4：7）。

长方形小石座 1件。YE65：27，长4.8、宽3.4、高2.6厘米。须弥座，座面上刻有七个凹圆孔。青紫石制成（图版4-10-4：8）。

石围棋子 10枚。YE65：28，直径1.8、厚0.2~0.6厘米。圆饼形，素面。黄白色石（参见图版4-7-30：2）。

第十一节　后桃园遗址

后桃园遗址位于后英房居住遗址之西，遗址残迹东西长43、南北宽24米，发掘总面积约1000平方米。遗址已被破坏，只遗留下大量砖瓦等建筑构件以及红色墙皮、泥胎彩塑像碎块等。从出土遗物分析，该处可能是一座寺庙遗址。

一　建筑构件

遗址中出土的建筑构件有覆盆式柱础、锭脚石、门砧石及各式砖瓦。现将主要遗物分述如下：

（一）瓦

模制，青灰色，可分滴水板瓦、板瓦、筒瓦及瓦当。

板瓦 YHF72：20，长31.5、前宽19、后宽16、厚1.5~1.7厘米。正面印布纹，呈前宽后窄状（图版4-11-1：1）。

滴水板瓦 瓦头近似三角形，由对称的海棠曲线边合出下尖而成。唇面通高4~7、厚1.54厘米，唇出板瓦下皮3~5.2厘米。纹饰有花草和云凤纹之别。YHF72：17，宽12厘米。当心是一朵开放的莲花，两侧衬以慈姑纹（图版4-11-1：2；图4-11-1：1）。YHF72：18，宽14.5厘米。纹饰与YHF72：17相同（图版4-11-1：3）。另两种花纹与YH72：123、124（参见图版4-7-10：1、2）相同。YHF72：19，宽12厘米。当心雕一只立凤，两侧衬以云纹（图版4-11-1：4；图4-11-1：2）。

兽面纹瓦当 YHF72：21，直径11厘米。两眼深陷，眼珠凸起如珠，两侧嘴角上翘，张嘴露齿，额头有发，颔下有须，口衔环，兽面纹外绕以阴刻弦纹一周（图版4-11-1：5）。YHF72：22，直径12厘米。两眼深陷，双眉上翘，额头飘发，矮鼻露孔，嘴角上翘，口衔半环，兽面高高隆起，兽面纹外绕以两周凸弦纹，中夹联珠纹（图版4-11-1：6）。另两种与YG72：125（参见图版4-7-10：4左）和YH72：152①（参见图版4-1-

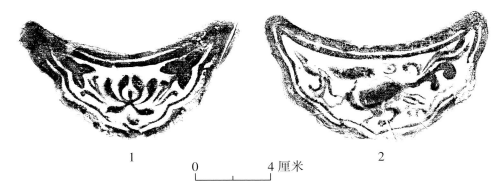

图 4 – 11 – 1　后桃园遗址出土滴水拓片
1. 花草纹（YHF72：17）　2. 云凤纹（YHF72：19）

39：2）相同。

凤纹瓦当　形式与 YH72：153①（参见图版 4 – 1 – 39：4）相同。

花草纹瓦当　2 件。形式与 YH72：154（参见图版 4 – 1 – 39：5）相同。

覆莲纹陶座　1 件。YHF72：27，高 7、直径 16.5 厘米。圆形，弧壁。周壁饰凸起莲花瓣，顶部残留有鸟爪痕。圆座中心有一孔，直径 5 厘米，孔内积满白灰浆。泥质灰陶，表面粘有灰渣（图版 4 – 11 – 1：7）。

（二）脊饰

皆模制，泥质胎，青灰色，分套兽、龙头、凤鸟、迦陵频伽和武士等。

套兽　形式与 YH72：157（参见图版 4 – 1 – 40：1）相同。

龙头　形式与 YH72：159 相同。

凤鸟　形式与 YH72：160①、②（参见图版 4 – 1 – 40：4）相同。另一种小凤，高仅 14 厘米，形式与纹饰均与 YH72：160①、②基本相同。

迦陵频伽　模手合制。作人首鸟身状。YHF72：23，通高 34 厘米，方座长 15、前宽 11、后宽 9、厚 1.5 厘米。瓦座是一块小型板瓦，上立迦陵频伽。迦陵频伽挺身垂尾，上半身人形，头戴花冠，发髻高卷，双手捧一宝瓶，肩披飘带，下半身鸟形，具羽、尾、腿和爪，安尾、腿和飘带处尚留手捏痕，底座背面有一圆孔，用以插钉固定（图版 4 – 11 – 2：1）。YHF72：24，通高 26 厘米，底座直径 7 ~ 8 厘米。在迦陵频伽下连一个圆筒状底座，座内中空，内留很厚的白灰浆，中插一残铁钉。迦陵频伽头戴高冠，发髻分束两耳上侧，双手捧宝瓶，腰束带，腿、爪、尾与体合模（图版 4 – 11 – 2：2）。

另有一种小型迦陵频伽，残高 10 厘米，底座直径 4.2 ~ 5 厘米，均缺头。

武士　模手合制。武士身穿盔甲，甲肩作兽面纹。YHF72：25，站姿武士。身高 38 厘米（图版 4 – 11 – 3：1）。YHF72：26，坐姿武士。残高 36 厘米（图版 4 – 11 – 3：2）。

（三）琉璃瓦

筒瓦　筒瓦大小各异，长 19 ~ 28、宽 13 ~ 16、厚 1.8 ~ 2 厘米。YHF72：28，模制。呈半圆筒状，两端边缘部分多被抹平，有的有圆钉孔，孔径 1.6 厘米。瓦面施绿釉。里为布纹。

二　出土遗物

出土遗物多为碎片，经粘对复原的器物，按用途、质料不同分述如下：

（一）生活用具

1. 瓷器

褐釉罐 1件。YHF72：11，高32.7、口径19.8、足径11厘米。直口，溜肩，鼓腹较深，腹下内收，凹底（隐圈足）。紫胎，黄褐釉，底无釉（图版4－11－4：1；图4－11－2）。

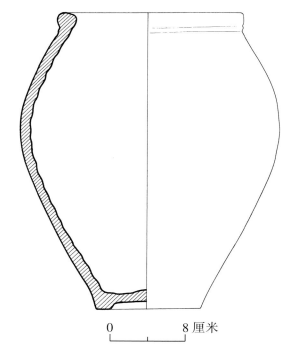

0   8厘米

图4－11－2　后桃园遗址出土褐釉罐（YHF72：11）

灯碟 2件。器形与YE65：11（参见图版4－10－3：2左）相同。

钧釉连座双耳瓶 2件。属钧窑系。YHF72：1，通高63、口径15、足径17厘米。口沿下折为五个花瓣，口与颈呈牵牛花状，颈肩之间有两个对称的兽形扁耳，肩部有两个对称的虎头状铺首，额头有一"王"字，瓶座上为盘状，中为五边形，下为圆形，座的每壁中间有一长穿孔，孔间为扁柱，柱外起凸棱，每孔上端有一抄手人面，柱棱上端各有一凸出兽面。通体施天蓝釉，铺首和座上各有两块紫斑。由于施釉较厚，耳兽、人面和兽头形象皆不清晰。造型别致，釉色艳丽，为钧窑佳品（彩版二九；图版4－11－5；图4－11－3：1）。

2. 琉璃釉器

鱼莲纹大盘 1件。YHF72：10，高3.5、口径27、足径17.5厘米。蓝釉已脱落。模印花纹（图版4－11－4：2；图4－11－3：2）。

兔草纹小盘 1件。残。YHF72：4，高2、口径12、足径8.5厘米。圆唇，平折沿，浅腹，矮圈足。橘红胎，口沿和壁施黄、绿釉。内底饰兔草纹（图版4－11－4：4）。

炉 1件。YHF72：5，通高34、口径12.5厘米。方唇直口，短颈，鼓腹，圜底，口、颈部有两个对称的长方形直耳，耳中镂长方孔，腹下有三个兽面蹄形足。黑胎，外部施绿釉，颈部有黄釉半浮雕式牡丹花，腹部有黄、绿釉浮雕云龙纹。炉内尚留1厘米厚的香灰（图版4－11－4：3）。

3. 陶器

八卦回纹贯耳瓶 1件。YHF72：30，高23、口径5、足径8.5厘米。直口，长颈，圆腹，喇叭形圈足，口沿下有穿孔贯耳。泥质黑陶。通体为细地菱形纹和回纹，腹部一周为八卦纹，圈足内阴刻草书"野塘"二字

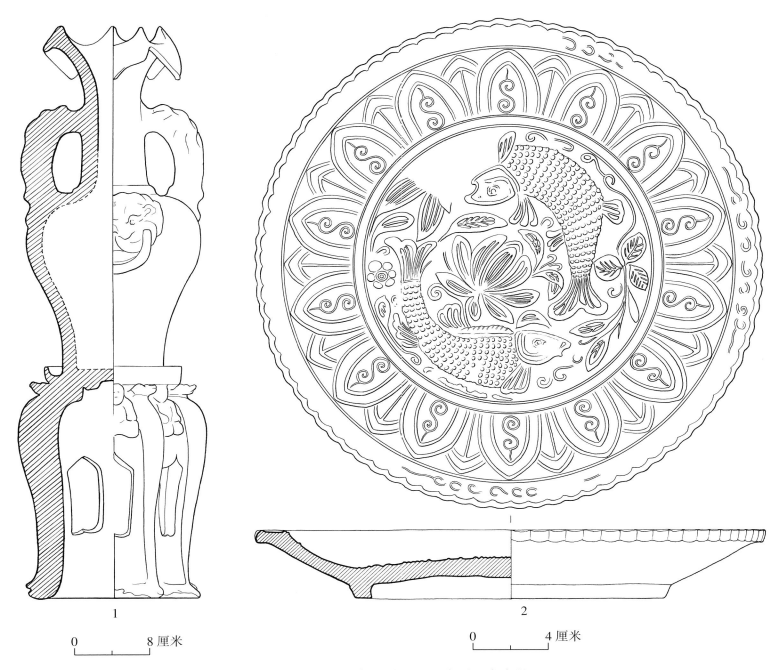

图 4 - 11 - 3　后桃园遗址出土瓷器、琉璃器
1. 钧釉连座双耳瓶（YHF72：1）　2. 琉璃釉鱼莲纹大盘（YHF72：10）

（图版 4 - 11 - 6：1；图 4 - 11 - 4）。

4. 石器

高足碗　1 件。滑石质。YHF72：6，残高 7.5、残口径 12、足径 5 厘米。口残，弧壁，短柄，平底。柄底部划有"王"字，壁光滑平整。

（二）工具

石臼　2 件。青石质。YHF72：12，呈方斗形，形制与 YG73T：33 （参见图版 4 - 8 - 47：3）相同。YHF72：13，高 15、直径 21 厘米，臼槽直径 12 厘米。呈圆形，直壁，平底，臼槽内有使用痕迹（图版 4 - 11 - 6：2）。

图 4 - 11 - 4　后桃园遗址出土黑陶八卦回纹贯耳瓶（YHF72：30）瓶底文字拓片

（三）其他

灰陶器座 1件。YHF72：15，残高25、直径28厘米。圆座上部残，有四条弧形兽面腿，周壁有四个月牙形镂孔。座中腹有波浪纹，其上饰钱形纹等（图版4－11－6：3）。

石龟趺 2件。YHF72：2，通高28厘米。易州石，碑身阴刻"昭惠灵显真君之位"两行八字，碑身天宫处阴刻"六月廿四日"（图版4－11－6：4）。字内均填金，碑首盘龙和鳌均雕刻得非常精致和生动。YHF72：7，缺碑，鳌比前者大，雕工精巧。高17、长30、宽17.5厘米。

第十二节　旧鼓楼大街豁口东窖藏

一　窖藏概况

窖藏是1970年10月在旧鼓楼大街豁口东发现的，位于一座残存的元代院落遗址中，窖穴深不到半米，内埋有16件瓷器，都是景德镇湖田窑烧制的生活用具，瓷胎洁白，釉色青白光亮。其中有10件青花瓷器、4件影青釉（青白釉）瓷器和2件枢府釉（卵白釉）瓷器，青花色泽浓艳，色深处有黑色浓点。瓷器全部可修复。器形有碗、高足碗、盘、扁壶、盏托、小酒杯和匜形器。

二　窖藏瓷器

青花大碗 2件。YK70：1，高9、口径18、足径6.5厘米。侈口，圆唇，深腹，圈足。口沿内部绘缠枝菊花，上下有粗细不等的细线纹；碗心绘一团龙，龙长嘴细颈三爪，龙首前有一火焰宝珠；碗外壁用细线纹分隔成上下两组纹饰，上部绘缠枝莲花，下部绘宝相莲花瓣（彩版一六：1；图版4－12－1：1；图4－12－1：1）。YK70：2，形制、花纹及大小与YK70：1相若（彩版一六：2；图版4－12－1：2；图4－12－1：2）。

枢府釉碗 2件（YK70：3、4）。形制相同。YK70：3，高5.2、口径14.4、足径8.2厘米。侈口，圆唇，浅腹，平底，圈足。白胎，卵白釉，底足无釉。碗心印有四个对称的杵头纹。碗底有墨书八思巴文"ᠵ"字，译汉字为"张"或"章"（图版4－12－1：2；图4－12－2：1）。

青白釉高足碗 2件。皆影青釉，足底内无釉。YK70：5，通高9、口径12、足高3.8、足径3.5厘米。敞口，尖唇外侈，深腹，喇叭状高圈足。碗心印大朵菊花，四周分布花叶，腹中部外壁印两条细线纹（图版4－12－2：1；图4－12－2：4）。YK70：6，器形同YK70：5，釉色青绿，碗心印一小朵菊花，内壁印菊花及花叶（图版4－12－2：2；图4－12－2：5）。

青花盘 5件（YK70：7～11）。YK70：8，高3.5、口径13、足径8厘米。侈口，尖唇，下腹微鼓，浅腹，平底，大圈足。内壁饰缠枝牡丹纹，上下有细线纹；盘心绘团龙，与碗心团龙相同；外壁饰缠枝莲花，其上下亦有细线纹（彩版一七：1左；图版4－12－2：3；图4－12－1：3）。YK70：7，高3、口径15.4、足径10厘米。尖圆唇，弧壁，浅腹，大圈足。纹饰与YK70：8基本相同（彩版一七：1右；图版4－12－3：1）。另外三件青花盘见图版4－12－2：4，4－12－3：2、3。

青花凤首扁壶 1件。YK70：12，高18.5、口径4.1、最大腹径17.5、最大足径8.3厘米。小口，卷圆

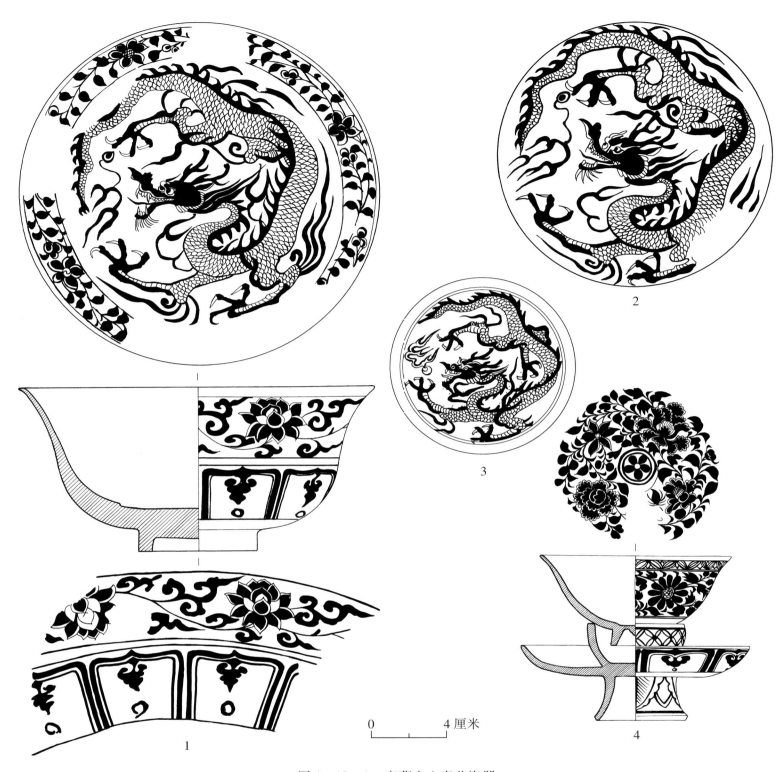

图 4－12－1　窖藏出土青花瓷器

1. 大碗（YK70：1）　2. 碗心团龙（YK70：2）　3. 盘心团龙（YK70：8）　4. 盏托（YK70：13）

唇，短颈，溜肩，扁圆形腹，肩部一端有凤首形流，另一端为凤尾卷成的壶把。白胎，影青釉，足底无釉。器身饰满青花纹饰，颈部为回纹、细线纹；腹上部绘展翅飞翔的凤鸟，凤首高昂，凤尾弯卷；腹下部绘一束茂盛的缠枝牡丹，牡丹花旁有火焰形卷云纹；圈足上绘重叠的宝相莲瓣纹（彩版一七：2 右、一八；图版 4－12－4：1、2；图 4－12－3）。

青花盏托　2 件。YK70：13，通高 9、盏口径 10、盘口径 12、足高 2.1 厘米。上为盏，盏口圆唇外侈，弧腹，圈足；下为盏托，托心为一直口杯，杯下为浅盘，喇叭形高圈足。白胎，青白釉。盏内壁口沿绘一圈卷草花纹，腹壁绘缠枝牡丹花、射干花，底心填海棠花一朵；碗外壁口沿绘"人"字形花瓣纹，腹部为缠枝菊花纹。托杯外壁绘连环钱形纹与弦纹，托盘内壁绘缠枝牡丹花四朵、外壁绘莲瓣纹，高圈足外壁绘重叠蕉叶纹

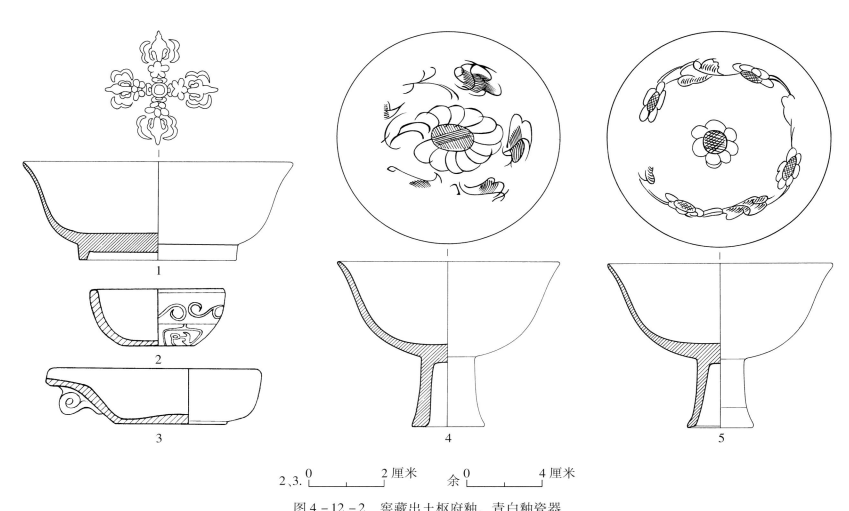

2、3. ⊢————⊣ 2厘米   余 ⊢————⊣ 4厘米

图 4 - 12 - 2   窖藏出土枢府釉、青白釉瓷器
1. 枢府釉碗（YK70：3） 2. 青白釉小杯（YK70：15） 3. 青白釉匜（YK70：16） 4、5. 青白釉高足碗（YK70：5、6）

0 ⊢————⊣ 4厘米

图 4 - 12 - 3   窖藏出土青花凤首扁壶（YK70：12）

（彩版一七：2左，一九：1、3、4；图版4-12-4：1、4；图4-12-1：4）。另外一件为 YK70：14（彩版一七：2中，一九：2；图版4-12-4：1、5）。

青白釉小杯　1件。残。YK70：15，残高1.8、口径3.4厘米。圆唇，直沿，弧腹，底残。白胎，青白釉。外壁印卷草纹，下为宝相莲瓣纹（图版4-12-4：3左；图4-12-2：2）。

青白釉匜　1件。残。YK70：16，高1.3、口径4.6、底径2.8、流长1厘米。圆形，一端有长方形流，敞口，平唇，深腹，平底，底稍内凹，流下有云头形纽。白胎，灰青色釉（图版4-12-4：3右；图4-12-2：3）。

第十三节　元大都出土的零散遗物

从1952~1973年，在元大都城的范围内，随基建施工发现一批元代遗物。这些遗物绝大部分是在拆除明代北城垣时出土的，本章前述元代居住遗址和出土遗物也是在北城垣下发掘的。除北城垣外，在西城垣下也发现一些遗物，多为元代石刻（栏板）、砖等，是明代用砖包砌城垣时垫在城墙下的基础石。另外，还有一些零散遗物，是在大都城内外（即北京内城，如宣武门外、德胜门外、黄寺等地）基建施工挖槽时发现的。下面按北城垣沿线、西城垣沿线和北京城内的各出土地点，分别介绍出土的零散遗物。

一　北城垣沿线出土遗物

北京北城垣是明初在大都城内修筑的，城垣沿线下埋着许多元代的居住遗址，出土遗物相当丰富，遗物的时代下限应为至正二十八年（1368年）八月，即元代末期。从城垣断面可看出，城垣为平地起筑，中心为夯筑的土城垣，直接压在未拆平的元代居住遗址上，土城垣内外皮又用拆下的元代砖包砌小砖垣，厚约3.5米，遗物都在城基部位出土。城基以上，多用拆毁的元代房屋的建筑材料、柱、椽或原木排列一层，雍和宫后居住遗址和后英房居住遗址中的彩绘枋就是在这层出土的；再上即用夯土、碎砖烂瓦层层夯筑，成为明代最早的北京城垣；以后又在小砖垣外包砌明代的大城砖，在大城砖的垣基下多垫有拆毁的元代石柱础、石栏板、墓志、墓碑、石碑、石牌坊、条石等，所以留下许多珍贵的石刻艺术品。因在北城垣沿线下发掘了十几处遗址，出土了大量遗物，故为区别零散遗物与遗址发掘遗物的器物编号，凡是靠近正式发掘遗址点的零散遗物一律用遗址点的代号加"E"或"F"（即在遗址的东面或西面出土），不靠近遗址点的零散遗物一律加注"J"（其中位于德胜门东至果子市明代北城墙下于基建中出土的文物皆注"J1"），后面注器物号。北城垣沿线的出土遗物，由东北城角开始，至西北城角止，分成几段叙述如下：

（一）城垣东北角出土遗物

青白釉罗汉　1件。残。属景德镇窑系。J：116，高6厘米。长袍小袖，右衽，肩背挂包袱，立云端，作回头后视状（图版4-13-1：1）。

（二）雍和宫豁口西出土遗物

门砧石（门墩）　1件。白石。J：112，高18.3、长38、宽16.6厘米。长条形，立颊槽前饰趴伏狮子，咬住系花球的绶带，槽后有门轴臼窝（图版4-13-1：2）。

螭首门砧石　1件。白石。J：113，高28、长73、宽22厘米。长条形，扬首，靴口缘饰瓣环状（图版4-13-1：3）。

铜鎏金云龙纹炉盖　1件。残。J：114，腹径56、口径21.5厘米。圆鼓形（图版4-13-1：4）。

覆莲纹砖　1件。残。J：115，长17、宽18、厚4.8厘米。侧边饰莲瓣纹（图版4-13-1：5）。

（三）安定门煤厂居住遗址东出土遗物

这段城垣下出土的零散文物靠近安定门煤厂居住遗址，器物前加注"YME"。

1. 瓷器

黑釉经瓶　1件。属磁州窑系。YME：104，高18、口径4.5、腹径10、足径8.2厘米。黄白胎，外饰黑釉不到底（图版4-13-2：1）。

红釉高足杯　1件。残。属景德镇窑系。YME：294，通高6.4、口径5.1厘米。撇口沿，圆鼓腹。里为青釉，外为宝石红釉，有流釉状。

2. 铜器

印章　1件。YME：286，高6.2、直径6厘米。梯形高纽。印面四周为山形纹，中为九叠文"春和酒铺"四字（图版4-13-2：2）。

锅　1件。残。YME：285，高39、口径65厘米。直口缘，深腹，尖底。外壁有合模痕（图版4-13-2：4）。

双鱼缠枝花镜　1件。YME：105，直径13.9厘米。宽平边，球纽。饰双鱼、水波、莲叶、莲花纹一周，与J：287（参见图版4-13-29：2）相同。

3. 铁器

碾　1件。YME：106，碾轮直径32.5、厚6、轴长15厘米，槽高26、长198、宽34厘米。槽呈船形，四角有圆孔（图版4-13-2：6）。

吊锤　1件。YME：107，直径24、长30厘米。腰鼓形，中有圆形穿孔，上有两个拱形穿纽，中段有模合痕（图版4-13-2：3）。

六鋬锅　2件。YME：108，口径63、高48厘米。平折小沿，直壁深腹，下腹内收成小平底，鋬方形（图版4-13-2：5）。在安定门西还发现这种形状的铁锅10余件。

4. 石器

水牛　1件。YME：110，高19.5厘米。犄角粗大，其尖部与颈侧相连，作低头额角朝前格斗状（图版4-13-3：1）。

磨　1套。YME：111，通高28、槽直径65、磨盘直径48厘米。上扇磨盘平面隐起一周圆圈，内作花瓣状，盘侧有对称小孔两个，于侧面出孔口，八开牙面，脐孔内嵌有铁套圈；下扇带一周槽和流嘴，盘面刻牙纹作反向，中嵌方座铁轴（图版4-13-3：2）。

（四）旧鼓楼大街豁口西出土遗物

这段城垣下出土的零散遗物靠近西绦胡同遗址，器物前加注"YGE"。

1. 瓷器

青白釉八方人物盘　1件。残。属景德镇窑系。YGE：94，高1.5、口径14.7厘米。宽边，平底。薄白胎，

青白釉。以联珠形式在盘边饰双线，在盘底饰八个莲瓣，莲瓣中填人物（图版4-13-3：3；图4-13-1）。

白釉碗　1件。残。属磁州窑系。YGE：95，高6.8、口径26.2、足径8.7厘米。碗壁外起棱线，其上近立口沿，下斜直，矮小圈足，圈足内底较深。灰白胎，乳白釉，外壁部分无釉，与YG73F1：8（参见图版4-8-26：1）相同。

2. 铁器

铁锤　1件。YGE：97，直径21、通长56厘米。扁圆形，空心，把两面有细浅铭文，一为"浑圆锤一对重六十四斤赵王书"，一为"红炉铁匠□□□　张添才　王良才　张进生　王□□　王□□"（图版4-13-3：4）。

3. 石器

坐狮　1件。白石。YGE：96，通高56厘米。侧屈身蹲坐，偏头耍玩按在爪下的幼狮。幼狮趴伏，仰头回望大狮，作顽皮挣扎状。发毛分穗卷尖，颈圈系一铃二穗。方座垫巾，巾四角饰花卉（图版4-13-3：5）。

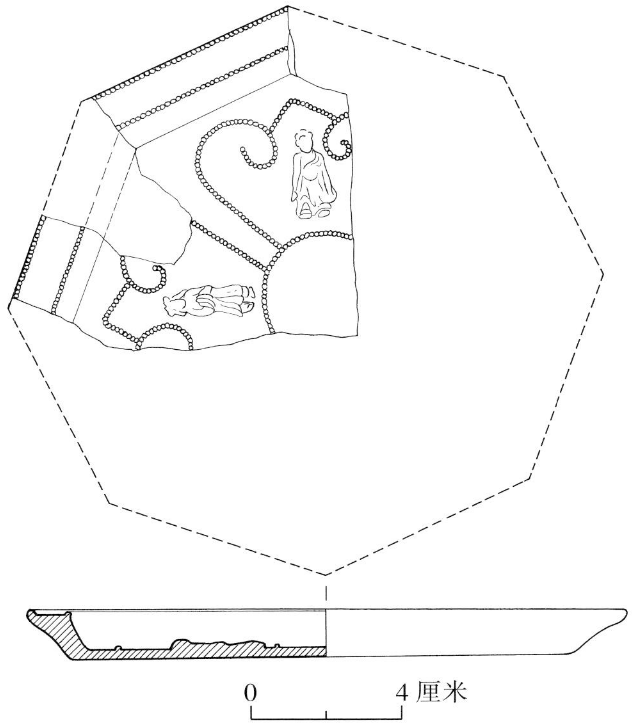

图4-13-1　零散文物·旧鼓楼大街豁口西出土
青白釉八方人物盘（YGE：94）

（五）北城垣其他位置出土遗物

1. 瓷器

青釉碗　2件。均属龙泉窑系。J：98，高9、口径22、足径6.3厘米。弧壁，圈足较小。白胎，豆绿釉。外壁印菊瓣纹（图版4-13-4：1）。J：99，高6.4、口径16.8、足径6厘米。撇口沿，大平底。灰胎，青黄釉。碗底一圈露胎。器形与YG72：54（参见图版4-7-11：3）相同。

青釉高足碗　1件。残。属龙泉窑系。J：100，通高5.8、口径11.4、足径2.8厘米。撇口。白胎，青灰釉。底足胎釉间为红色。

2. 石器

莲瓣纹方形柱础石　1件。青石。J：101①，高13厘米、平面36厘米×37.5厘米。座面莲瓣中为矮方柱，四周起等边两级，底面中为方孔，孔边长9.2、深6.5厘米（图版4-13-4：2）。

长方形柱础石　1件。青石。J：102，高11、长46、宽39厘米。座面微鼓，隐起平面中出矮柱。

杵　1件。青石。J：103，长45厘米，上端20.5厘米见方。下端为圆形带牙纹，上端为方柱形带榫座，中有一圆形穿孔，器形与YG73T：46（参见图版4-8-47：5）相同。

（六）一〇六中学居住遗址西侧出土遗物

1962~1964年，一〇六中学居住遗址西侧出土了一批遗物，出土地点都残存建筑遗迹，其中有一处能看出北房三间，铺砖地面，类似安定门煤厂居住遗址（YM74），在其西面150米处还有残房遗迹、灶膛痕迹等。其中有一茅坑保存很好，一青釉大缸半截埋在地下，缸口平架两块青石板。器物前加注"YEF"。

1. 瓷器

白釉碗　1件。属磁州窑系。YEF62：17，高7、口径21.8、足径9.2厘米。撇口，厚圆唇，腹作花瓣形，浅腹，圈足。黄白胎，白釉，外壁釉不到底。口沿下起凸棱一周（图版4－13－5：1；图4－13－2：2）。

白釉黑彩大盘　1件。属磁州窑系。出于德胜门西口70米处的灰坑。YEF：18，高9.8、口径56、足径36厘米。撇口，卷沿，浅腹，大平底，矮圈足。砂红胎，内为白釉黑彩，外壁为黑釉。盘底、周壁、盘沿用多圈线、连点分成内外、上下圈状，盘底圈内外绘鱼藻纹，周壁为莲瓣纹，盘沿绘卷草纹（彩版九；图版4－13－5：2；图4－13－2：3）。

白釉黑彩碗　1件。残。属磁州窑系。YEF64：19，高3.8、口径9.8、足径4厘米。撇口沿。灰白胎，白釉。内底与周壁绘花卉纹。

青釉高足碗　1件。残。YEF：20，通高7.8、口径10.7、足高3.4、足径5厘米。撇口，圆腹。黄白胎，黄青釉。

碟　1件。属磁州窑系。YEF62：21，高1.3、口径6.5、底径3.6厘米。浅腹，平底。黄白釉，口沿一圈酱釉。

经瓶　2件，其中1件残。均属磁州窑系。YEF62：22，高28、口径5、腹径15、足径11厘米。小口，鼓腹，隐圈足。黄白胎，白灰釉，口为黑釉。YEF62：23，残高38.5、口径4.5、腹径20、足径11.5厘米。灰色胎，黑釉呈酱黄色，肩部有"内府"二字。

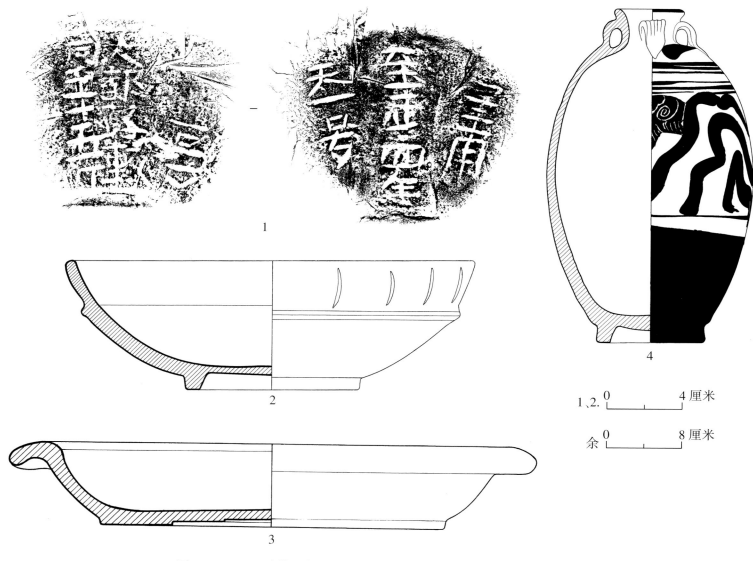

图4－13－2　零散文物·一〇六中学居住遗址西侧出土瓷器、铜器
1. "至正四年"铜权（YEF：12）铭文拓片　2. 白釉碗（YEF62：17）　3. 白釉黑彩大盘（YEF：18）　4. 白釉黑彩山云纹四耳瓶（YEF62：24）

白釉黑彩山云纹四耳瓶　1件。属磁州窑系。YEF62：24，高36.4、口径7.2、腹径21、足径12厘米。口沿厚且外撇，溜肩，圈足。胎灰白，上截为白釉，下截为黑釉。肩部绘数道圈纹，腹部绘山云纹（图版4－13－5：4；图4－13－2：4）。

白釉黑彩四耳瓶　1件。残。属磁州窑系。YEF：25，形式、胎质、釉色和花纹与后英房YH65：77（参见图版4－1－52）完全相同。

黑釉双耳罐　1件。属磁州窑系。YEF64：26，高11、口11.5、腹径14、足径7.3厘米。大口，矮圈足。灰白胎，腹部以上施黑釉，微黄（图版4－13－5：3）。

砂锅　1件。残。YEF62：27，直口，圜底，口外下有一圈棱线，棱线连系四个錾。

2. 铜器

铺首　1组。分为铺首、铺花、衔环。YEF：11，铺首圆径18.3、铺花圆径21、衔环长15.3厘米。均为菱花形，铺首鼓起作带犄角兽面形（图版4－13－6：1）。

"至正四年"铜权　1件。YEF：12，高11.2、底径6.2厘米。覆钵塔式器身，束腰，圆形底座，方环鼻。权身有铸铭5行计19字："同五十五斤大都路较□天一号至正四年皇甫"（图版4－13－6：2；图4－13－2：1）。

3. 铁器

药臼　1件（附勺1件）。YEF：281，高13、口径9、底径13厘米。斜肩，筒状腹围绕有六条方抱脚，平底。勺长19.6、宽2.3厘米。（图版4－13－6：3）。

熨斗　1件。残。YEF62：13，高8、口径16厘米。撇口沿，平底，把座处起云瓣形。铸造，器形同铜熨斗YG73T：29（参见图版4－8－44：1）。

三足盆　1件。残。YEF64：14，高17、口径45厘米。盆沿坡面隐起内外圈线，斜直壁，圜底，兽面形足。铸造。

元宝范　1件。残，锈蚀。YEF62：15，高5.7、长11、宽8.9厘米，范槽深4.1、长7.3、宽4.8厘米。平面为束腰圆形，圜底。铸造（图版4－13－6：4）。

滑轮　1件。YEF：16，直径17、长43厘米。束腰圆形，两侧有圆轴。铸造（图版4－13－6：5）。

4. 石器

坐狮　1件。青石。YEF：1，通高60厘米。柱足，抬头右视，屁股微离座，作纵身状。火焰眉，鼓腮，露牙，竖耳冠，毛鬈作螺纽，穗状，前胸圆鼓，颈圈前配二铃三穗，后用布条系蝴蝶结，右足按着一个带绶带的束腰圆形锭子，尾毛由胯向右甩出。座为长方形（图版4－13－4：5）。

钟形器　1件。青石。YEF62：2，高25厘米。用平鈒刀法，顶部覆莲瓣，下为七个方块，底边为四个弧形，与YH72：25莲瓣纹钟形器（参见图版4－1－57：1）相同。

方形洗　1件。青石。YEF62：3，高30.5、方口边长49厘米。口大于底，底出座边，隐起云牙圭角（图版4－13－4：6）。

碾槽　1件。青石。YEF：4，高54、长195、宽57厘米。月牙形，槽中部深两端浅，器形与YME：106的铁碾槽（参见图版4－13－2：6）类似。

碾　1件。青石。YEF：5，与YEF：4伴出于YEF62北房东20米处。直径67、厚18厘米。一面隐起圈内六瓣花，棱块形牙纹，轴孔嵌六錾形铁口。这类石碾在德胜门西50～70米处城垣下排列成行，有大量发现。形式与YE73：40（参见4－6－13：2）相同。

捶布石 1件。青石。YEF62：6，出自YEF62房南墙外。高13.8、长53、宽37.5厘米。石面微鼓，下带圭角（图版4-13-4：7）。

双联暖砚 2件。青石。YEF：7，砚面呈"风"字形，砚额作连弧形，双联砚面前端凿刻出水池，池前起突一道横梁，池内分别遗留有黑色、红色痕迹。砚侧有刻凿痕。砚底为方口火膛，里有烟痕和炭渣（图版4-13-4：3）。

连座砚 1件。青石。YEF62：8，高6、长19、宽14.5厘米。砚面隐起边缘，水池作云头形，池内遗留有红色痕迹，砚侧为上下两条平行线，四角为勾云形圭角（图版4-13-4：4）。

（七）德胜门东至果子市出土遗物

1. 石建筑构件

栏板 7件。均白石，皆碎块，出自YEE64遗址东果子市后。J1：28，残高49、长73、厚15厘米。宽系板长的二分之一，地栿、盆唇、束腰、矮柱，用压地隐起、平鈒法，束腰面饰五爪龙、风焰珠和云纹地，地栿饰几何纹地、三爪无麟龙，盆唇饰缠枝莲花。形式与J：192（参见4-13-21：2）近似。

莲瓣纹柱础石 1件。白石。J1：29，础座边长94、覆盆直径90、厚27厘米。方平面起突覆盆形状，盆唇隐起莲瓣两层，莲瓣内饰三朵云纹（图4-13-3：1）。

粗搏纹柱础石 12件。分青石、白石两种。形状基本相同，础座平面42厘米×69厘米、厚13~23厘米，覆盆直径33~56、高2.5~8厘米，盆唇宽4~10厘米。盆唇圆鼓，多近折肩状，础面有的隐起。饰四开面和带状"人"字形粗搏纹。J1：30，青石。础座边长59、厚24、覆盆直径51、高8厘米。

螭首 1件。白石。J1：31，高31、长81、宽28.5厘米。微扬首，头部毛发向后卷，脸形肥圆（图版4-13-7：1）。

门砧石 3件。均呈青灰色。形状相同，平面四周为斜边，中为立颊槽，其一面为凹臼，有方形、圆形两种，一面为坎槽。J1：32，高25、长52、宽28厘米。立颊槽深11、宽11厘米。方凹臼平底，深9厘米、平面11厘米×12厘米，里有铁锈。坎槽深4.5、宽4厘米（图版4-13-7：2）。J1：33，高23、长48、宽26厘米。立颊槽深7、宽8厘米。圆凹呈圜底，直径9.5、深4厘米。J1：34，高22、长57、宽21厘米。长条形，坎槽在立颊位置。

錠脚石 1件。青石。J1：35，平面64厘米×65厘米、厚30.2厘米，覆盆直径26厘米。形状类柱础，中为圆孔，孔径26厘米。

水池 1件。残。红黄间色石。J1：36，高22、长72、宽62厘米。平面为椭圆瓣形，中有柱，池底为六边形。

椭圆形座板 1件。红黄间色石。J1：37，高9.5、口长径59、口短径47厘米。平面中为浅圆窝，底有矮宽边一圈。平面起突四只小狮，分两组作连尾对称走向，绕成一周，其中两只各咬住系有花球绶带的一端，作争夺状。

覆莲纹方座 1件。白石。J1：38，出自德胜门东。平面长58、宽50厘米，高44厘米。座呈圆棱方矮柱，出肩，肩部隐起十二个莲瓣，瓣面方角宽边，里为三朵云，其上下加小圆点和一个四瓣花，肩下和矮柱的四边为平鈒海棠线开光，里为蔓花花卉，有莲花、牡丹、灵芝、海石榴等，下为云牙圭角（图版4-13-7：3；图4-13-3：2）。

门墩 4件。残缺。均青灰石。J1：40，高82.5、残长84、厚21.5厘米。只存前端云冠顶部分，云冠下残断，有宽6、深5厘米的平底槽，槽口接方形平底卯孔，孔边长14、深12.5厘米。两侧面有隐起花纹，一面为

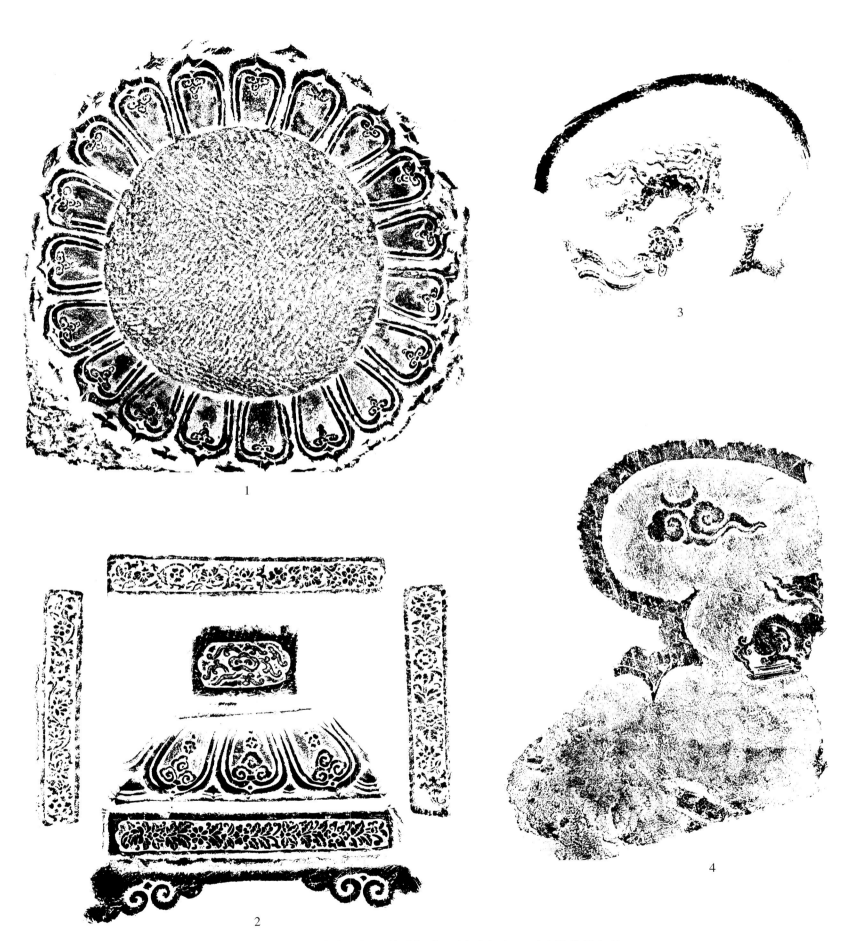

图4-13-3　零散文物·德胜门东至果子市出土石建筑构件拓片
1. 莲瓣纹柱础石（J1：29）　　2. 覆莲纹石方座（J1：38）　　3. 石门墩（J1：40）正面纹饰　　4. 石门墩（J1：40）背面纹饰

小狮戏球，一面狮子回首望浮云弦月（图版 4 – 13 – 7：4；图 4 – 13 – 3：3、4）。

2. 陶建筑构件

"至正"款砖 1 件。J1：42，出自 YEF64 遗址西。长 36.2、宽 17.8、厚 5.3 厘米。一面印阴纹银锭形，中为阳纹"至正"二字（图版 4 – 13 – 8：1）。

花砖 4 件。均出自德胜门东到 YEF64 房基一段。J1：43，长 27.5、宽 15.6、厚 5.4 厘米。剔地雕山茶花（图版 4 – 13 – 8：4）。J1：44，长 28、宽 17、厚 5.7 厘米。剔地雕莲花、慈姑（图版 4 – 13 – 8：5）。J1：45，残。长 23、宽 17、厚 5 厘米。剔地雕盆景，盆方形（图版 4 – 13 – 8：6）。J1：46，残。宽 15.3、厚 5.2 厘米。剔地雕一整二破卡子花。

琉璃釉覆莲纹砖 1 件。J1：47，出自 YEF62 房东。长 40、宽 19、厚 14 厘米。长方形，一端和侧边为莲瓣形。夹砂胎，黄绿釉（彩版三五：1）。

大型板瓦 1 件。残。J1：48，出自德胜门东 70 米处。长 63、宽 38、厚 3.8 厘米。青灰胎，有布纹。

琉璃釉华头筒瓦 1 件。J1：49，出自 YEF62 房西。长 32、圆径 11 厘米。华头为盘龙，宽边内圈纹，后端有衔接子口，拱面有小孔，华头龙纹间隙有六个小圆孔。夹砂淡红胎，绿釉，华头龙纹为黄釉（彩版三五：2 左）。

兽头 6 件。均残。有龙和天鸡两种。出自德胜门东到 YEF64 遗址一段。

张嘴鸱吻头 2 件。均青灰胎。J1：50，高 31、长 38 厘米。上唇伸卷，朝天张嘴状（图版 4 – 13 – 8：2）。J1：51，残。形状同 J1：50。

闭嘴龙 1 件。残。青灰胎。J1：52，高 28、长 30 厘米。发毛飘卷，足作后蹬形状（图版 4 – 13 – 8：3）。

天鸡 3 件。均缺头。青灰胎。腹胯间饰云墩，下为圆座。J1：53，高 23 厘米。卷翅，圆筒座。J1：54，高 11.5 厘米，圆座。J1：55，高 18 厘米。

火焰形瓦饰 1 件。残。青灰胎。J1：56，出自德胜门东。高 19 厘米。中似塔顶，四面作火焰。在德胜门东还出有青灰胎、筒状方孔带莲瓣口且莲瓣出肩的瓦饰残块。

3. 瓷器

枢府釉盘 2 件。均残。均为景德镇窑系。出自德胜门东。J1：63，高 3.7、口径 16、足径 5.7 厘米。圆唇，弧壁，小圈足。白胎，灰白釉。盘底印盘龙，周为缠枝花卉（图版 4 – 13 – 9：1；图 4 – 13 – 4：1）。J1：64，高 4、口径 15.8、足径 5 厘米。盘底、周壁为团花状缠枝花卉。

影青釉盘 3 件。均残。均为景德镇窑系。出自 YEF64 遗址东。J1：70，高 5、口径 19.8、足径 5.2 厘米。盘壁侈张，浅底，小圈足。白胎，青白釉。盘底印凤凰牡丹纹，周为回纹，外壁为菊瓣（图版 4 – 13 – 9：2；图 4 – 13 – 4：2）。J1：71，高 5.2、口径 18、足径 6.4 厘米。盘壁微鼓，底有脐窝。胎釉与 J1：70 相同。盘里印盘龙、花卉。

白釉黑彩盘 2 件。形式相同，均属磁州窑系。出自 YEF62 北房西。J1：65，高 3.6、口径 16.8、足径 8.4 厘米。口沿微撇，外壁隐起一周棱线，圈足较矮，圈足内有锥尖。黄白胎，黄白釉，外壁棱线以下无釉。盘里绘线纹一周，中为花卉。

钧釉盘 3 件。残。均属钧窑系。J1：67，高 2.7、口径 15.8、足径 5.2 厘米。口沿微收，斜直壁，浅底，小圈足。口沿处为灰黑色，圈足部分为黄白色，蟹青色釉，露胎处为褐色，足底无釉。J1：68，高 3、口径 16.4、足径 6.8 厘米。直立口沿，盘腹较深。红黄胎，灰青釉，釉面有橘皮皱和裂纹。J1：69，高 2.3、

0 —— 4厘米

图4-13-4 零散文物·德胜门东至果子市出土瓷器

1. 枢府釉盘（J1：63）　　2. 影青釉盘（J1：70）　　3、4. 钧釉碗（J1：75、76）　　5、6. 钧釉小碗（J1：77、79）　　7. 青白釉器盖（J1：86）
8. 青白釉炉（J1：85）　　9. 青白釉枕（J1：84）

口径 16.8、足径 9.5 厘米。微起厚圆口沿，浅平底，圈足较大。胎厚，呈黄红色，蓝釉泛白点，有气孔。

白釉黑彩碗　2 件。残。形式相同，属磁州窑系。出自 YEF62 北房遗址上层城垣填土中。J1：73，高 5.5、口径 14、足径 6 厘米。弧壁，深腹，矮圈足，底有脐窝。灰白胎，牙白釉，外壁釉不到底。里壁画两道线圈，中为花卉。

钧釉碗　2 件。残。均属钧窑系。出自 YEF62 和 YEF64 遗址的上层填土中。J1：75，高 5、口径 15、足径 5 厘米。直口圆唇，口沿外起棱线，棱线以下弧收，矮圈足，碗底有圆窝。黄白胎，天蓝釉，口沿为灰黑色，釉面有鬃毛眼，外壁釉不到底（图版 4 - 13 - 9：3；图 4 - 13 - 4：3）。J1：76，高 4.5、口径 12、足径 4.5 厘米。直口圆唇，口沿外出棱线，棱线以下斜收，矮圈足。黄白胎，青灰釉（图版 4 - 13 - 9：4；图 4 - 13 - 4：4）。

钧釉小碗　4 件。均属钧窑系。出自 YEF64 遗址东的城垣填土中。J1：77，高 4.3、口径 9.8、足径 3.4 厘米。敛口，碗壁圆鼓，小圈足，足底有锥尖。胎薄，灰色，蟹青釉泛蓝，釉有裂纹（图版 4 - 13 - 9：6；图 4 - 13 - 4：5）。J1：78，残。高 5、口径 9 厘米。胎壁厚，青灰釉，外壁釉不到底（图版 4 - 13 - 9：7 中）。J1：79，高 5、口径 9.4、足径 5.2 厘米。碗壁筒形，圈足外撇，足底有锥尖。灰白胎，青灰釉，外壁釉不到底（图版 4 - 13 - 9：7 左；图 4 - 13 - 4：6）。J1：80，高 5.3、口径 7.7、足径 4 厘米。筒状深腹，平底，圈足。白灰胎，青灰釉，晶莹光泽，足底无釉（图版 4 - 13 - 9：7 右）。

白釉灯碟　1 件。属磁州窑系。J1：81，高 2.5、口径 9.8、足径 5.6 厘米。撇口，圆唇外侈，圈足。黄白胎，牙白釉，口沿处有灯芯烧熏痕（图版 4 - 13 - 9：5）。

钧釉碟　2 件。均属钧窑系。J1：82，高 1.7、口径 10.8、足径 4 厘米。灰青釉。J1：83，高 2、口径 10.8、足径 4.8 厘米。灰青釉。器形与 YE65：9（参见图版 4 - 10 - 3：1）相同。

青白釉炉　1 件。残。出自德胜门西侧的城垣填土中。J1：85，通高 14.1、口径 12.2、腹径 15.8、足高 4.8 厘米。器形与 YG73F10：2①、②（参见图版 4 - 8 - 40：4、5）相似。腹部有线纹两周，其下为莲花纹，兽面形蹄足（图版 4 - 13 - 10：1；图 4 - 13 - 4：8）。

青白釉枕　1 件。残。属景德镇窑系。出自 YEF64 遗址东。J1：84，长 35、头方边长 13 厘米。长方形，中弧面束腰，一端残，另一端侧面有圆孔。白胎，青蓝釉，端侧无釉。正面和反面饰凸起四瓣形开光，里面一为莲花、一为菊花，两端为卷草纹和如意纹卡角（图版 4 - 13 - 10：2；图 4 - 13 - 4：9）。

青白釉器盖　1 件。属景德镇窑系。出自德胜门 YEF62 遗址东城垣中。J1：86，高 5.5、盖径 10.9 厘米。器形与 YH72：11（参见图版 4 - 1 - 54：3）相似。纽为莲朵形（图版 4 - 13 - 10：3；图 4 - 13 - 4：7）。

白釉黑彩"清净道德"器盖　1 件。残。属磁州窑系。出自 YEF62 遗址东面的城垣中。J1：87，高 3.1、口径 12.6 厘米。圆形，下折口，圆矮纽。黄白胎，黄白釉，釉面有细裂纹。盖沿绘黑彩双圈纹，里书黑色"清净道德"四字（图版 4 - 13 - 10：5）。

钧釉瓶座　1 件。属钧窑系。出自 YEF62 遗址西侧城墙中。J1：88，残高 20、座径 16.5 厘米。座出六棱形，座面掏孔。灰黑胎，天蓝釉中有玫瑰紫块。

4. 琉璃釉器

盘　1 件。残。属磁州窑系。出自 YEF62 遗址上层填土中。J1：89，高 3.1、口径 12.8、足径 7 厘米。撇口，平底，矮圈足。蓝琉璃釉。盘底印菊花，盘周、口沿印菊花瓣。

5. 陶器

盘　1件。残。出自 YEF64 遗址东侧城垣中。J1：90，高3、口径21、足径17.6厘米。圆口沿，弧壁，大平底，矮圈足。灰胎，表面黑色，有光泽。

6. 铜器

牛　1件。残。出自 YEF64 遗址东侧城垣中。J1：91，高5.8、长7.7厘米。黄牛形，四足带小轮，前足轮缺。通体绿锈。分两半铸造合成（图版4-13-8：7）。

鸟兽纹镜　1件。J1：92，圆径11.6厘米。圆拱纽，鸟兽纹间和周边起突，内外四道圈纹。

7. 石器

有磨、杵、捶布石、器盖之类。其中磨在 YEF62 北房至果子市一段发现得最多，都切成小块，砌在小砖墙下部，作为墙基用。

磨　3件。均系上扇。白石。J1：57，带拐座小磨。直径14.4、厚10.5厘米。侧面带拐座，平面隐起瓣形，宽边，靠拐座掏进料孔，反面中有脐孔，六开面满牙，与 YG72：111①磨盘（参见图版4-7-29：2）相同。J1：58，直径28、厚8厘米。平面起宽边，盘状。J1：59，直径54、厚9厘米。平面隐起圆棱一圈，内掏两个进料孔口，反面为十开面牙纹一周，中为嵌铁套的脐孔。

杵　1件。青石。J1：60，高14.5、直径18厘米。圆形，顶平面中央掏圆孔，孔直径3、深4厘米，安杵把用。与 YG72：109 杵头相同。

臼　1件。青石。J1：284，高13、直径22厘米。带流嘴（图版4-13-10：4）。

器盖　1件。青石。J1：62，高10、直径23、厚3厘米。拱形纽（图版4-13-10：6）。

捶布石　1件。青石。J1：61，高12、长56、宽38厘米。长方形，石面微鼓，底作云牙圭角，侧面四周饰席纹。

8. 石碑

金氏尼姑碑　1件。残。青石。出自 YEF62 遗址西侧城垣小砖中。J1：93，长57、宽48厘米。方形，碑首抹角。一面剔地起突带犄角兽头及云端弦月（图版4-13-11：1），另一面为隐起云纹中上为莲叶、下为仰覆莲（图4-13-5）。中间铭文简述金氏德行，文字部分剥蚀不清。按行次录文如下：

内之性命在乎饮□其惠易而其用 」□者莫□施水之□也由是□院使」任公妻荣国夫人金氏自□夫逝削」发为尼于道□□助寺后□□□年□」□以止行人之烦渴焉斯恩斯德大」矣博成□□□□」施以□德如泉石可转并不迁」致和元年六月□□□」东□寺住持□□（以下字迹不清）

（八）新街口豁口西出土遗物

新街口豁口西发现的遗物，自新街口豁口西50米起至后英房居住遗址（YH65）东止的这段城垣下。普遍发现有居住遗址的残垣断壁，在遗迹范围内发现的遗物有瓦当、铜器、铁器、石器、琉璃釉器、石碑等。器物前加注"YHE"。

1. 瓦当等

兽面瓦当　2件。J：129，直径12.1、厚0.8厘米。华头为宽边，中起突兽面纹。模制（图版4-13-12：1）。J：130，直径11.4、厚0.9厘米。华头为宽边内一道圈纹，内兽面衔珠环（图版4-12-13：2）。

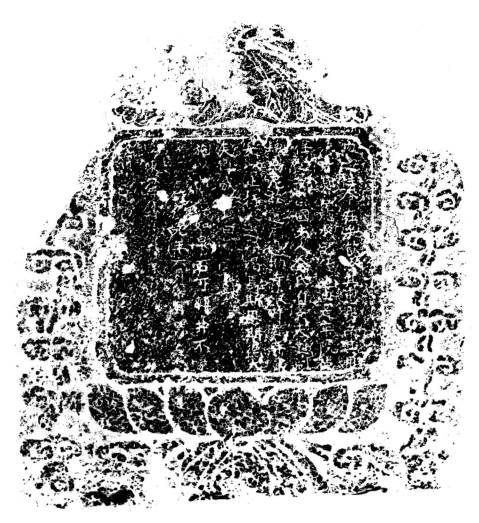

图 4 - 13 - 5　零散文物·德胜门东至果子市出土金氏尼姑石碑（J1：93）拓片

陶马头　1 件。残。青灰色。J：131，高 12、长 20 厘米。为屋顶斜脊上走兽，头发毛向后流展，前胛饰风焰纹。足尾缺（图版 4 - 13 - 12：3）。

2. 琉璃釉器

炉　2 件。J：126，通高 19、口径 16 厘米。厚圆口唇，圆腹，圜底，兽面纹三足。胎红色，黄、蓝釉。腹部为牡丹花纹（彩版三四：1；图版 4 - 13 - 12：4）。J：127，通高 19、口径 12.5、足高 3.5 厘米。平折沿，直筒颈，圆腹，圜底，兽面蹄形三足，两耳。胎红色，绿釉。腹部饰隐起的云龙纹，两耳下饰龙衔耳（图版 4 - 13 - 12：5）。

3. 铜器

"皇庆元年"铜权　1 件。YHE：117，高 7.9 厘米。覆钵塔式器身，束腰，圆形底座，方环鼻。腹部有铭文四行十字，为"皇庆元年保定路官造廿"（图版 4 - 13 - 11：2；图 4 - 13 - 6）。

矛　1 件。柄残。YHE：118，长 19.5、宽 2.6 厘米。

钉泡　1 件。YHE：119，高 6、圆径 9.8 厘米。

灯　1 件。YHE：120，通高 4.7、口径 4.6、足径 3.6 厘米。灯碗盘状，直壁微张，碗底中有小圆孔，足为竹节状喇叭形。器形同 YH65：80（参见图版 4 - 1 - 56：1 右）。

匣槽　1 件。残。YHE：121，高 11、长 98、宽 9.8 厘米。长匣形，口沿一面有弧缺，一卷二鏨状，槽底立置一排小铜管，管高约 1 厘米，管孔径 0.5 厘米。满绿锈（图版 4 - 13 - 11：4）。

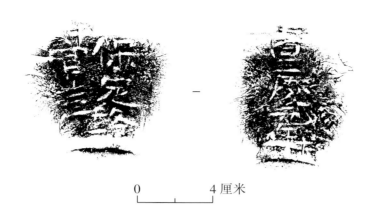

图4-13-6 零散文物·新街口豁口西出土"皇庆元年"铜权（YHE：117）铭文拓片

4. 铁器

六鎏锅 1件。YHE：122，高26、口径49厘米（图版4-13-11：3）。形状与YME：108（参见图版4-13-2：5）相同。

5. 石器

布袋僧 1件。残。YHE：288，高9.1厘米。披袈裟，祖胸，右手提袋，左手抚腹（图版4-13-13：1）。

坐狮 1对。紫石。YHE：123，高18厘米。屈身，偏头对视，公狮右爪抬起搂住绶带的花球，母狮左爪下扶按一幼狮，颈下软带条系一铃珰和两个穗子。座为抹角方斗形。周身凹隙处残存一层白粉，狮口舌及颈带、铃、穗、花球等处之白粉面上加涂红色，余涂金色（图版4-13-13：2）。

卧狮 1件。白石。YHE：124，高25、长36厘米。侧卧式，扬头，前足分开，鼓腮，露牙，卷发尖，尾毛外甩，盖在右腿侧（图版4-13-13：3）。

碾 1件。青石。YHE：125，直径82、厚12厘米。形状与YEF：5相同。其一面刻楷书"至正十四年六月初二日"（图版4-13-13：4）。

6. 石碑

"钞纸局题名记"碑 1件。J：132，青石，缺座，断为两截，高190、宽88、厚14厘米。碑首抹角，残缺。碑首中为篆书额铭，分三行，左起"钞纸局中书户部分官题名记"十二字。用压地平鈒华，右为立凤向左，尾毛飘扬；左为偶蹄兽向右，头残缺，鬣毛飘扬，尾毛分组卷尖，肩背处有风焰纹。其下碑面分栏，铭文楷书，首为大栏，纪户部分官政绩，次栏、三栏按例年户部分官题名，并分官姓氏、任官升授、分官增减、更换内容。录文按行，除首、三、八和末行处，行皆十五字（图4-13-7）。录全文如下：

钞纸局中书户部分官题名记」国朝有区宇酌前代之制用楮为币□」布天下以助经费历时滋久而□□□」其□然也至□十年冬」皇上诏□中统交钞□损□□廷议以」为造纸印□□皆户部之所临位然其」地僻在肃清门之城隅部官既不遑□」至而奸敝日生其状非一乃闻于」上增设员外郎一员分部坐局事之□」□皆得以总辖之达世普化君□□□」廉勤方为直省□□□奏事首□□」居一年而前敝尽革号为称职乃□□」郎中复留董其事今百司之政一切以」文具苟□其责而已固未始有凿凿精」实若君之所为者何则盖其任专其势」尊任专则无所绕势尊□其令行孰谓」它职之不可若是耶回回令史蒋□□」史速来蛮沙奏差蔡庸伐石刻分部题」名遂以君冠其前属余为记余于是乐」朝廷处置之得宜择人之明审而嘉君」为政之无倦故记之至正十二年九月」立冬日儒林郎太□博士临川危素记」并书太中大夫监察御史番易周伯琦」篆额

图 4 - 13 - 7　零散文物·新街口豁口西出土 "钞纸局题名记" 石碑拓片（J：132）

一年员□郎

□世普化

字□□□里可温人口训大

大□□□□人掌奏事除

至正

普化

□□部员外郎升□□

直大夫

至正　一年侍郎

世普化

□□□郎中□□议

大夫

一年尚书

世普化

九月初一日□本部

侍郎升

至正□□年尚书

□化

月十八日由本部尚书

为头

至正　　　尚书

化

二十八日

奉大夫

廿一日阁台官

□其功激劝后人

至正十□

□□

□州人

曲□

竺氏

至正十八年

曲□

至正十九□

曲□

至正二十年

　　郎中

　　　也先字□思唐兀氏

　　员外郎

　　　　曲口□木儿字仲明畏吾氏

至正二十一年

　　侍郎

　　　也先帖木儿宇云耕天竺氏

　　员外郎

　　　帖木儿字穆之蒙古氏

　　□中

　　　　□□□字彦□回回氏

　　员外郎

　　　大都字云正畏兀儿氏

（九）桦皮厂北口出土遗物

　　在桦皮厂北口的东西两侧城垣下发现一批重要遗物。如1965年在北口以东50米，出土"福寿兴元观记"石碑、白话"圣旨"碑，发掘时碑身倒覆，伴出的还有双凤丹陛等，两块青石夹杆石仍竖立在两碑之南5米处。1969年在两碑之东的遗址试掘时发现连片的残断墙垣，稍东发现一处墙院格局较完整的遗址，即桦皮厂居住遗址（YW69）。在两碑之西50米处的城垣下发现大量的柱、枋、檐、椽等，这些木构建材东西、南北成层堆放，由此往西70～150米处的城垣夯土中发现东西放置原木一层。由后英房起，至西北城角一段的城垣夯土，自上而下都是一色夯实的黄土，所发现的遗物出在小砖垣中和砖土之间，如黄绿釉扬头龙就砌在小砖垣中被压碎。遗物有建筑构件、陶瓷器、铜器、石器、石碑等。器物前加注"YWF"。

1. 石建筑构件

双凤纹丹陛石　1件。白石。YWF：136，长121、宽105、厚13厘米。方形，用压地隐起华，两边为缠枝，中为牡丹蔓，四瓣形宽边开光，中为绕风焰球飞翔的双凤，其下为海浪中前后跃奔的两只海兽。海兽圆目、露牙、巨爪、牛尾，发毛飘卷，带风焰，自脖子起至腹有鳞片。一只像麒麟，一只带犄角、卷鼻唇，又似龙（图版4－13－14：1）。

洗　1件。残。白石。出自白话"圣旨"碑东。YWF：137，高33、长80、宽65厘米。莲瓣形，口为方角宽边，周壁和池底皆隐起瓣蒂形，池中有瓣形柱。池外壁为方角双边莲瓣，外出尖，内饰卷云纹（图版4－13－14：3）。

莲瓣圆座　1件。青石带白斑点。J：140，高5、直径13厘米。覆盆形，圆面隐起五瓣花，一周宽边，侧面为三层莲瓣，中为主，瓣面出两道宽边，其外者出瓣尖，内饰卷云纹，上下层仅出瓣尖。座底为五个云牙圭角。

坐狮　1件。残。青石。J：141，高55厘米。右爪按住花球，侧身置于带垫巾的方座上，饰宽硬形颈圈，软带于颈肩间作蝴蝶结，用连环形式系一铃二穗，缺头（图版4－13－14：2）。

2. 陶建筑构件

琉璃釉造像　1件。残。J：142，高36厘米。坐式，左手执剑，胯下伏狮，披甲胄，虎头肩绑带式护肘，

履靴。缺头，缺左脚。红黄胎，黄、绿釉。

陶云冠　1件。J：143，高47、直径24厘米。筒形，饰云龙纹和缠枝花边。泥胎，青灰色（图版4－13－15：1）。

黄绿釉龙　1件。残。J：144，高46厘米。张嘴，扬头。肩胛和腿爪部分饰风焰和云纹。上唇卷起的部分和犄角、发尖残缺。红胎（彩版三六：1）。

黄绿釉鸱吻构件　1件。残。J：145，高35、残长39厘米。方块状，中空，底口平、厚，往上渐薄，上沿作叠压圆齿形。迎面饰龙，反面饰飞凤。红胎（彩版三六：2）。

四色釉鸱吻构件　1件。残。J：146，高46、残长33、厚18厘米。系龙首部分，其下口平直，其上口于头顶犄角孔后为后向的斜平口，张嘴，卷上唇，竖耳冠。红胎，涂黄、绿、黑、白四色釉（彩版三六：3）。

陶海马头　1件。J：149，长18厘米。脸部饰鳞纹，嘴部细长，颈脊带鳍，两侧披发和鳞纹。淡红胎，表面有一层白粉（图版4－13－15：2）。

陶迦陵频伽　1件。残。J：150，高24厘米。人身，鸟翅、鸟爪，着长衫，圆领口贴身裲，手中捧物，头、脚残缺。青灰胎。

陶套兽　3件。均青灰胎，方形管状，龙首形。J：151，高18、长36厘米。套口之上下口沿作弧月形。上唇残（图版4－13－15：3）。J：152，高9、长18厘米。套壁后端有小孔。J：280，高8、长15厘米（图版4－13－15：4）。

华头板瓦　3件。分琉璃釉和青灰陶质两种。华头（滴水）为龙纹、莲花。J：154，长22、宽11厘米，滴水长8厘米。黄绿琉璃釉，饰回首龙（彩版三五：2右；图版4－13－16：1）。J：156，长18.5、宽12、厚0.5厘米。华头为莲花、慈姑。青灰色。

滴水　1件。J：295，长22、宽11厘米。黄绿琉璃釉，龙首朝下（图版4－13－16：2）。

筒瓦　3件。分琉璃釉和青灰陶两种。

华头筒瓦　2件。J：161，直径7、长17、厚1厘米。华头印莲花，青灰色。J：162，直径10、长29.5、厚2厘米。华头为盘龙，龙纹隙间有六个小圆孔。夹砂胎，黄、绿釉。

筒瓦　1件。J：163，半径8.25、长18.5、厚2.7厘米。瓦两端作坡面阴阳衔接口。黄红胎，嫩绿釉。

龙纹瓦当　1件。J：296，直径9.8厘米。黄绿琉璃釉，曲身回首龙（图版4－13－16：3）。

兽面纹瓦当　6件。皆深眼窝，凸露目珠，眉毛高耸，元宝形嘴，露牙，衔环，环有的作联珠形式，犄角有的尖长弯垂，腭下、腮须毛向后勾卷，有的兽面与周边中夹一圈联珠。J：164，直径13.4厘米。边残（图版4－13－16：4）。J：166，直径6.2厘米。J：168，直径11厘米。兽面起突（图版4－13－16：5）。

凤纹瓦当　1件。J：170，直径11.6厘米。为回首立凤，与YM74F1：17（参见图版4－5－7：1）相同。

水鸟纹瓦当　2件。圆面为三道圈纹，中为鸟、水纹。J：171，直径11.6厘米。

莲花瓦当　3件。圆面分宽边、狭边，内为一朵花，或带茎叶，或加慈姑。J：173，直径12厘米。

牡丹纹瓦当　2件。残。J：176，直径6.9厘米。J：297，直径12厘米。华头一周宽边，华面显小（图版4－13－16：6）。

3. 陶瓷器

塑山垒石陶签筒　1件。残。J：178，高32、直径22.5厘米。青灰胎，筒表涂一层黑色（图版4－13－17：1）。

白釉经瓶　3件。均属磁州窑系。J：179，高36、口径7、腹径21、足径13厘米。青灰胎，有旋痕。口为

黑釉，余施白釉，肩部有"内府"二字。器形同 YH65：25
经瓶（参见图版 4 - 1 - 51：3）。

枢府釉塔形罐　1 件。属景德镇窑系。J：182，高 18、
足径 15.5 厘米。小口，短颈，大圆腹，底部中有圆孔。白
胎，白釉。圈足饰一周莲瓣纹（图版 4 - 13 - 17：2；图 4 -
13 - 8）。

酱釉四耳罐　1 件。J：183，高 38.5、足径 14.5 厘米。
小口，口沿宽平，大腹，矮圈足。肩口间出棱线，四耳宽
扁，腹部有一圈接胎线。灰红胎，酱色釉（图版 4 - 13 -
17：3）。

青白釉笔山　1 件。J：101②，景德镇窑。高 11、宽
18 厘米。由五个山峰组成，山崖枝藤盘绕，主峰顶托圆阳，
其余山峰为祥云，山脚饰波涛，波涛中有浮游行龙。白胎，
质细腻，青白釉，釉色清新（彩版二三：1；图版 4 - 13 -
17：4）。

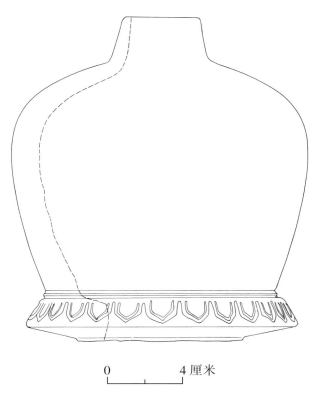

图 4 - 13 - 8　零散文物·桦皮厂北口（YWF）
出土枢府釉塔形罐（J：182）

4. 铜器

菩萨立像　1 件。J：100，通高 26 厘米。立像，袒胸飘带，高发髻，正面为一旃檀像，四周饰小佛头。像
下部为莲花座，底置须弥座。

5. 石器

须弥座砚　1 件。青石。J：139，高 7、长 26.5、宽 18 厘米。长方形，池旁带笔墨槽。座出棱线，下带云
牙圭角（图版 4 - 13 - 14：4）

6. 石碑

白话"圣旨"碑　1 件。白石。YWF：134，通高 325、宽 104、厚 29 厘米。碑首起突双螭，两爪于额中合
捧一火焰珠，长方座，碑面上方作圭形伸入螭间。铭文楷书，圭面"圣旨"二字，其下分行。于行三之第七、
八二字和行九之二、三字，行十五之十四、十五二字及末行之三、四二字之左旁，刻一"宝"字（图版 4 -
13 - 18：1；图 4 - 13 - 9）。按行次录文：

长生天气力里

大福荫护助里

皇帝圣旨里军官每根底军人每根底管城子达鲁花赤官人每根底往来的使臣每根底

　宣谕的

圣旨

成吉思皇帝

月古台皇帝

薛禅皇帝

完者笃皇帝

長生天氣力裏

大福廕護助裏

皇帝聖旨裏軍官每根底管城子達魯花赤官人毎根底往來的使臣毎根底

宣諭的

月　成吉思皇帝　古台皇帝

薛禪皇帝　完者篤皇帝　曲律皇帝　聖旨裏和尚也里可溫先生每不揀甚麼差發休當告

天祝壽道有來如今依著先的

聖旨體例裏不揀甚麼差發休當告

天祝壽者麼道大都裏有的識列門蓋來的福壽與元觀裏住持提點便明善應通微大師闍黎□文根底執把

著行的

聖旨與了也這的每觀房舍裏使臣休安下者鋪馬祗應休要者我根底休與者但屬觀裏的田產人口頭疋

聖旨園林水磨店舍舖席解典庫浴堂不揀甚麼他毎的不揀是誰休奪要者休倚氣力者這闍道文更

聖旨上頭道蓋莆沒體例句當休做者做呵他不怕那甚麼

聖旨俺的她忌年二月十三日大都有時分寫來

金玉局張子玉鐫

图4-13-9　零散文物·桦皮厂北口（YWF）出土白话"圣旨"石碑拓片（YWF：134）

曲律皇帝圣旨里和尚也里可温先生每不拣甚么差发休当告

天祝寿么道有来如今依着先的

圣旨体例里不拣甚么差发休当告

天祝寿者么道大都里有的识列门盖来的福寿兴元观里住持提点复明善应通微大师阎道文根底执把

　　　着行的

圣旨与了也这的每观里房舍里使臣休安下者铺与只应休要者税粮休与者但属观里的田产人口头匹

园林水磨店舍铺席解典库浴堂不拣什么他每的不休是谁体夺要者休使气力者这阎道文更

　　　圣旨上头道着有没体例句当休做者做呵他不怕那甚么

圣旨俺的

　　　　　蛇儿年二月十三日大都有时分写来　　　　　　　　　　　　　　金玉局张子玉镌

"大元福寿兴元观记"碑　1件。断为两截。白石。YWF：135，通高255、宽93厘米。碑首抹角，斜狭边，长方座带收分。碑正面、反面铭文，额铭篆书四行，左起"大元富寿兴元观记"八字，其下为楷书（图版4－13－18：2；图4－13－10）。内容述兴元观创观始末，住持道士的道行，观宇位置、规模。反面为道众，建观功德主和功德主家属，立碑助缘者题名。按行次录文如下：

　　　大元福寿兴元观记

承务郎大都路儒学提举郝义恭撰

奉训大夫中书省左司员外郎于钦书

亚中大夫国子司业杨宗瑞篆

守中和老子之说□□本谓中达道谓和圣贤之言也盖其以为存于内而应乎外初无一事老子以为人间万变不离乎一固当深」沉自保全于厥初□□私已卒亦何病然则其所谓长生久视者岂尽若后世方士炼修者之所为哉失道后德失仁后义要亦使人」反循其初激而言□□且独不闻礼运孔子之言乎天下为公外户不闭大道之行也礼义为纪以正君臣以笃父子大道之既隐也」是说也儒者或羞□□而子朱子以谓是当有意然则老子之说可独废乎保定阎秋涧学老子道于志清徐先生其始也先生与其」同志建会真宫于□□隶邑曰行唐曲河里盖亦有年矣先生平昔守中抱一谦冲以和精敏自修不求人知然积诸中者深厚则发」乎外者光明故□□□撝而声闻于」上因召入扈从奏□」旨圣眷益隆公□□大咸尊敬之元贞乙未馆于长春宫一夕无疾而化秋涧以礼葬于□师之茔大德己亥请于」朝追赠□真玄□□道真人初秋涧入道之时励志精勤操行卓异者艾咸器之既长声誉藉甚延祐丙辰梁国冯公之子徽政院使」识列门慕老子□创福寿兴元观于都城西北隅豫顺坊殿堂廊庑庖湢一次具备栋宇雄伟丹雘一新甲于诸观闻秋涧之名以礼」敦请主领焚修□□年丁巳」仁庙特降纶音住□观事泰定乙丑再赐」玺书加护夫兴□之创也虽始于冯氏然而非秋涧积累功行得中和抱一之传则亦不能成其终也乌呼老子以中和之道深沉自」保以全于厥初□徐先生能克广其猷以助」上化致显于」朝今秋涧又□□香续香而不坠其教是岂特有功于玄门也故为纪此庶几知其成功之不易而师传之有自若其源委宗派之始」末已刻诸坚□□中可考更不覼缕秋涧名道文」旨授复明善□通微大师为福寿兴元观第一代　　　云

□顺二年岁次辛未　七月　日建

　　　　　　　　　　提举李玄秀　　知观田玄美等立石
　　　　　　　　　　　　　　清都观提点张德均镌

图4-13-10　零散文物·桦皮厂北口（YWF）出土"大元福寿兴元观记"石碑（YWF：135）拓片

玄远冲和大师王德全

冲和大师程德熙

崔德玄　　王常童

刘玄哲　　阎满童

保真冲用大师田玄美　　李寿童

冲和大师吴玄玉　　薄德永

宁厚守一大师李玄秀　　阎德安

玄德大师刘德真　　苑德忠

希玄恒德大师李道绪　　刘德常

安常崇德大师阎玄应　　冯德全

本观道众

功德主徽政院使识列门

夫人严氏□□人圣安

中顺□□孛兰奚

朝□大夫庆安

长安

立石助缘　　奉训大夫孙德章

从仕郎宣农提举司提举狄诚

太师府译史严普颜塔织

将仕郎郝义诚

罗通甫

卢善甫

晁提领

万宝寺执照碑 1件。白石。出自桦皮厂东。J：138，边长67.5厘米。正方形，四边平鈒卷叶纹，一整二破的卡子花，中为铭文，文字和花纹均有伤残。铭文楷书，分行，每行字数不等，倒数行二"年月"二字加刻八思巴文方印，最末行下加刻花押（图4-13-11）。录文如下：

皇帝圣旨里

大司徒领诸路释教都总统万安都坛主今有门资僧德

如发菩提心自备囊资买到大都在城永福坊南街北

白地一段创建万宝寺一所端为祝延

皇帝圣寿安者欲行修盖殿□宇费用浩大今施兴

佛事一堂至元钞伍佰两课银壹锭钟壹颗菜园一所房五间充

本寺常住永远用度今后但有法亲徒弟人等并不得争

执系自力□到并不是法亲人等添力成就如违请本处

官司决杖七十七下于法亲内除名其寺令徒弟德如依旧

图 4 - 13 - 11　零散文物·桦皮厂东出土万宝寺执照石碑（J：138）拓片

为主任从设度恐后无凭故立执照为用者

右付万宝寺住持德如收执

至大　年　月　日

光禄大夫大司徒领诸路释教都总统开内三学万安都坛主

二　西城垣沿线出土遗物

在西城垣发现的遗物，系出在阜成门北至西直门一段和西直门瓮城城垣的包皮砖里层，即早期砌的小砖包垣及这层垣的基础中，极少数出在三合土下，元代夯土垣的顶部和垣的夯土中，有石刻麒麟、栏板、雕花砖、琉璃砖、瓦、大槽瓦、铁夯锤等。

（一）西直门瓮城出土石建筑构件

1960 年在瓮城外皮砖基础处发现的石刻有如下数件：

麒麟纹丹陛石　1 件。残。白石呈淡红色。J：184，长 83、宽 43、厚 13 厘米。长方形。用压地隐起华，饰球纹地，四瓣形开光，内为灵芝地和前后奔驰的麒麟。石缺左下角（图版 4 - 13 - 19：1；图 4 - 13 - 12）。

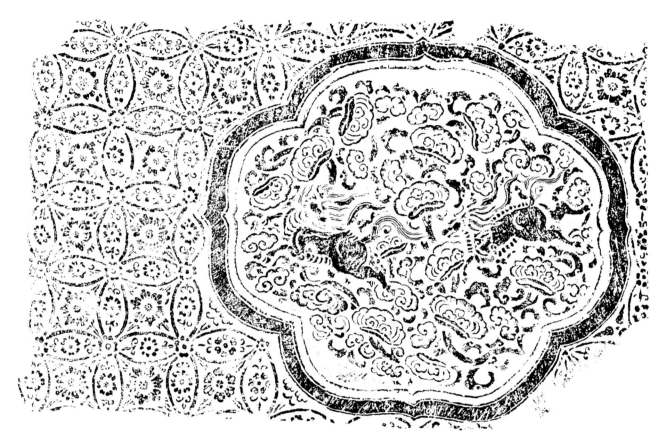

图 4 - 13 - 12　零散文物·西直门瓮城出土麒麟纹丹陛石（J：184）拓片
（右侧未拓全）

栏板　5 件。均残。白石。分长方形和斜角长方形（慢道栏板）两种，残形可看出盆唇、地栿、束腰和束腰两端矮柱的结构形式，盆唇上均有等距离的三个瘿项荏痕，中间的荏痕为椭圆形，两端的为多半个圆形。板两端侧面有长条形榫荏。长同板高或为高的三分之二，宽为板厚的五分之二强，有的荏不清楚。分述如下：

长方形栏板　3 件。J：185，长 126、高 51、厚 15.5 厘米。束腰饰回纹地，一龙追捕风焰珠。地栿、盆唇、矮柱均为勾连式芽头纹和一整二破云纹卡子花。龙腹如牛，凤尾，四爪，带风焰，颈、尾、脊背为勾连纹，腹、颈、尾之下部为长片鳞纹（图版 4 - 13 - 19：2）。J：186，长 122、高 52、厚 13.5 厘米。云雷纹地，束腰为一龙嬉火焰珠，扬上唇，三爪，凤尾，光身，腹下一道鳞。盆唇为二龙迎捕火焰珠，身首形状与前同（图版 4 - 13 - 19：3；图 4 - 13 - 13：1）。J：187，长 129.5、高 56、厚 17 厘米。束腰为两个十字杵，一整四破索纹三个间列。矮柱为一字杵，地栿和盆唇为缠枝莲花，其两端为勾连芽头和双层、单层"人"字形卡子花（图版 4 - 13 - 20：1；图 4 - 13 - 13：2）。

斜角长方形栏板　2 件。J：188，长 112、高 48、厚 13 厘米。纹饰大体与 J：185 相同（图版 4 - 13 - 20：2；图 4 - 13 - 13：3）。J：189，长 126、高 49、厚 16.5 厘米。厚向上收分。板面为缠枝花：束腰为四朵大莲花，盆唇为九朵，两端为一整二破多层如意云卡子花（图版 4 - 13 - 20：3；图 4 - 13 - 13：4）。

图 4 – 13 – 13　零散文物·西直门瓮城出土石栏板拓片
1、2. 长方形石栏板（J：186、187）　3、4. 斜角长方形石栏板（J：188、J：189）

（二）官园中心台北出土遗物

铁夯锤　1件。出于秀才胡同西口、官园中心台北的元代城垣中。J：190，直径11、长9.8厘米。圆头，顶平面圆眼。形状与YG73E：18夯锤（参见图版4-8-46：5）相同。

覆莲瓣砖　1件。残。J：191，长33、宽16、厚5厘米。侧边刻莲瓣，瓣面起两道边，中为多缘三朵云纹（图版4-13-21：1左）。

（三）官园中心台南出土的遗物

1. 石栏板

云龙纹石栏板　1件。J：192，长143、高50、厚14厘米。栏板横剖面呈"工"字形，瘿项荄为圆形，直径12厘米左右，间距为53厘米。板两端榫头长同板高，宽为厚二分之一弱。束腰为灵芝云地和前后奔驰二龙。地栿为万字纹地，其上雕二龙戏珠。盆唇为缠枝莲花，两侧矮柱为灵芝云纹。填头为一整二破旋子花。板断为两截，中缺一块（图版4-13-21：2；图4-13-14：1）。

1

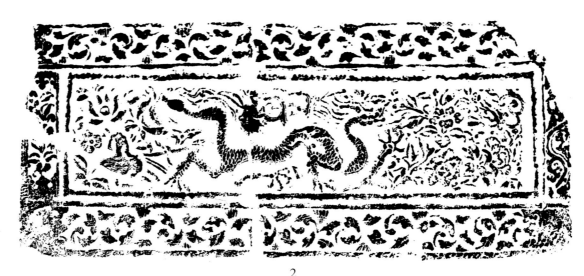

2

图4-13-14　零散文物·官园中心台南出土石栏板拓片
1. 云龙纹石栏板（J：192）　2. 花卉龙纹石栏板（J：193）

花卉龙纹石栏板　1件。J：193，长115、高49、厚14厘米。长方形，束腰饰莲花、牡丹、茉莉、慈姑、杂草为地，中雕一龙追捕风焰珠。盆唇、地栿雕缠枝卷叶花。两侧矮柱一为菊花枝，一为缠枝纹（图版4－13－21：3；图4－13－14：2）。

莲瓣纹石栏板　1件。白石。J：194，长105、高50、厚15厘米。长方形。一长边隐起两层瓣，内层仅出瓣尖，外层瓣为方角宽边两道和三朵云纹，中填四瓣花和圆点纹。

2. 砖瓦

大槽瓦　1件。残。出于官园南200米处三合土层下的元代土城垣顶部中心位置。据了解，由此处往南、往北300米处的同一位置都发现了这种大槽瓦，其中不少是完整的，在取土时被砸碎。J：195，长68、宽40、厚4厘米。两端作子母口。灰色。

琉璃釉构件　1件。残。J：196，长32、宽27、厚5.6厘米。构件为瓦形，拱面两端饰缠枝莲边，中为云纹。红色胎，黄绿两色釉。

琉璃釉方砖　2件。均红胎，蓝釉。J：197，边长36、厚为6.5厘米。饰起突六方连格，内填六瓣花纹。J：198，规格为30厘米×31.5厘米×5厘米。饰起突缠枝花。模制（彩版三六：4）。

"至正"款砖　1件。J：283，长36.5、宽17.5、厚5.5厘米。模制（图版4－13－22：1）。

龙纹方砖　20件。J：289，规格为28.5厘米×31厘米。方形内外格，方格中为曲身三爪龙，头向右，方格四角带"十"字，边为对称式两出花叶。与安定门西遗址龙纹砖相同（图4－13－15：1）。

六方花纹方砖　2件。J：290，规格为29厘米×30.5厘米。格中为六瓣花，瓣中出长柄状花，格为六方连套形式（图4－13－15：2）。J：291，规格为29厘米×31厘米。格中为六瓣花，每格方作编连式小圈（图4－13－15：3）。

四叶纹花方砖　1件。J：292，边长约28.5厘米。叶作对尖"十"字形，叶面为对称式两出叶花，四边为瓣尖出长柄状花（图4－13－15：4）。

雕花砖　13件。均为青灰砖，起突纹。分述如下：

如意云砖　2件。J：199，长20、宽10、厚5厘米。侧面为如意云纹。J：200，长37.5、宽27.5、厚9.3厘米。为多瓣如意云纹（图版4－13－22：4）。

卡子花砖　2件。长方形。J：201，长32.5、宽15、厚5厘米。为多瓣勾云和三层云卡子（图版4－13－22：5）。J：202，长32、宽15.7、厚5.3厘米。为一整二破卡子花，带果心花形（图版4－13－22：2）。

覆莲纹砖　1件。残。J：203，长20、宽16、厚5厘米。瓣形与J：191相同（图版4－13－21：1右）。

莲花砖　3件。J：204，长33、宽16、厚5厘米。为束把状莲花和蒲棒（图版4－13－23：1）。J：205，长26.5、宽13.5、厚5厘米。两侧为莲花，表面涂一层白粉（图版4－13－23：2）。J：206，长29、宽20厘米。回纹圈边呈如意云纹形框，内填莲花、叶茎和慈姑（图版4－13－23：3）。

百合花砖　2件。J：207，长31、宽15.5、厚5厘米。饰如意云纹形框，内填百合花、叶（图版4－13－22：3）。J：208，长33、宽15、厚5.5厘米。花边与J：207相同（图版4－13－22：6）。

牡丹花砖　1件。残。J：209，长33、宽15、厚5.5厘米。作花蔓形式（图版4－13－23：5）。

盆景花砖　1件。残。J：210，长17、宽16.2、厚4.7厘米。插花香炉灵芝纹（图版4－13－23：4）。

几何纹砖　1件。J：211，长33.5、宽16、厚5厘米（图版4－13－23：6）。

龙纹滴水　2件。残。J：213，残宽11.3厘米。为滴水的左半部，垂幕形状，下沿作多层弧形，饰宽边，

1

3

2

4

图 4－13－15　零散文物·官园中心台南出土方砖拓片
1. 龙纹方砖（J：289）　　2、3. 六方花纹方砖（J：290、291）　　4. 四叶纹花方砖（J：292）

回纹地，三爪龙。灰胎（图版 4 – 13 – 27 右）。J：214，残宽 12.8 厘米。为滴水的右半部。形态与 J：213 同。印云龙纹。胎黄色，胎表涂一层白粉（图版 4 – 13 – 22：7 左）。

三 城内出土的遗物

（一）西城

1. 瓷器

青釉盘 2 件。均属龙泉窑系。出自二龙路按院胡同东口。J：215，高 3.5、口径 13.8、足径 5.5 厘米。盘浅，厚口唇，圈足较小。胎厚，灰色，青釉，盘底一圈无釉，圈足无釉。外壁和圈足均有削痕（图版 4 – 13 – 24：1；图 4 – 13 – 16：1）。J：216，高 3.7、口径 15、足径 8.7 厘米。盘壁微鼓。胎、釉色与 J：215 相同（图版 4 – 13 – 24：2）。

青釉洗 1 件。属龙泉窑系。出自按院胡同东口路北地下 4 米深处。J：217，高 3.7、口径 15.1、足径 9 厘米。厚圆口沿向外卷，底周微起棱。灰胎，青釉，圈足内胎面有赭黄色（图 4 – 13 – 16：2）。

钧釉碗 3 件。属钧窑系。

青蓝釉碗 出自二龙路政协礼堂工地。J：218，高 6.3、口径 15.5、足径 6.2 厘米。口部微鼓，小凹底（隐圈足），足边不平。胎黄色，青蓝釉，外壁釉不到底（彩版三〇：4；图版 4 – 13 – 24：3）。

浅蓝釉碗 2 件。出自天安门工地。J：220，高 7.9、口径 18.3、足径 8.2 厘米。口沿外出圆棱。灰黄胎，浅蓝釉，釉有裂片纹，外壁釉不到底，内壁有一处深蓝带紫的斑块。底足无釉，中有墨书"十"字（彩版三〇：5；图版 4 – 13 – 24：4；图 4 – 13 – 16：3）。J：221，高 8.7、口径 19、足径 7 厘米。形状与 J：218 基本相同。灰胎，浅蓝釉，底足无釉（图版 4 – 13 – 24：5；图 4 – 13 – 16：6）。

青白釉观音 1 件。属景德镇窑系。出自定阜大街西口路北。J：219，高 67 厘米。坐式，披纱，赤足，左手、右足放在座沿上，右臂置膝上，头戴宝冠，周饰缠枝花和联珠，冠额际露整齐匀称的鬈缘，瓣稍系花枝。胸前带联珠式璎珞，垂于足背。微眯双目，呈安详、隐笑神态。皮肤光洁滋润。白胎，釉色白青。（彩版二四、二五；图版 4 – 13 – 24：6）。

钧釉连座双耳瓶 1 件。属钧窑系。出于沟沿东，石驸马路南，原人民教育出版社院里。J：223，高 50、口径 7、足径 13 厘米。瓶身较高，上为花瓣口、双耳、长颈、圆腹瓶，下为圆座。龙形耳，腹部为兽面衔环，瓶底宝相花，四足方座，足面为兽蹄式出棱。瓶身上下空间填瓣状花。灰胎，浅蓝白釉，露骨处呈蟹壳色，座足露胎面呈氧化红（图版 4 – 13 – 25：1）。

黄黑釉小口瓶 1 件。属磁州窑系。出于南小街地藏庵。J：226，高 26、口径 7、腹径 17、足径 7 厘米。橄榄形，口唇外出棱线，凹底（隐圈足）。砂胎，黄黑釉（图 4 – 13 – 16：4）。

白釉黑彩四耳瓶 2 件。属磁州窑系。J：227，出于西什库路南。高 28.4、口径 4.6、足径 9.1 厘米。溜肩，底足较大。黄白胎，上截白釉，有裂片纹。下截为酱釉，厚薄不均，厚处流釉，与釉薄处形成沟裂露胎。肩部绘有黑花（图版 4 – 13 – 25：3；图 4 – 13 – 16：8）。J：228，出自西安门路东南。高 31、口径 7.5、底径 7.2 厘米。圆口唇，腹近筒状，平底。白胎，上截施白釉，画黑色连环纹（图版 4 – 13 – 25：4；图 4 – 13 – 16：7）。

白釉黑彩凤纹罐 1 件。属磁州窑系。出于鼓楼路北宝钞胡同鼓楼中学。J：268，高 45、腹径 46、底径 25 厘米。直口，圆腹，平底。夹砂胎，青白色，乳白釉。肩部画旋纹数道，腹部为回首展翅双凤纹，填卷云、缠枝花

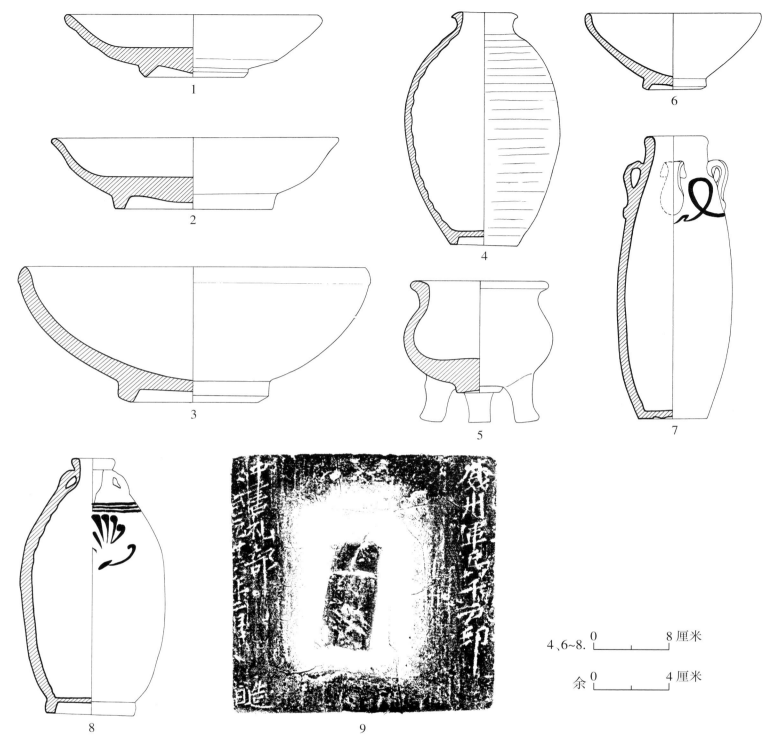

图 4－13－16　零散文物·西城出土瓷器、铜器

1. 青釉盘（J：215）　2. 青釉洗（J：217）　3、6. 钧釉碗（J：220、221）　4. 黄黑釉小口瓶（J：226）　5. 青釉三足炉（J：230）
7、8. 白釉黑彩四耳瓶（J：228、227）　9. "千户"铜印章（J：224）拓片

卉纹。

青釉三足炉　1 件。属龙泉窑系。李广桥出土。J：230，高 7.5、口径 7.2、腹径 8 厘米。宽圆口，扁圆腹，矮颈，蹄足，腹底出圆脐。胎壁厚，豆青釉微显黄，足端露胎处呈赭色（图版 4－13－25：2；图 4－13－16：5）。

2. 铜器

印章　1 件。出自福绥境泰平街东口路北。J：232，长 2.4、宽 1.2 厘米，纽高 2.4 厘米。长方形，扁尖纽带小孔，有四字印文（图版 4－13－26：1）。

"千户"印章　1 件。出于复兴门内大街北。J：224，边长 7、厚 1.5 厘米，纽高 4.5 厘米。方形，纽方柱状，上小下大，纽顶刻"上"字，侧面右为"威州军兵千户印"，左为"中书礼部造至元十六年二月日"，均为

阴文；印面为篆书八思巴文三行七字，即"威州军兵千户印"（图版4－13－26：2；图4－13－16：9）。

童子骑牛像　1件。出于阜成门内大街北。J：225，通高8厘米。童子骑水牛，长方座。童子留髻，披无袖小褂，系围兜，短裤，侧身向左，牛缺犄角。满绿绣。铸造。腹空下有孔（图版4－13－26：3）。与YH72：45童子骑牛像（参见图版4－1－73：5）相同。

3. 石碑

"岁数碑铭"碑　1件。残。青石。出自正觉寺胡同路北的西南角墙面，半截埋在地下。J：231，高73、宽44厘米，长方形，碑首抹角，饰平级华覆盖莲叶，其下为楷书铭文。碑面文字有剥落、划伤，左下角缺（图4－13－17）。首行、末行低四字，余皆头齐。按行次录文：

岁数碑铭

□□国大都在咸宜坊居住□□□□□□□□」明为祖先父母谛信三宝□□□□□□□□」之快乐福明忽然想念幻化之□□□□□□□」恶为过去富贵之□粮报今生为人之□□□□」地盖载日月照临国王水土之恩生身父母□□」由是特发诚心□喜舍施中统宝钞贰阡伍伯贯」文今于本京豫顺坊大兴隆寺梵刹于每岁九月」□□□十一日降诞添寿之日看传五大部金经」□□供佛斋僧壹堂毛诗云哀哀父母生我劬劳」欲报深恩昊天罔极愿布施已后满宅贵眷诸佛祐」□资念祖先三代同出迷津八难三途同登觉岸为」此中间年深后代住持恐忘记不行供佛筵僧特」立□□□记耳　　　开山住持慈云普济大师愿吉劝缘

至元六年庚辰乙亥日夏巡有二记耳

4. 角石

角石卧狮　1件。白石。出自白塔寺路南。J：229，身长50厘米。侧屈身，并列前足，伏卧，微咧嘴，竖耳冠，眯缝双目，颔下一绺长须，头顶、腮边、颈部毛发一顺向后，尾毛甩在腹胯间。体形臃肿，头似虎。座侧面阴刻楷书题记"大德四年四月十七日记狮子"十二字（图版4－13－26：4）。

（二）东城区出土遗物

1. 瓷器

钧釉盘　1件。属钧窑系。出自南小街方家园。J：235，高3.7、口径18.7、足径9.5厘米。厚圆口，底有脐窝。黄白胎，蓝白釉，釉有细密白点。圈足无釉，墨书"肖楚置"三字（图版4－13－27：1）。

青釉盘　2件。属龙泉窑系。出自金鱼胡同。J：237，高3.1、口径13.4、足径5.7厘米。形状与J：215（参见图版4－13－24：1）相同（图版4－13－27：2）。

青釉碗　2件。属龙泉窑系。出自金鱼胡同。J：238，高6.2、口径15.4、足径6.2厘米。折沿，圆唇，深腹，圈足。灰胎，青黄釉，釉不到底（图版4－13－27：3；图4－13－18：1）。J：239，高6.7、口径16.8、足径6.5厘米（图版4－13－27：4；图4－13－18：2）。

白釉碗　1件。残。属磁州窑系。出于史家胡同路北。J：222，高6、口径14.2、足径6厘米。底心有小圆窝。黄白胎，白釉，外壁釉不到底，有裂纹（图版4－13－27：6）。

青釉高足碗　1件。属龙泉窑系。出自金鱼胡同。J：240，通高11.1、口径12.2、足径4.3厘米。厚口唇外卷，圆腹，平底，竹节状足。底足露胎呈赭红色，胎壁厚。碗底有金色粉末（图版4－13－27：5；图4－13－18：3）。

白釉黑彩"梨花白"四耳瓶　1件。残。属磁州窑系。出自北新桥小学校。J：233，残高27.6、口径3.5、

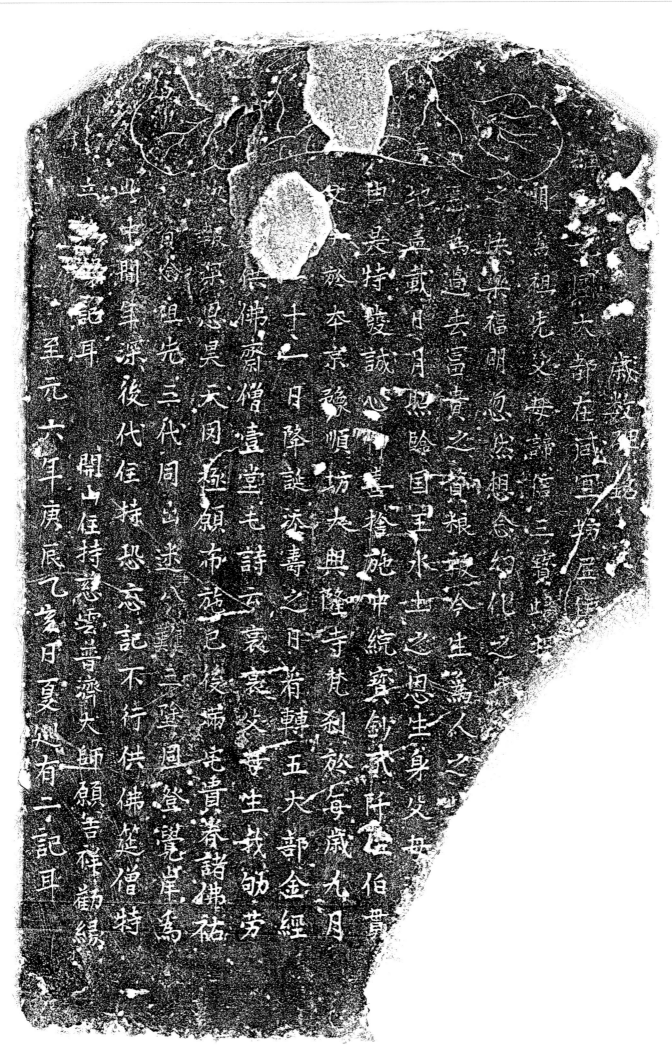

图 4 – 13 –17　零散文物·西城出土"岁数碑铭"石碑拓片（J：231）

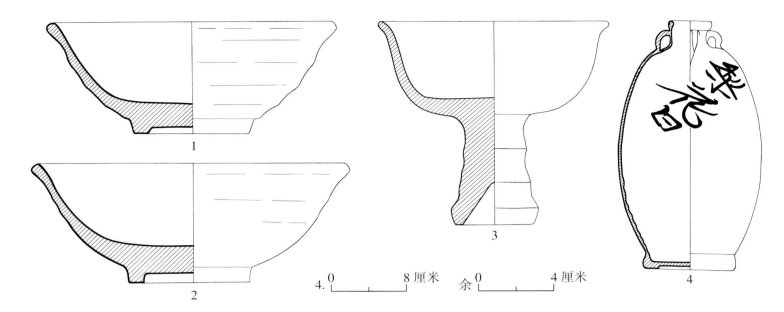

图 4 - 13 - 18　零散文物·东城区出土瓷器

1、2. 青釉碗（J：238、239）　3. 青釉高足碗（J：240）　4. 白釉黑彩"梨花白"四耳瓶（J：233）

腹径 15、足径 9.4 厘米。器形与 J：227 相同。黄白胎，器物下半截釉呈酱黑色，上半截为白釉并用黑釉行书"梨花白"三字（图版 4 - 13 - 28：1；图 4 - 13 - 18：4）。

2. 铜器

方形炉　1 件。出自交道口头条西里南口。J：236，通高 27.5、长 29、宽 20 厘米。长方形，两直耳，平口沿，器身四角出戟。器物四面为云纹地饕餮纹，宽侧两端出兽头，圆柱状兽头足中空（图版 4 - 13 - 26：5）。

3. 铁器

六鋬锅　1 件。出自南小街方家园。J：234，高 37、口径 62 厘米。平口外出沿，直壁下部收成圜底（图版 4 - 13 - 26：6）。

（三）宣武区出土的遗物

1. 瓷器

青釉牡丹纹瓶　1 件。残。属龙泉窑系。出自宣武门东护城河东岸的淹没井中。J：241，高 46.3、腹径 22、口径 21、足径 15 厘米。喇叭口，长颈，圆腹，圈足。白胎，青釉显黄。饰隐起纹，口沿下为旋纹，颈腹为牡丹纹，腹下为细莲瓣纹。轮制，纹地间有削痕，上下分制，接口在颈肩间（彩版二八：3；图版 4 - 13 - 28：3；图 4 - 13 - 19：1）。

白釉瓶　1 件。出自白广路水利电力部。J：242，高 18.3、口径 4.3、腹径 7、足径 5.4 厘米。喇叭口，溜肩，腹微鼓，矮圈足。浅灰胎，白釉微显黄。有削痕（图版 4 - 13 - 28：2；图 4 - 13 - 19：2）。

2. 铜器

镜　25 件。出于宣武门外下斜街土地庙东，是一处铜镜窖藏，埋在地面 3 米以下，按大小排列双行。分有纹饰和素面两种，均为圆形，除一件为高棱边外，其余均系宽边、圆纽。按纹饰形状分述如下：

云凤纹镜　3 件。J：243，直径 20.5、厚 0.5 厘米（图版 4 - 13 - 29：1；图 4 - 13 - 20：1）。

海马葡萄纹镜　1 件。J：246，直径 16.7、厚 1.3 厘米。高棱边，双兽纽（图 4 - 13 - 20：2）。与 YG73F10：19（参见图版 4 - 8 - 52：1）相同。

双鱼纹镜　12 件。J：247，直径 15.8、厚 0.7 厘米。饰水纹、双鱼（图版 4 - 13 - 29：3；图 4 - 13 - 21：

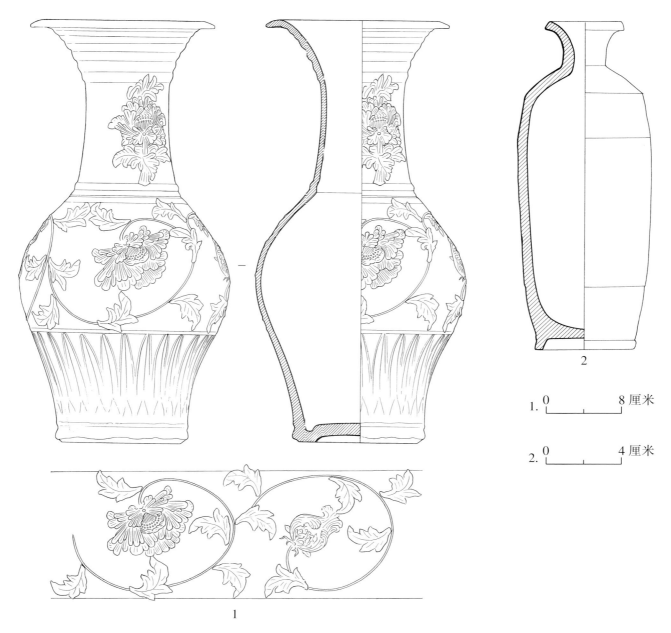

图4-13-19　零散文物·宣武区出土瓷器
1. 青釉牡丹纹瓶（J：241）　2. 白釉瓶（J：242）

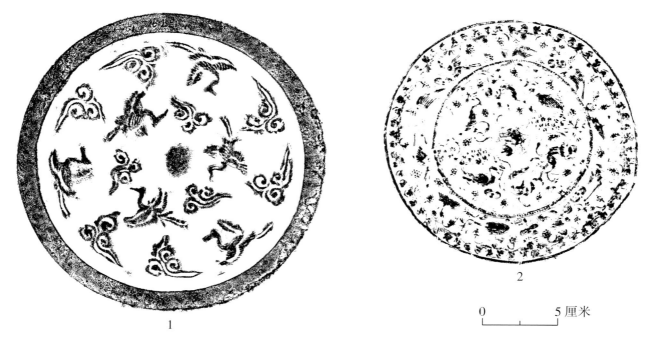

图4-13-20　零散文物·宣武区出土铜镜拓片
1. 云凤纹镜（J：243）　2. 海马葡萄纹镜（J：246）

1）。J：287，直径13.9厘米。宽边，圆纽。饰双鱼、水纹并一周莲花（图版4 – 13 – 29：2；图4 – 13 – 21：2）。

素面镜 9件。大小相同。J：259，直径26、厚0.4厘米（图版4 – 13 – 29：4）。

（四）德胜门外白下关车站东出土的瓷器

钧釉盘 2件。属钧窑系。J：269，高3.3、口径15、足径6厘米。立口沿，小圈足。黄白胎，灰青釉。底足无釉，有墨书"赵"字（图版4 – 13 – 30：1；图4 – 13 – 22：1）。J：273，出于新街口外西北冰窖东。高4.5、口径20.5、足径10.3厘米。厚口沿，盘底深。灰白胎，灰青釉。足底无釉，有墨书"史家酒店内"五字（图版4 – 13 – 30：3）。

钧釉碗 2件。属钧窑系。J：270，高8.5、口径18.9、足径6.7厘米。形状与J：218相同。灰白胎，青灰釉（图版4 – 13 – 30：2）。

青釉碗 1件。属龙泉窑系。J：272，高5、口径12.5、足径2.9厘米。侈口，小饼足（原系高足磨矮）。白胎，青釉。内壁刻七珍、莲瓣，底为莲花（图版4 – 13 – 30：5；图4 – 13 – 22：2）。

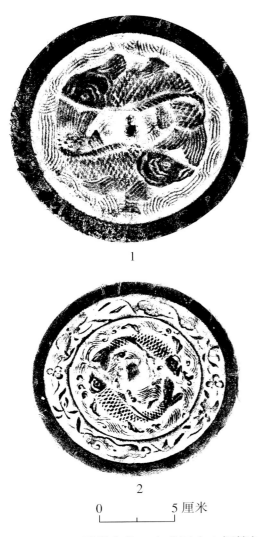

图4 – 13 – 21 零散文物·宣武区出土铜镜拓片
1、2. 双鱼纹镜（J：247、287）

图4 – 13 – 22 零散文物·德胜门外白下关车站东出土瓷器
1. 钧釉盘（J：269） 2. 青釉碗（J：272）

（五）西黄寺东300米处，修配厂院内出土遗物

出土于元代井中，有瓷器、琉璃釉器。计有如下数件：

白釉经瓶 1件。属磁州窑系。J：275，高17.5、口径3.8、腹径10、足径6.9厘米。小口，圆鼓肩，腹下

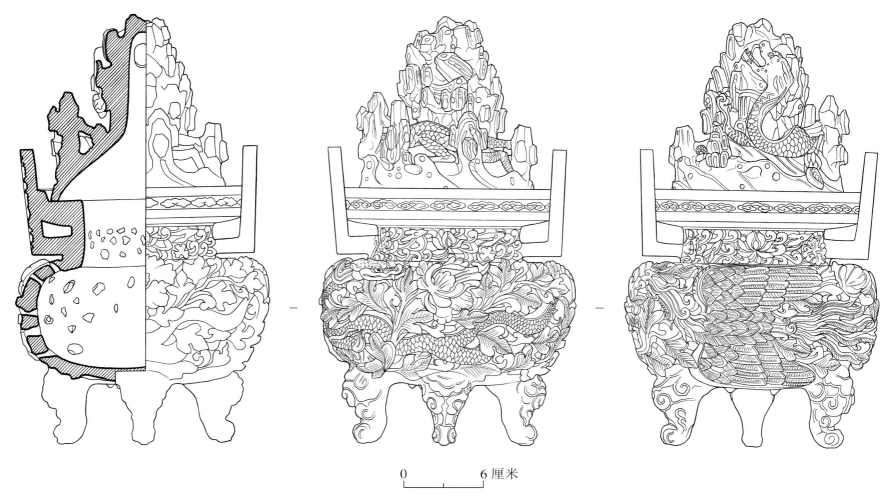

图 4 - 13 - 23　零散文物·西黄寺东修配厂院内出土三彩琉璃釉雕花牡丹龙凤纹炉（J：274）

部收敛，隐圈足。砂胎，白釉（图版 4 - 13 - 30：4）。

三彩琉璃釉雕花牡丹龙凤纹炉　1件。J：274，通高36、口径17、腹径20、足距13厘米。平口，双耳，圆腹，平底，蹄形三足。分盖和炉两部分，盖与炉用槽口衔接。白灰胎，镂空，施黄、绿、蓝三色釉，其中黄釉又分深浅两色。盖饰水波、礁石，一龙波中跃起；炉身、腹为蓝绿色牡丹地、黄龙、展翅凤；颈部为云纹（彩版三二、三三；图版 4 - 13 - 31；图 4 - 13 - 23）。

下　编

第五章　元大都研究小史

元代大都城于明初被弃北拓南改造后，在很长的时间内都没有引起人们的注意，记录大都遗迹的书非常少，这和当时的社会背景和学术风气有关。人们要想了解大都的风貌，只能翻阅同时代人写的《马可波罗行记》，该书有两章专讲大都城和宫殿。西方人看过此书后，把汗八里（即大都城）看作世界上最富庶繁华而美丽的大都市。但该书对大都城的认识比较贫乏，仅仅在表现手法上比较科学而已。如书中描绘大都："全城中划地为方形，划线整齐，建筑房舍。每方足以建筑大屋，连同庭院园囿而有余。以方地赐各部落首领，每首领各有其赐地。方地周围皆是美丽道路，行人由斯往来。全城地面规划有如棋盘，其美善之极，未可言宣。"马可·波罗对大都城的描述，对后人研究大都城的形制有很大影响。

明末清初，国人开始注意对大都城旧迹的考证。主要根据元代的正史、文集、笔记等资料参考旧迹。如明末清初孙承泽的《春明梦余录》曰"初燕邸因元故宫，即今之西苑……，至（永乐）十五年改建皇城于东，去旧宫可一里许"。康熙二十七年（1688 年）朱彝尊的《日下旧闻》一书在收集资料方面比较系统、全面，为研究元大都打下了雄厚的资料基础，但由于缺乏最重要的第一手资料，因此对元大都宫殿、坊市的位置缺乏正确的观念。如朱彝尊说："元建大内于太液池左，隆福、兴圣等宫于太液池右。明大内徙而之东。则元故宫尽为西苑地，旧占皇城西偏之八，今只十之三四。"又云："元宫当在今安定门北，明初即南城故宫为燕邸，非大内之旧。"

乾隆三十九年（1774 年）《日下旧闻考》成书，所载元大都的史料比《日下旧闻》大大提高，目前为止仍是研究元大都的基本参考资料。对《永乐大典》的利用是这本书最成功的地方，它大量使用了《析津志》《元一统志》《故宫遗录》《元人诗文集》《北平图经志》等第一手资料。由于资料丰富，它对元大都及其平面布置有了进一步的了解。但该书主要是记录旧迹，对整个城市规划和布置缺乏明确的概念。如《日下旧闻考》载："明初燕邸仍西宫之旧，当即元之隆福、兴圣诸宫遗址，在太液池西，其后改建都城，则燕邸旧宫及太液池东之元旧内并为西苑地，而宫城则徙而又东。"

光绪十二年（1886 年）的《顺天府志》在资料上未出《日下旧闻考》的范围，对元大都的研究仍停留在历史沿革和旧迹的记载和考订上。

民国期间对元大都的研究有了很大的进步。1929 年，《燕京学报》第五期发表了奉宽的《燕京故城考》，他把清代以来的相关研究做了全面总结，并指出了自孙承泽以来对元故宫考证的各种误说。这篇文章把元大都的研究提高到城市史的研究，为之后的研究开辟了一个新途径，是承前启后的。但该文缺乏近代科学整理的概念，对大都城垣做了些不正确的推测。

1930～1936 年，主要是营造学社对大都城进行的研究。代表作有朱启钤、阚铎于 1930 年在《中国营造学社汇刊》一卷二期发表的《元大都宫苑图考》；朱偰于 1936 年在商务印书馆出版的《元大都宫殿图考》；王璧文于 1936 年在《中国营造学社汇刊》六卷三期发表的《元大都城坊考》。上述论著属一个系统的研究，从建筑学方面全面地考虑元大都的都市规划，在很大程度上摆脱了考订旧迹的范围；从中国古代都市规划史的角度研究大都的历史地位，并和它前后的都市规划进行比较，认为元大都体现了自汉代以来都市规划的传统，研究水平可谓大大提高。前两者的重点是研究元代宫殿区，并根据文献绘制了复原图，缺点是对元代宫殿建筑平面没有完全认识，因此复原图不完全正确。这种缺点是和当时整个中国古代建筑平面布置相关研究缺乏有关的。另外在宫城、皇城地点的指定上是错误的。王璧文修正了这些错误。元大都城坊区是王璧文《元大都城坊考》一文研究的内容，但他对街道系统未搞清楚，也就是说对大都的规划原则不清楚，因此对坊的排列原则也未搞清楚，仅根据文献记载做了初步的方位推测。

抗日战争时期，对大都的研究工作停止。抗日战争胜利后的 1946 年，侯仁之先生从历史地理角度进行水系的复原，开展对大都的研究。他的文章《北京金水河考》（见《燕京学报》第三十期，1946 年 6 月）、《北京都市发展过程中的水源问题》（见《北京大学学报》1955 年第 1 期）中，主要观点如下：一是从都市给水条件上来观察都市选地的问题，给水是一个都市生存的必要条件；二是对大都选地的地理条件做了全面观察，金水河在建大都城之前即已存在，疑即金大宁离宫（今之北海）左之流泉也，提出了以大宁离宫为中心的城市设计规划；三是对金水河、通惠河的上源和下源做了调查和复原；四是对大都皇城北垣做了正确的考订推测；五是对海拔 52 公尺线的确定，对研究北京历史地理有很大意义。

1962 年，赵正之先生讲“元大都平面规划复原的研究”课题时，提出了元大都中轴线问题。过去传统的说法，元大都中轴线是在今北京中轴线之西，即今旧鼓楼大街一线。这种看法，一是受清初孙承泽《春明梦余录》的影响；二是也有一个错觉，即认为元大都中轴也应落在元代钟鼓楼上，所以元大都中轴线位置几成定论。1956 年赵正之先生曾提出异议，他认为元明二朝的中轴线未变，即元代中轴线后不对当时的钟鼓楼，而是对大天寿万宁寺中心阁（即今之钟鼓楼）。1965 年元大都考古队钻探大都城中轴路的结果，证明赵正之先生的考证推测是正确的。赵先生的论文《元大都平面规划复原的研究》，收入于 1979 年上海科技出版社出版的《科技史文集（第 2 辑）》中。

对元大都研究小史进行简要回顾后，大都的研究工作如何向前推进？研究方法如何提高？这些问题都值得深入思考。要掌握前人文献资料的考证，更重要的是结合遗迹进行研究。元大都考古代表了我国宋代以后若干城址，尤其是古今重叠的城址如何进行考古研究的问题，这是一个新课题。我们从北京实际情况出发，根据古今地图和航空照片上所见的旧遗迹，再结合文献记载和考古发现的情况来进行研究。这也是我们编写这本《元大都》考古报告的宗旨。

第六章 元大都城市的规划与复原

一 元大都之前的"北京城"

一个城市的规划思路，必然受先前城市的影响。元大都之前的北京是如何规划的应简要说明。北京这块地方，从汉代就建有蓟城，唐代建有幽州城，辽代建有南京城，金代建有中都城。唐以前的"北京城"规划，由于资料缺乏，目前还说不清楚，但是它们的地点大体可以确定。

根据考古发现，大概从公元前4世纪的战国中期，今北京城的西南就已经是一个居民密集的地方了，在今宣武门外东西一线、广安门内外、法源寺东北和白纸坊，发现了大批密集的战国至西汉时期的陶井群（北方城市居民都是挖井取水以解决生活用水问题，由最早的土井，到用陶土烧制井圈放入深井中防止井壁倒塌）。在韩家潭、广安门外还发现过燕式饕餮纹半瓦当。这些遗迹和建筑构件，说明这里应是蓟城的一部分。西晋时期的蓟城方位也得到了大致的线索：在今八宝山革命公墓以西500米处，发现了西晋王浚的妻子华芳的墓，该墓于西晋永嘉元年（307年）下葬，出土的墓志中载其"葬于燕国蓟城西廿里"。该墓随葬一件骨尺，长24.2厘米，以此尺的长度为准，晋代一里合345.6米，则廿里为8712米。从华芳墓向东量8712米，其地正在今会城门稍东附近。也就是说，西晋的蓟城西城墙应在今会城门附近，与唐幽州、辽南京的西城垣方位大致相合。这也说明唐、辽的城址是在战国以来的蓟城上发展起来的。

（一）唐代的幽州和辽代的南京城

辽太宗会同元年（938年），以唐的幽州升为辽的南京。南京城垣的四至如下：北垣在今西单南面的头发胡同，受水河胡同是北护城河，向西经南闹市口（辽之拱辰城门）至会城门东。东垣在今烂缦胡同以西一线。南垣在今陶然亭、三路居、卫墙角一线。西垣在今南观音寺北至会城门东一线。每面城垣有两个城门，共八座城门（图6-1）。城门为两两相对连线，形成城内主干大街，构成"井"字形。井字大街把全城分为九个区域，每个区域大体上是当时的一个坊，坊内再开"十"字形街。这种类型的城市规划是唐代地方城市的标准格式，级别再低一些的小城市，则每面城垣各一门，城内开"十"字形街，如周边的顺义、密云城等，这种布局一直延续到近代。唐代幽州衙署在城的西南部。幽州是唐代的北方重镇，商业发达，寺观林立，悯忠寺（今法源寺）是当时著名的大寺，占地极广，位于州城东南部分。今天宣武门外的部分街道还保存了幽州城街道的痕迹。辽代南京城全部继承了唐代幽州城，只是在唐代州衙基础上改建了宫城。南京城虽然已经是辽代的五京之一，但就城市规划来看，仍是唐代地方城市的级别。

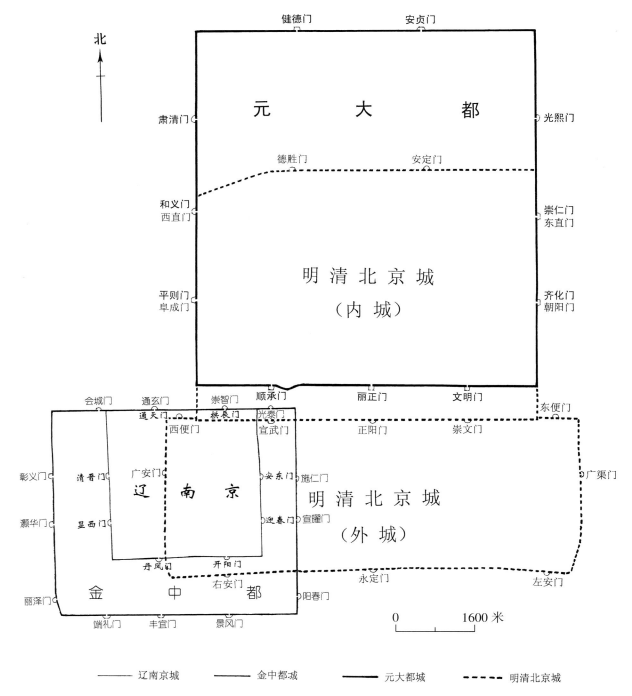

图 6-1　辽南京、金中都、元大都与明清北京城址平面关系图

（二）金中都

1122 年（辽保大二年、金太祖天辅六年、宋宣和四年），金克辽南京，予宋，宋改辽南京为燕山府。1125 年（金太宗天会三年），金再取燕山府，改为平州。1151 年（金完颜亮天德三年），增广燕城，建宫室。《元一统志》云：“天德三年，新作大邑，燕城之南，广斥三里。”“天德中，作新大邑，都西南广斥千步。”新城的东南角内为燕王冢，由此可以断定东城垣亦向外扩展。金中都的四至已经考古钻探实测，中都城的东南角在今永定门火车站（指 20 世纪 50 年代建的永定门火车站）西南四路通，东北角在今宣武门内翠花街，西北角在今军事博物馆南皇亭子，西南角在今丰台区凤凰咀村的西南。今凤凰咀村南和马连道附近尚保存有南垣和西垣的夯土城壁，残高约 4 米。外郭城东、西、南三面的城垣各开三个城门，北城垣则开四个城门（图 6-1），其东端多开了一座光泰门。1153 年（金完颜亮贞元元年），改称中都。

经过扩展的金中都，从城市规划看有两个系统：其一，金中都是在唐幽州、辽南京城址上修筑的，所以唐以来的城市里坊和街道相沿未变。其二，金中都向东、西、南三面扩大的城区，这部分完全按宋代后都市规划设计，最突出的是宫城的改造。扩大后的金中都，宫城位于全城中心，其外才是大城，成为标准的重城形制，突出了宫城的重要性。改造后的宫城平面布局以及建筑式样都是按照宋代京城汴梁的图纸进行设计和施工的。山西繁峙岩上寺（原名灵岩寺）南殿西壁壁画中有一组宫城建筑，根据题记，是御前承应画匠王逵于金世宗大定七年（1167年）所画，可能是金中都宫城的蓝本。金中都的宫城在辽南京宫城的基础上扩大，宫城前为皇城，建千步廊，廊两侧为中央官署。宫城西部为苑。宫城的前朝大安殿，面阔十一间，殿基夯土台高2米余。金中都扩大城区的街道不再按照唐代的坊制规划，而是按照当时出现的街道形式——巷（即胡同）来规划。如其西南部分，经考古钻探证实，自正南的丰宜门大街，向西至端礼门大街，向北直通会城门。在丰宜门内大街至端礼门内大街之间，有规律地排列东西巷，这种新的开放式街巷，可能是模仿宋京汴梁城，但汴梁城的考古工作尚未开展，因此对这个问题暂不做定论。而金中都东部新扩展的区域，由于东西向较窄，而主干大街又都为东西向，所以是以南北向的"巷"来规划的，这些痕迹还保留在今天的街道分布上，如今宣武门外大街西侧的校场头条、三条、五条和广安门大街南侧的米市胡同、丞相胡同、北半截胡同、南半截胡同和烂缦胡同等，都是南北向的。

也就是说，金中都的城市规划是两套，一套是唐幽州地方城市的旧式"坊"制规划（继承保留下来的）；另一套是扩建部分的街巷，它打破了唐代"坊"的旧式，改为沿大街两侧排列开放式街巷的新形式。这种新形式在元大都城市规划中得到了充分的发展。

金中都的商业区在宫城的东北部，现在的牛街口是当时的闹市，商业非常繁荣，是在辽南京的商业基础上发展起来的。金中都新扩大的南部和西部地区，陆续兴建了许多寺观、园林，但不如东北部地区繁华。

金中都的城市规划，既保存了唐、辽旧城的形式，又出现了宋代城市的新形式，是研究我国封建社会城市规划从中期过渡到后期的一个典型，这也是金中都城市规划的独有特点。

1215年（金宣宗贞祐三年、元太祖成吉思汗十年），蒙古兵攻克中都，宫城和富丽的宫殿全部毁于战火。此后的50余年，金中都城很残破，宫殿废墟上改建了寺观，居民大多住在城的东北部，直到元大都城建好，金中都被称为南城或旧城，元大都则被称为北城或新城。

二　元大都的规划与兴建

（一）元大都的规划思想

大都城兴建之前有严密的规划，这个规划是由刘秉忠主持的。规划有两个先决条件，一个是要按最高统治者元世祖忽必烈的旨意，以金代大宁离宫太液池琼华岛为中心，把宫苑位置定好，在宫苑内建"三宫鼎峙"（太液池东建宫城，太液池西偏南建隆福宫、西北建兴圣宫），然后围绕这个中心规划外郭大都城；另一个是大都城的规划理念要按《周礼·考工记》所云"王城之制"。"王城之制"即都城内布局为"九经九纬，前朝后市，左祖右社"。这是都城设计的最高政治礼制的理念，是必须遵守的。但是汉唐以来的都城规划中没有一座是完全按这种理念设计的，刘秉忠第一次在元大都城市规划中完全体现了这一理念。大都全城由九条纵（南北向）街和九条横（东西向）街构成主干大街，宫城在前（南）、市场在后（北），宫城之左（东）为太庙、之右（西）为社稷坛。这是因为刘秉忠在执行儒家理念的同时，还总结和顺应了中国古代都市规划发展的本身规律。

中国都城城市规划自唐之后出现了很大变革，促成变革的主要原因是经济快速发展，城市人口增加。为适应经济的繁荣发展，方便居民出入，必须打破封闭式坊制。所以自宋以后的都市出现了开放式街巷的新规划，至此封闭式的坊制彻底崩坏。另一个宫城位置皆放在全城中央，宫城外设皇城（内城），其外再设大城，形成以宫城为中心的三重城布局，这种布局代表了我国封建社会后期典型的都城形式。刘秉忠总结了都城发展趋势，顺应了统治者和居民百姓的要求，完全放弃了汉唐以来封闭式的里坊旧制，以全新理念规划大都城平面布局，最完美的是开放了大都城的街巷和上下水道，街巷中各种建置的占地面积，包括一般平民居址的占地面积都有规划，这在中国古代城市规划史上是一次划时代的变革。

（二）大都城和宫城等建筑的兴建年代

1261 年（元中统二年），元世祖忽必烈论修燕京（金中都）旧城。自中都遭兵火破坏后的 60 余年间，燕京非常残破，特别是宫殿成了一片废墟，不可收拾。所以忽必烈来此皆驻金中都北郊的琼华岛大宁离宫中，因此先修了琼华岛（今北海公园）。1266 年（元至元三年），忽必烈放弃修燕京，决定以琼华岛为中心，规划兴建大都城。1267 年（至元四年），大都城和宫城同时动工建筑，七年后的 1274 年（至元十一年）宫城先筑成，十七年后的 1284 年（至元二十一年）大都筑成。在此期间，1274 年（至元十一年）建隆福宫，1277 年（至元十四年）建太庙。之后，1293 年（至元三十年）建社稷坛，1308 年（元至大元年）建兴圣宫。城内其他大寺庙和官署等亦陆续兴建。1292～1293 年（至元二十九至三十年）完成海子（即积水潭）、通惠河的漕运工程。大都的基本建设都是在忽必烈时期完成的。元代末年，即 1340～1368 年（顺帝至元六年到至正二十八年）改造三宫，特别是改浚了太液池西岸水系。上述前（忽必烈）后（元顺帝）两个时期的建筑变化，都反映在《辍耕录·宫阙制度》（元《经世大典》）和《故宫遗录》的记载中。

三　元大都的复原

元大都包括外城、内城（皇城）和宫城，外城城内的礼制建筑、寺庙、官署等大型建筑和居民的中小型住宅，与这些建筑联系在一起的街道布局以及河湖水系等，都是我们考古勘测和发掘的目标，要在可能范围内尽量多做一些考古工作。因此，元大都的复原必须在考古工作的基础上进行，这和以前的复原工作是有根本不同的。

（一）大都外郭城

1. 城址的地理环境

世祖忽必烈圣旨以琼华岛（今北海公园）为中心营造大都城。当时琼华岛是这片原野中最美丽的地方，四周环水，岛中建有金代大宁离宫，岛周围的地貌基本是开阔的田野平原。岛的西部为刘村和西园；西南部为崇智关，是辽金以来通往北方的要道；西北有条高梁河；东南面是较低洼的平原，即高梁河的下游地区，当时广种水稻。大都城就在这片原野上平地起建。

2. 外郭城大小与形制

现在的北京内城正好压在大都城的中、南部，六都北城墙在今安定门、德胜门外以北，即今北土城遗址公园。20 世纪 70 年代，元大都的外郭城垣，除南城垣于明永乐十七年（1419 年）被毁平外，其他三面城垣均存在（东、西城垣亦是明代北京东、西城墙）。

元大都外郭城平面呈不太规正的长方形，四面墙有极不明显的弯折，因此造成西北城角为 88.4 度、西南城角为 92 度、东南城角 89 度、东北城角 90 度。整座城址方向约北偏东 4 度。外郭城东垣长 7590 米、西垣长 7600 米，南垣长 6680 米，北垣长 6730 米，城周长 28600 米（图 6－1）。

（1）城墙形制

外郭城垣全部用土夯筑，城墙形制是按宋代人李诫的《营造法式》卷三"壕寨制度·城"之规定施工的。其上记载，如城基厚 60 尺，城墙高即 40 尺，城顶宽 20 尺，城墙"若高增一尺，则其下厚亦加一尺，其上斜收亦减高之半，或高减者亦如之"。按 60：40：20 之比例，就可以复原出大都外郭城的城墙形制。

考古勘测已知外郭城墙高 1 米，墙面斜收 0.5 米，高收比例为 2：1，与《营造法式》相同。如按外郭城底宽 24 米复原，以《营造法式》城墙底：高：顶之比例计算，大都城垣应为底宽 24 米，高 16 米，顶宽 8 米。从发掘现象看，城墙筑法有两种：一种为常见的筑法，即在生土地面挖二基槽，形成一生土台基，此基与城墙基同宽，在此生土台上直接起筑，这与《营造法式》上的城基制度相同，即"其厚随城之厚"。筑法也与《营造法式》相同，即现代椽打墙的办法。按《营造法式》规定，城墙内用有永定柱（直立木柱）、夜义木、纤木（横向木）、草蔓和木橛子等。另一种筑墙方法少见，即凡是城墙压在居住区的地方，城基下有较厚的灰色扰土，必须清除松软扰土，经平整后夯筑城墙台基，然后在夯筑台基上筑墙。这种现象只见于大都城南垣西端，因这个区域与金中都相接，居民住宅较多。

（2）马面形制

外郭城垣外侧围筑有马面，马面从城垣外壁向外凸出 16～17 米，马面内面宽 21 米，外面宽稍窄些。从发掘现象看，是先筑好城垣后，再等距离接筑一个个马面。马面下皆夯筑 25 厘米的黄沙土平台，平台比马面外壁宽出 5～6 米。马面下宽上窄，其收分与城垣相同。马面之间的距离为 75～77 米。北城垣的马面绝大部分保留在地面上，东、西城垣的马面被明代北京城利用，从航拍照片上能清晰看出马面痕迹（参见图版 1－1）。通过考古勘测，北城垣有 62 个马面，东城垣有 68 个马面，西城垣也有 68 个马面，南城垣约有 60 个马面（参见图 1－3）。

（3）角楼和马道

大都外郭城四角均建有角楼，东北和西北角楼的墩台至今还保留在地面上（在今北土城遗址公园的东西两端，相距 3.5 千米），西南角楼已不存，东南角楼即建国门南侧的古观象台。

经考古发掘知东北角楼的墩台下筑有夯土台基，每边宽出墩台 9 米。墩台呈不规则方形：北边长 48.5 米；东边长 47 米；南边与东城垣相接，凸出城垣 22 米；西边与北城垣相接，凸出北城垣 18 米（参见图 2－1－4）。墩台西南角亦是外城垣的东北内角，顺靠北城垣和东城垣内壁设有两条马道，南马道长 65.5 米，西马道长 67.8 米，宽皆 4 米，墩台残高约 10 米。在墩台周围坍塌的堆积中，有残砖、石块和白灰皮，墩台上原应建有敌楼、战棚和女墙等。

东南角楼未经考古发掘，但 1979 年 8 月 17 日古观象台东侧坍塌（参见图版 2－1－10：1），暴露出元大都外城东南角楼夯筑墩台[①]。经观察，明清时期的观象台叠压在元大都外侧东南角楼之上（参见图 2－1－7）。从文献记载看，明永乐十七年（1419 年）毁平大都外郭南城墙，元代外郭城东南角楼被废弃改为中心台，削去了东南角楼西北角，并向南扩展明代南城垣，东南角楼墩台成为明代东城垣上的一座大马面。明正统七年（1442 年）建成观星台。清康熙年间曾扩建观象台面（参见图 2－1－7）。

（4）城门

外郭城的东、西、南面城垣各有三座城门，北城垣有两座城门，共计十一座城门。除丽正门被压在天安门

① 蒋忠义：《北京古观象台的考察》，《考古》1983 年第 6 期。

广场下形制不明外，其余城门皆为一门，门外均有方形或半圆形瓮城。瓮城都是元晚期顺帝至正十九年（1359年）营建的。瓮城建筑质量比元大都外郭城差，可能与仓促修建瓮城应对战争有关。城门处都包砌城砖。每座城门间距和形制如下：

东城门 从东北角楼向南 1970 米为光熙门，城门外有半圆马蹄形瓮城，瓮城墙原高约 17 米。瓮城内最宽约 70 米，长约 60 米，瓮城门开向北侧。城门废弃后被后人讹称为"广熙（西）门"。清代通向东陵建筑的"御道"就是从"广熙门"穿过的。由光熙门向南 1900 米为崇仁门，明代改成东直门继续沿用。由崇仁门向南 1850 米为齐化门，明代改成朝阳门继续沿用。由齐化门向南 1870 米为东南角楼。需要说明的是，修筑东垣时，其南段城垣正好处在低洼地势的水泡子中，特别是齐化门处的水坑乱石太多，因此东垣南段向内（西）收缩，齐化门为躲开水坑，城门位置稍向南移，其北侧的城门也稍向南移，而其他三面城垣与城门位置未变。东垣南段的收缩造成北城垣比南城垣长出 50 米，东南角楼至南城垣中心的丽正门为 3210 米，西南角楼至南城垣中心的丽正门为 3470 米，两者相差 260 米，即大都城正南门不在南垣中心位置上。

西城门 从西北角楼向南 1960 米为肃清门，门外有半圆形瓮城，瓮城门开在南侧。城门废弃后，现今称"小西门"，瓮城内还修了一座坐西朝东的小庙——明光寺。由肃清门向南 1910 米为和义门，明代改称西直门继续沿用。和义门的瓮城门已经考古发掘（参见本书第三章第一节）。和义门瓮城建于元至正十八年（1358 年），从外观看，和义门瓮城门楼是平屋顶砖券门洞的"硬楼"式样，傅熹年先生为和义门瓮城门楼绘制了详细的复原图（图 6-2~6-5）。城门楼上还有保护木质城门的防火设备。这个瓮城城门一直使用了 78 年，到明代正统元年（1436 年）重建北京各城门和瓮城时，才被废弃包入西直门瓮城箭楼之下。由和义门向南 1850 米为平则门，明代改成阜成门继续沿用。由阜成门向南 1880 米为西南角楼。

南城门 由西南角楼向西 1450 米为文明门，位于今东单十字路口南的崇文门内大街上。城门已无存，门外东侧与南侧钻探到瓮城东墙和南墙，外郭南墙到瓮城南墙南北间距 100 米。由文明门向西 1760 米应是丽正门位置，往北与皇城灵星门和宫城崇天门相对。由丽正门向西 2000 米为顺承门，位于今西单十字路口稍南的宣武门内大街上。门址无存，但门址西侧有瓮城西垣残迹，瓮城垣厚约 18 米。由顺承门向西 1470 米为外郭城西南角。南城垣和三座南门于明永乐十七年（1419 年）均被毁平，城墙与城门基址被以后修建的民居所压，后人对大都城南垣的具体位置已不清楚，大多认为应在今东西长安街上。通过考古钻探实测，确定元大都南城垣在长安街南侧。

北城门 从东北角楼往西 2140 米为安贞门，安贞门已被通往北苑的公路所破坏，但门外西侧还残存瓮城城墙。从安贞门往西 2440 米为健德门，门外有残缺的瓮城东、西城垣，厚约 17 米，两垣相距 78.5 米。元朝皇帝去上都要经过此门，其与北上大道相接。从健德门向西 2150 米为大都西北角楼。

（二）皇城

《经世大典》称皇城为"外周垣"，《故宫遗录》则称之"萧墙"，"俗呼红门拦马墙"。皇城包围着宫城、御苑、太液池、隆福宫和兴圣宫，是大都的宫苑区，也是元大都的第二层城圈。宫苑区是忽必烈旨定以琼华岛为中心进行规划的，是皇帝朝政和居住的地方，规划和兴建非常完美。太液池（今北海公园和中海）东岸建宫城，西岸之南（今中海西侧）建隆福宫，之北（今北海公园西岸）建兴圣宫，形成三宫鼎立，占据了大都中心最好的风景区。刘秉忠把宫苑区放在大都城中心偏南位置，符合"前朝后市"规制。

经考古勘测，皇城东西长 2400 米，南北宽 1880 米，周长 8560 米，平面呈长方形。皇城北垣在今地安门南东西一线，东垣在今北河沿北口至南口西侧一线，西垣在今西黄城根街，南垣在今东华门、西华门大街以南，

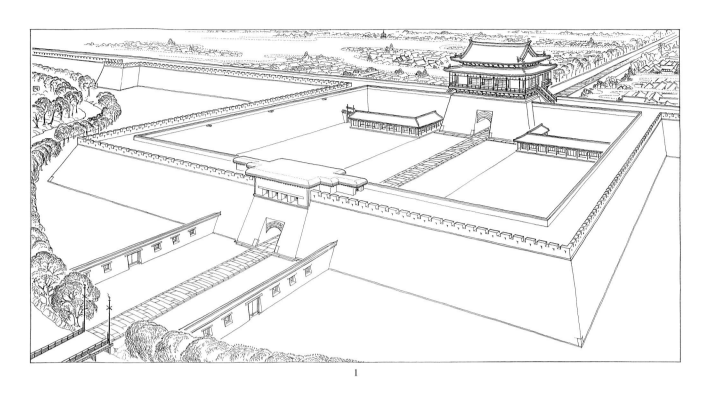

1

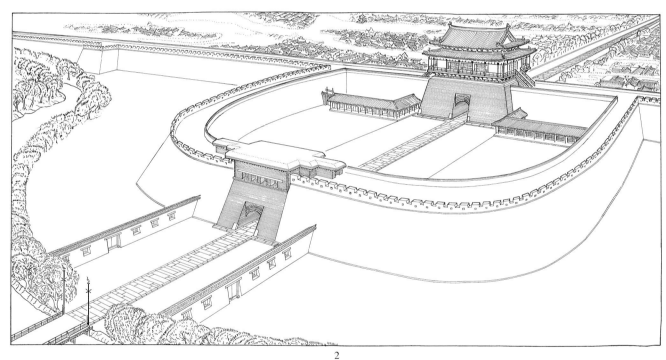

2

图 6-2　元大都和义门瓮城外观复原鸟瞰图
1. 傅熹年绘（瓮城为方形）　2. 蒋忠义改绘（瓮城为半圆形）

南墙正中的灵星门在今故宫午门附近，灵星门内的周桥即故宫内的金水桥。皇城城垣已不存，只残存墙基，墙基（地表以下）是由一层夯土、一层碎砖屑相间夯筑，厚约 3 米，皇城城垣是用砖垒砌。

（三）宫城

宫城偏在皇城的东部。《经世大典》记载："宫城周回九里三十步，东西四百八十步，南北六百一五步，高三十五尺，砖甃。"

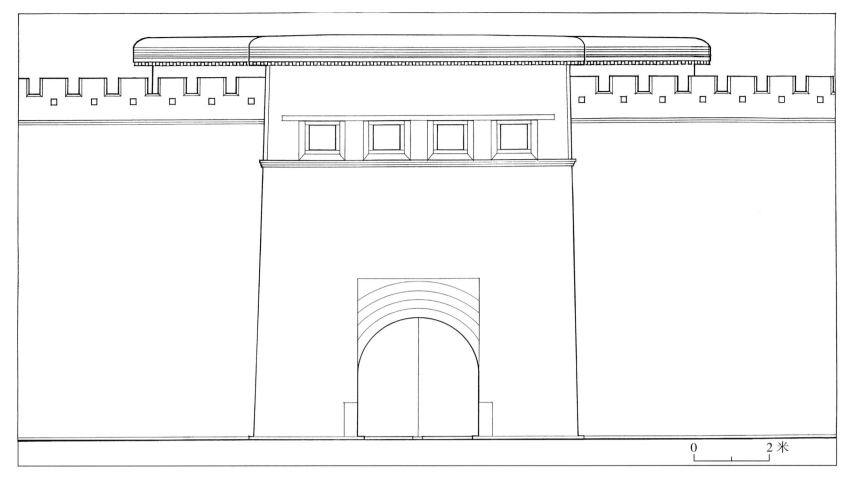

0　　　2 米

图 6 – 3　元大都和义门瓮城箭楼西立面图

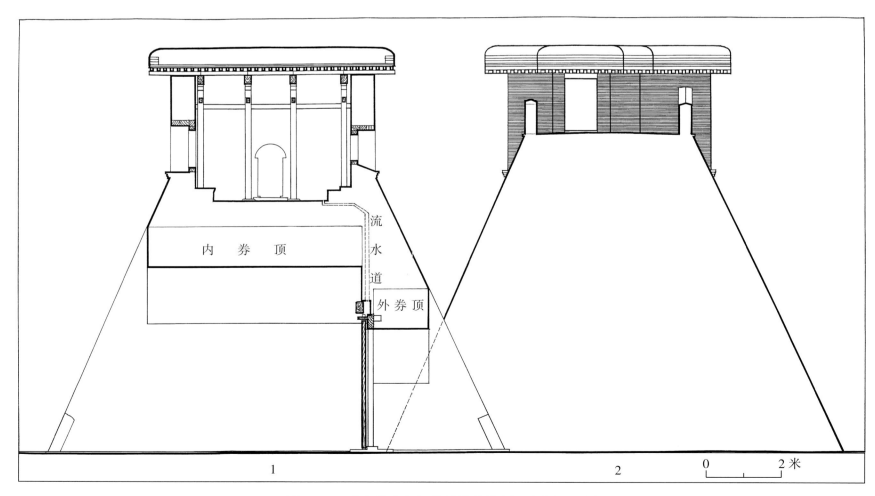

内　券　顶

流
水
道

外　券　顶

1　　　　　　　　　　　　　　　　2　　　0　　　2 米

图 6 – 4　元大都和义门瓮城箭楼横剖面和侧立面图
1. 横剖面图　2. 侧立面图

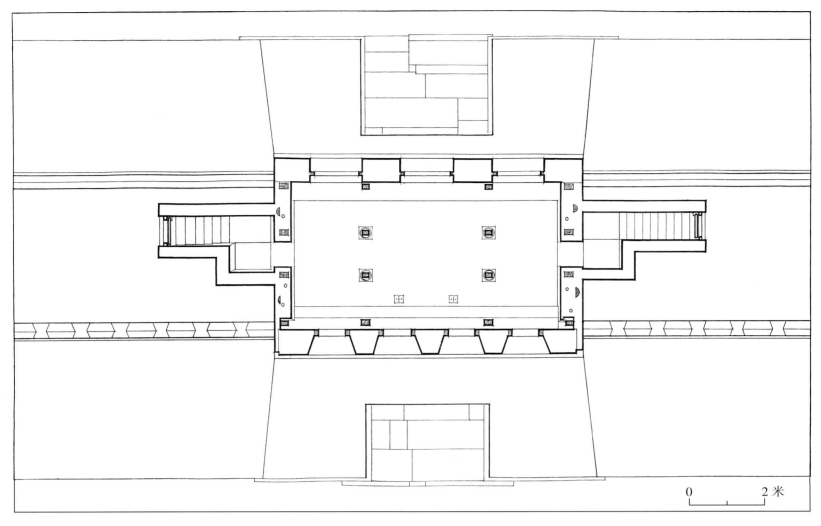

图 6 - 5　元大都和义门瓮城箭楼平面图

考古勘探出的宫城平面呈南北向的长方形。经实测，宫城南北长 1012 米，东西宽 790 米，周长 3604 米，与文献记载基本相同。宫城南垣在今故宫太和殿东西一线上，太和殿台基应是元宫城南门崇天门遗址。北垣在今景山公园寿皇殿前的东西一线，城垣已拆毁，但宫城北门厚载门遗址尚存。厚载门遗址下的台基东西长 37.90 米，南北残宽 14.50 米。宫城东、西两垣与今故宫的东、西垣重叠，宫城墙基由于明代的拆除改建，保存不好，墙基保存最宽处超过 16 米。对于元大都的宫城平面和宫城内的宫殿建筑，我国著名古建筑专家傅熹年先生曾做过详细的复原和研究①。元大都大内的宫殿建筑延续了宋金宫城建制布局。元大都大内建筑分前后两部分，前朝部分为"大内前位"，主殿为大明殿，后宫部分为"大内后位"，其主殿为延春阁，大明殿建筑略大于延春阁（图 6 - 6）。两组宫殿建筑平面都呈"工"字形，每组都有前、后殿，之间有穿廊。前后两组建筑之间有东西向道路，与宫城的东华门、西华门相通。大明殿正前方为宫城的正南门崇天门，向北通过大明殿、延春阁与宫城北门厚载门连通，这是宫城的中轴线，也是元大都的中轴线。宫城北面有与宫城等宽的御苑。宫城西侧为西苑，是在金代大宁离宫的基础上扩建的，包括太液池西岸的隆福宫和兴圣宫。元大都皇家宫苑占据了全城最大的水面和美丽的风景区。

（四）元大都的中轴线

中国古代都城规划设计中轴线是从 3 世纪初曹魏邺北城开始的，此后便出现了城市中轴线的概念。宋代之

---

① 傅熹年：《元大都大内宫殿的复原研究》，见《傅熹年建筑史论文选》，百花文艺出版社，2009 年。

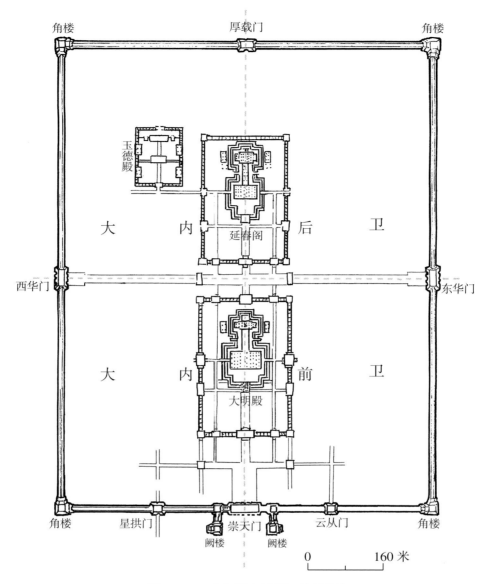

图 6 - 6　元大都宫城平面复原图
（根据傅熹年复原图描绘）

后的都城中，贯穿全城中央的中轴线必须通过宫城前朝正殿的御座，这是都城规划设计中象征皇权的准则。

　　元大都的中轴线充分体现了以皇权为中心的政治色彩。大都的中轴线（参见图 1 - 2）南起外城中心的丽正门，向北穿千步廊至皇城的灵星门，过周桥，至宫城正南中心的崇天门，经前朝的大明殿、后宫的延春阁，北出宫城的厚载门和皇城的厚载红门，向北过万宁桥（海子桥），直抵大天寿万宁寺的中心阁（今鼓楼）。这条中轴线也是明清北京城的中轴线，不同的是中轴线北端的终点为钟鼓楼。这是明永乐十八年（1420 年）修筑北京城时的事情。

　　关于元大都中轴线的位置，原来认为是以北京内城的旧鼓楼大街为准。1957 年，清华大学建筑系赵正之教授提出元大都中轴线即明清北京城的中轴线，相沿未变。1964 年，元大都考古队勘探了大都的中轴线，勘探结果否定了以旧鼓楼大街为元大都中轴线的传统推测，并证明了赵正之教授提出的明清北京城中轴线与元大都中轴线一致的说法。特别是近年在清理地安门桥，即元大都的万宁桥（海子桥）时，在其东侧北岸发现了元代的岸边石刻水兽（图 6 - 7），其底座上刻有"至正四年（1344 年）九月"纪年，这是元大都城中轴线历明清而不变的确证。

图 6 - 7　元大都万宁桥（海子桥）东侧北岸石刻水兽

（五）元大都的街道和胡同

　　元大都街道规划的很整齐。意大利人马可·波罗当时旅居到这里，曾盛赞大都的街道"规划有如棋盘，其美善之极，未可言宣"[1]。这是符合实际情况的。赵正之教授考证明清北京内城时，提出东、西长安街以北的街道布局是元大都街道布局的延续[2]。1964 年元大都考古队勘探大都城内街道，证明城内街道分布的基本形式是包括顺城街在内共有纵横街道各九条，与《考工记》所载"九经九纬"的国都级标准一致。在南北街道两侧，等距离地平列着许多东西向胡同。胡同的分布规律可从东、西城垣的两门之间看出，如东城垣光熙门至北顺城街之间（相当于两个城门南北间距）考古钻探出 22 条胡同（参见图 1 - 2），今北京内城朝阳门（元称齐化门）至东直门（元称崇仁门）之间也是排列 22 条胡同（参见图 1 - 2），每条胡同的南北间距约 50 步（80 米左右），可见这个距离的尺度是元大都规划城市设计的基本模数。这个发现，使我们确认今北京内城的许多胡同仍然保留着元大都胡同布局的痕迹。

　　记载元大都的文献《析津志》在"街制"中云："自南以至于北谓之经，自东至西谓之纬。大街二十四步阔，小街十二步阔，三百八十四火巷，二十九衖通。"大街应是与城门相通连的街，宽 24 步，元代一步约 1.58 米，故大街宽约 37 米。考古钻探出的大街一般宽约 25 米，加上路两侧排水沟及沟旁小路，总宽约 37 米（参见图 2 - 2 - 1），与文献记载相符。12 步宽的小街（约 18 米宽）应是两条大街之间的街，如大都城东南角至文明门之间、文明门至丽正门之间、崇仁门至光熙门之间都有一条小街，也是城内的经纬路。"三百八十四火弄"是指胡同，一般宽 6 步，约合 9 米（考古钻探出的胡同最窄的 6 米，最宽的 10 ~ 12 米，一般为 7 ~ 9 米）。东、西城垣的两门之间均规划有 22 条胡同（包括 1 条小街），街道胡同布局形式已被考古钻探所证实。

　　上述街道形式是在唐代的坊制崩坏以后出现的新形式，更是宋以后城市街道发展的结果。元大都街道是我国封建社会晚期都城最成功而合理的布局，它促进了城市经济发展，便利了城内交通，特别是解决了城市两大灾害，即防火（元代称火巷）和水害（排泄雨水）问题。分布在胡同内的民宅院落都是方整统一，每座院落皆坐北朝南，

①　冯承钧译：《马可波罗行记》中册，中华书局，1955 年，第 339 页。
②　赵正之：《元大都平面规划复原的研究》，见《科技史文集（第 2 辑）》，上海科技出版社，1979 年。

以北为正房，门窗皆面南，冬天背风向阳，采光明亮，居住舒适。胡同东西两端与街道相通，出入方便，居住在胡同中可以闹中取静。七百多年前的元大都街制布局一直延续到今天，证明这个街道布局是合理的，它能适应当今现代化城市的交通需要，是中国城市规划中十分珍贵的遗产，也是北京胡同文化底蕴的根源。

（六）元大都内各类建置的规划

街道是一个城市的骨架，但还要考虑各类建置的布局和占地面积，特别是大型建筑的方位，丰富这个城市内容，使其面貌职能重现，才能反映出其政治经济全貌。

中国古代城市规划发展到元代已渐臻成熟。城市规划的制度必须遵照当时统治者的意图。中国古代等级制度十分严格，元代也不例外，元政府在建大都之始便规定了不同阶层的民居和不同级别的衙署、坛庙和寺观的占地面积。元大都平民占地面积最高额为八亩，赀高者（即富人）和职位高者可以突破八亩的面积，但必须经过政府批准（见《元史》卷十三《本纪第十三·世组十》）。根据史料和考古调查发现，元大都大型建筑占地面积[①]可分为表 6 – 1 所列数等：

表 6 – 1　元大都大型建筑占地面积等级

建置名称	占地面积
宫城（大内）	615 步×480 步（971.7 米×758.4 米）
隆福宫、兴圣宫（不包括前苑）	250 步×200 步，相当 5 条×4 条胡同（395 米×316 米）
太庙、社稷坛	250 步×200 步，相当 5 条×4 条胡同（395 米×316 米）
中书省、枢密院、太史院（皆从一品）	250 步×200 步，相当 5 条×4 条胡同（395 米×316 米）
大都路总督府、太史院（皆从二品）	200 步×150 步，相当 4 条×3 条胡同（316 米×237 米）
孔庙、国子监	200 步×150 步，相当 4 条×3 条胡同（316 米×237 米）
白塔寺（万安寺）、崇国寺	150 步×100 步，相当 3 条×2 条胡同（237 米×158 米）

从表 6 – 1 可以看出，占地面积最大的是皇帝的宫城（大内），其次是太子居住的隆福宫、兴圣宫及左祖（太庙）、右社（社稷坛）和从一品的官署。官品越低，占地面积长、宽要减少一条胡同（50 步）。寺观和仓库的占地面积则视具体情况而定，如纵向不突破两条胡同之间（50 步）的距离，则可横向发展，但在胡同内的南北纵深只有 44 步（69.52 米），大约是三进院落的长度。据此可以在今北京内城胡同内找出原大型建筑的方位，因为这些大型建筑南北纵深都突破了两条胡同，在一条条的胡同群中就会出现横断胡同的长方形"框子"，在北京 20 世纪 50 年代以前的老地图上很容易看出这些"框子"（图 6 – 8），根据文献记载和"框子"大小，可以复原一些大型建置方位[②]。

一般每户民居的占地面积，南北纵深不突破两条胡同之间 50 步的距离，实际南北长最大只有 44 步（去掉一条胡同 6 步宽），约 69.52 米；宽度一般为长度的三分之一，即 20 余米。如发掘的雍和宫后居住遗址，现存宽度 22 米，有北房三间和东、西厢房各三间（南房三间已被破坏），院中有"十"字形露道，院的四角有拐角院墙围砌，是一座典型的四合院（图 6 – 9）。从出土遗物看，这户人家与内府有关。建筑遗迹仅存住宅的后面，

①　元大都规划中的基本丈量单位是步，5 尺为 1 步，元 1 尺折合 0.316 米，1 步等于 1.58 米，50 步等于 79 米，为一条胡同南北尺寸。如宫城南北 615 步、东西 480 步，其面积为 971.1 米×758.4 米。又如太史院长 200 步、宽 150 步（文献记载太史院"垣纵二百步武，横减四分之一"），也就是长为 4 条胡同、宽为 3 条胡同。以此为准，按官品高低，可以恢复一些建置。

②　徐苹芳：《元大都中书省址考》，《中国文化研究所学报》新第 6 期，1997 年；《元大都枢密院址考》，见《庆祝苏秉琦考古五十五年论文集》，文物出版社，1989 年；《元大都御史台址考》，见《中国考古学论——中国社会科学院考古研究所建所 40 年纪念》，科学出版社，1993 年；《元大都太史院址考》，见《宿白先生八秩华诞纪念文集》，文物出版社，2002 年；《元大都路总管府址考》，见《饶宗颐学术讨论会论文集》，香港翰墨轩出版有限公司，1997 年。

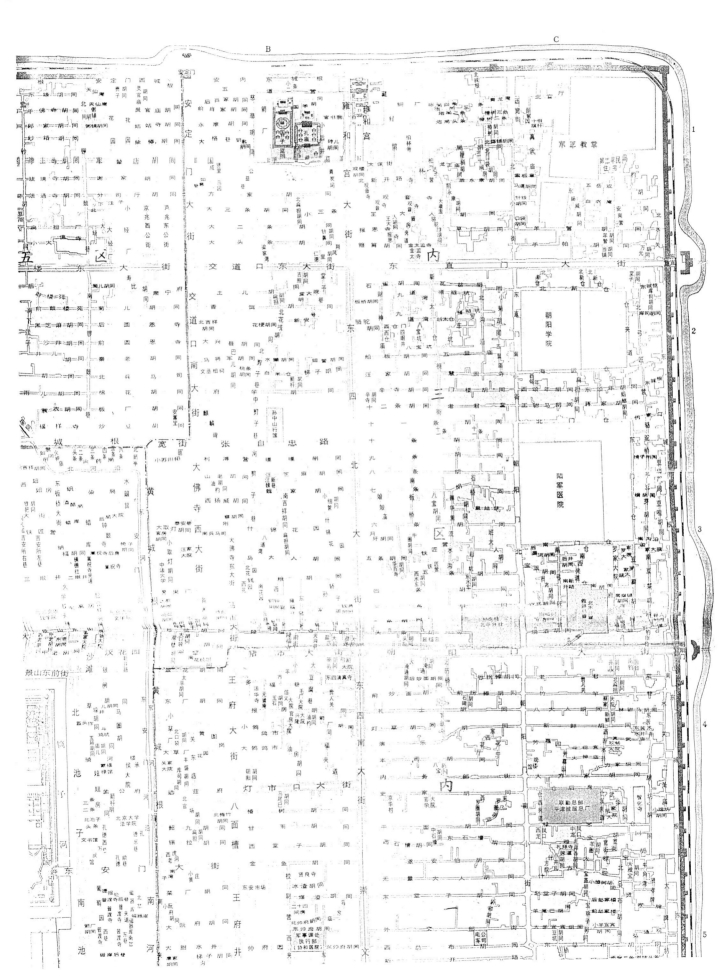

图 6 - 8　元大都街道胡同和大建置遗痕图（1947 年）

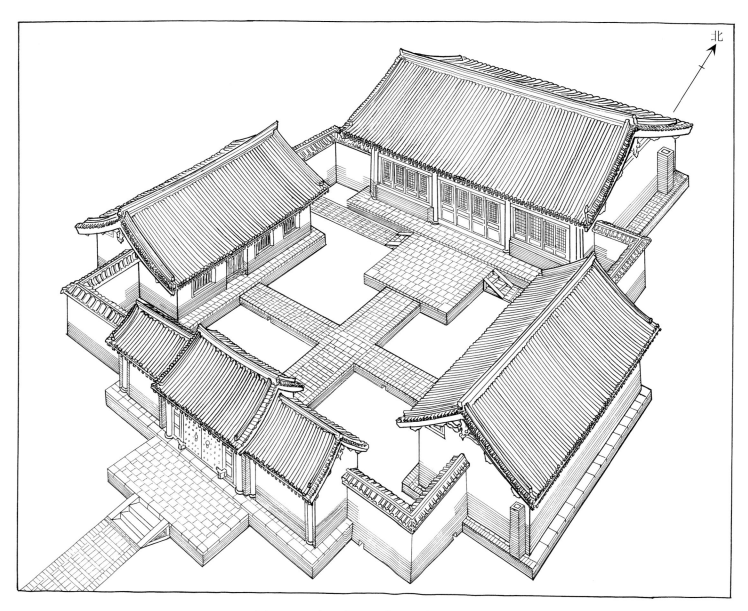

图 6 – 9 雍和宫后居住遗址外观复原图

其前面应有宅院的主体建筑，即南北应有三进院落，由于前面已超出明城墙范围，遗迹均遭破坏。比雍和宫后居住遗迹还富有的上等人家，住宅如需要占地面积更大就只能横向发展。如发掘的后英房居住遗迹，东西向横排三座院，当中为主院，两侧分列西院和东院，由东院至西院宽达 80 米（现存宽度），超出了南北进深的长度。以发掘遗迹的现象分析，后英房居住遗址的主院在整个住宅的中部偏后，前（南）面还有院落，后面则已靠近海子南岸，可能有后园设置，无疑是一户富有的大户人家住宅（图 6 – 10）。

除上等大户住宅外，还有中、下等人家住宅。首先介绍一下这些住宅的位置。这些中、下等居住遗迹，位于大都城内崇仁门至和义门大街以北的第 11 条胡同以北、第 12 条胡同以南的东西一线上（在光熙门与崇仁门之间的小街南侧）。明洪武元年（1368 年）八月，明大将徐达攻下大都城，因大都城太大，不易防守，遂用一个月时间于上述东西一线修筑明北平府的北城墙，割弃大都城北部三分之一的面积。因筑城时间有限，下达命令凡阻止拆屋筑城者一律以军法从事，所以居民搬家仓促。从考古发掘遗址现象分析，几乎是把居民驱逐出住宅之后便拆毁房屋，门窗木料和未搬走的生活用具，统统堆放在城墙中埋土夯筑。因而明代北城墙下有大量的元代民居建筑和品种丰富的生活用具。这些遗迹的具体位置是在第 11 条胡同北面的后侧、第 12 条胡同的南侧，所以都是住宅后面的建筑遗迹。如发掘的安定门煤厂居住遗址、德胜门东居住遗址、西绦胡同一号和二号遗址。

可以德胜门东居住遗址为例看看这类中等人家的住宅形式（图 6 – 11）。这类住宅都位于胡同南侧，住宅皆

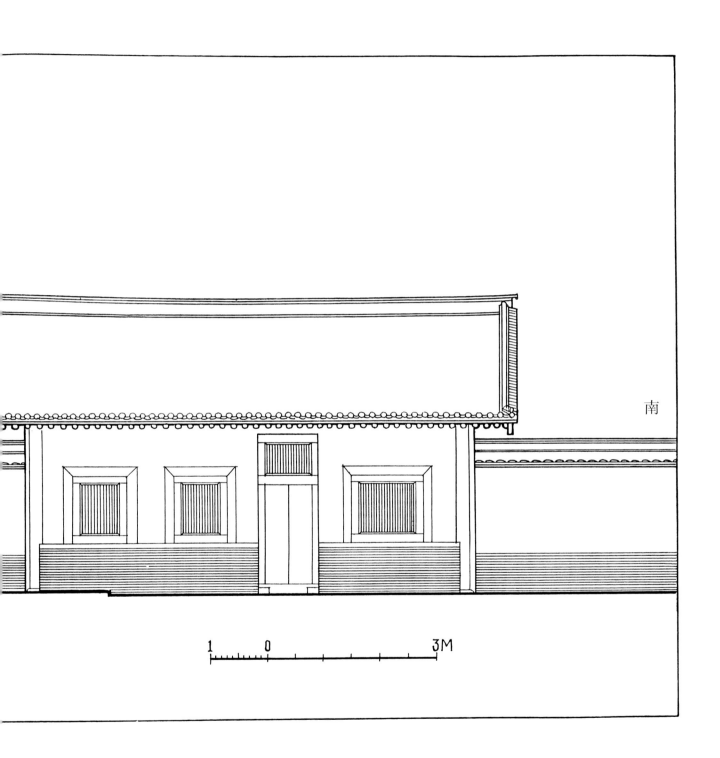

南

1   0   3M

图 6 - 9（附图 1） 雍和宫后居住遗址外观复原鸟瞰图

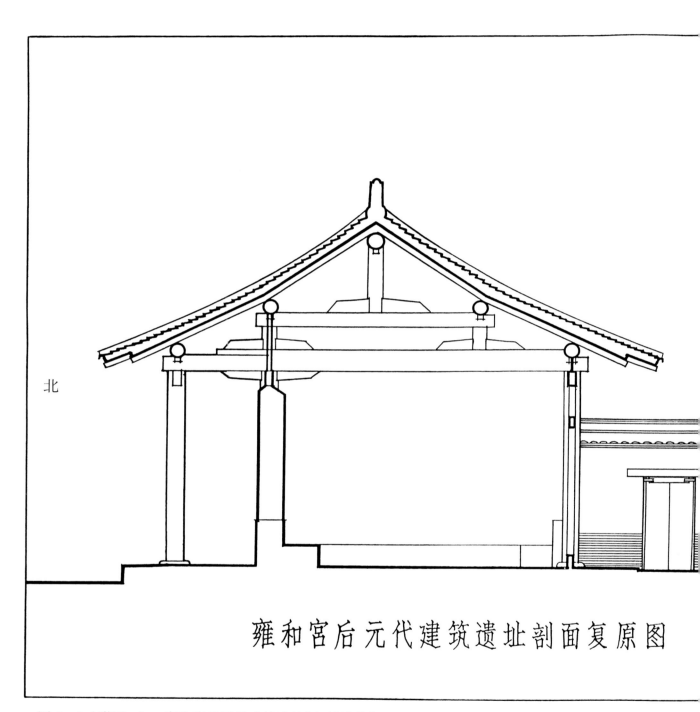

北

雍和宫后元代建筑遗址剖面复原图

图 6 – 9（附图 2） 雍和宫后元代建筑遗址剖面复原图

图 6 - 10　后英房居住遗址外观复原鸟瞰图

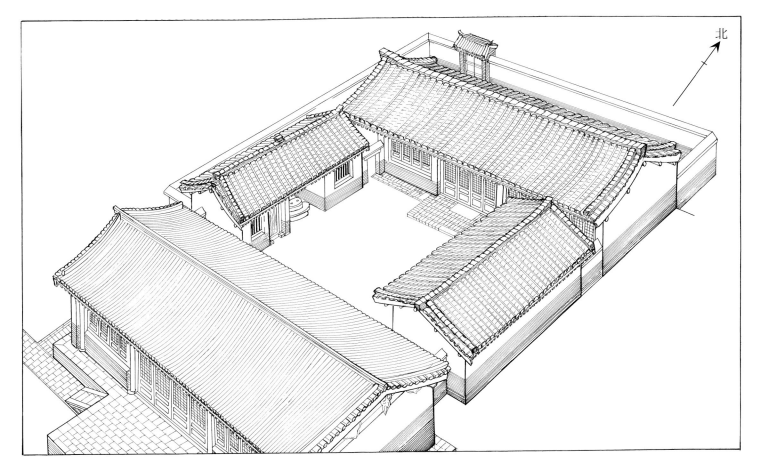

图 6 - 11　德胜门东居住遗址倒座门三合院外观复原图

坐南朝北。院内一般有五间北房和东、西厢房各三间，无南房，南面是另一家宅院的北房，建筑的房屋较高大，这种布局称为"倒座门三合院"。德胜门东居住遗址这处三合院东西宽 20 米左右，南北进深 20 余米，在三合院的南面应还有两座院落，因超出城墙范围均无保留。三合院实际是前面二进院落的"后罩房"。以德胜门东居住遗址出土遗迹遗物看，有石臼、石碾和磨房，很可能是加工粮食的小作坊。以北房和东、西厢房都有炕和灶台分析，这不是一户人家，最少为三户人家，应是大都城内中等偏下阶层的居民。

下等居民的住宅遗址以西绦胡同二号遗址为代表（图 6 - 12）。这处遗址也位于胡同南侧。遗址东西长 36 米，南北宽 19 米，东、西、北三面有围墙，在围墙内用碎砖建有低矮房屋 20 间。从每户一灶看，20 间共居住 11 户人家，基本上一户有两间房，但有三户每户仅有一间房，房内主要有炕、灶和炉子，基本达到能休息睡觉和烧火做饭的条件，正如过去老北京极穷的人家所说的"一间房子半间炕"。这就是元大都下等阶层居民住宅的情况，一〇六中学居住遗址也是如此。一家人居住两间房的建筑也经过规划，前后有两排东西向房，每户住在前后相对的排房中，当中为一方形小院，院与院之间砌有隔墙，形成前后连通、左右隔断的长条形二合院形式。

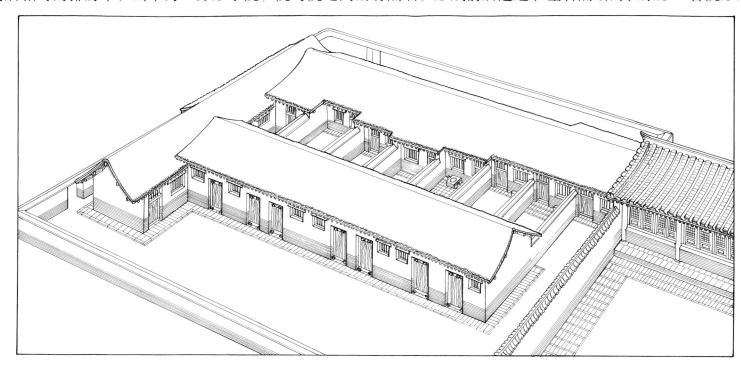

图 6 - 12　西绦胡同二号遗址东部居住遗址二合院及群居大杂院外观复原图

（七）元大都城内的水系

给（上）水是城市建设中的头等大事。北京自古以来便是一个缺水的城市，对于元大都的给水问题，北京大学教授侯仁之老先生曾做过充分的论证和研究。大都城给水系统有两条：一条是专供宫廷的用水系统，即金水河、太液池水系。这条水系从和义门南侧城墙下的水门入城，分两支进入太液池，然后从崇天门前过周桥，注入通惠河。另一条是漕运水系，亦即高梁河、积水潭（海子）和通惠河水系。高梁河从和义门北的城墙下入城，汇为积水潭，横贯大都城的西部、中部，然后向东南流经万宁桥（澄清闸，即今地安门桥），沿元代皇城东侧（今北京内城的南、北河沿）出大都南垣水门（今北京内城的御河桥北口，即今正义路北口），向东流经通州入北运河。元大都的给水系统是由元代科学家郭守敬设计的，他在严重缺水的情况下，经过精密勘查，汇集元大都西北郊的滴滴泉水注入都城之内。1293 年（元至元三十年），通惠河水运工程完工，供应元大都的运粮船顺利地停泊在积水潭（海子）中，积水潭北岸亦形成了以钟鼓楼和斜街一带为中心的商业街。

上述两条水系中的通惠河（漕运）遗迹是比较清楚的，如今地面上还保留有许多河道遗迹。但是金水河系统入城的所在及流经之处，一直是不清楚的。元大都考古队以考古勘探的方式把金水河流向这个疑难问题解决了。金水河从西直门（即和义门）南水关入城，经柳巷入沟沿，转南至前后泥洼巷至甘石桥，过西单北大街到灵境胡同，河道分为两支，北支绕毛家湾入北海；南支直接入中海，经元代宫城前向东入通惠河。明初对元大都进行改造采取"弃北拓南"规划，修筑北城墙和拆毁元宫城后，上述两条水系都遭到了破坏。明永乐时期建新都北京时废弃了通惠河的漕运水系，把西北郊的水源自德胜门水关引入城内，绕开积水潭（明代已废为稻田），直接注入太液池作为宫廷用水。

城市排水（主要为雨水）也是个大问题。元大都城在建设伊始就规划了排水系统，全城分七条泄水渠。街道两旁设有排水沟，大都城城墙下设有水涵洞。如在东城垣崇仁门至光熙门之间，西城垣的肃清门北和北城垣健德门西的城墙下，发现了砖石结构的排水涵洞，这三处涵洞都是在筑城墙前预先构造的。北城墙西段的水涵洞保存较完整（参见图版3－2－11~3－2－14）。涵洞顶为砖砌券顶，券顶下的两侧涵洞壁（即金刚墙）全部用条石垒砌，洞底地基满打木桩——"地钉"，其上横铺"衬石枋"，然后用石板平铺洞底，用白灰膏勾缝并手打"铁锭"，涵洞中部铺设断面呈菱形的竖直铁栅栏一排，可防人由涵洞出入，又不阻挡大水流通。涵洞做法与《营造法式》中"卷輂水窗"的做法相同。在涵洞北出口的东侧砖垛下平铺的青石板上刻有题记，共两行字："至元五年二月　日丨石匠作头"（参见图版3－2－14：2）。

在大都城内主干大街旁发现有排水渠。如在今地坛公园北门处，考古钻探文明门大街时（这条南北街宽25米），发现街两旁有排水明沟，沟宽2.5、深1.4米。又如在今西四北大街的地下发现排水沟，是用条石砌筑的明沟，沟宽1、深1.65米，在通过平则门（今阜成门）内大街时，沟口顶部覆盖条石。沟内石壁上发现一处当时石匠刻凿的字迹："致和元年丨五月日丨石匠刘三"（图6－13）。

图6－13　元大都排水渠"致和元年"题记

第七章　元大都的民居建筑

元代大都的民居建筑研究是依据元大都考古发掘的资料，从民居住宅遗址平面、建筑技术、建筑材料、内外檐装修、室内取暖设备和院内排水设施等方面，研究元大都民居特点。

一　住宅平面

元大都的民居都分布在胡同内，住宅平面与大都城平面一样，都是方形的，正如当时旅居在大都的意大利人马可·波罗所记，"全城中划地为方形，划线整齐，建筑房舍。每方足以建筑大屋，连同庭院园囿而有余"[①]。他所记的是部落首领和官员的大型住宅，如考古发掘的后英房居住遗址就是这类住宅。这类大型民房住宅是比较少的，大部分还是中等、中下等和下等的居民住宅，但这些住宅平面也是方形的。可见大都城内各类建筑，包括宫殿、衙署、坛庙、寺观、仓库和民居都有一定规划。如元大都民居占地面积一般不得超过八亩[②]，其中南北长度不超过两条胡同之间的距离，即50步（79米）。八亩是规划民居的模数，实际民居住宅的南北进深只有44步（去掉一条胡同宽6步），约合70米，南北只有三进院落，每座院南北长20多米。住宅宽度以面阔三至五间计算，约20米。因此每座院落的平面均应是方形的。

我们此次发掘的元大都民居遗址，均位于大都城内中部偏北的东西向一条直线上，即明清北京城的北城墙下，相当于元大都崇仁门至和义门大街以北第12胡同的南侧。共发掘9处居民住宅的后部，住宅后面有一条东西向胡同，大约在明清北京城北城墙与护城河之间（上述第12条胡同），住宅前面也应有一条胡同，即相当元代的崇仁门大街至和义门大街以北的第11胡同，因超出城墙范围均未保存。考古发掘的德胜门东居住遗址、安定门煤厂居住遗址和西绦胡同二号遗址，都是住宅院落的后部，坐落在胡同南侧，临胡同街道的墙壁（院墙或是临街房屋的后檐墙）都开有院门，即临街门，从住宅院可直通胡同街道，出入很方便。这种开放式的街道胡同环绕住宅，是大都城规划的典型特点，与马可·波罗对大都建筑房舍的生动描写完全相同。如今北京内城胡同与四合院的民居建筑形式，应是元大都居民宅院的遗痕。

宅院平面建筑上也突出了规整划一的特点。房屋建筑庄重，院落严整，每座院落均方方正正，与大都城的形制协调统一。如保存较好的后英房、雍和宫后居住遗址，宅院皆呈南北向，方正的院内建有四合房屋，以北屋为正房，每面的房屋间距较大，互不遮挡。庭院位于中心，很宽敞，中心建有整齐的"十"字形露道，正房当心间前设置月台，两侧砌踏道，围绕四周房屋砌拐角院墙，形成封闭式院落。这种住宅是北方城市典型的民

<hr>

① 冯承钧译：《马可波罗行记》中册，中华书局，1955年，第338、339页。
② 《元史》卷十三《本纪第十三·世祖十》：至元二十二年（1285年）二月，"诏旧城居民之迁京城者，以赀高及居职者为先，仍定制以地八亩为一分；其或地八亩及力不能作室者，皆不得冒据，听民作室。"

居形式，住宅既背风又向阳，具有冬暖夏凉的特点。四合院的住宅建筑都很讲究，建筑技术及建筑用材质量很高，一般房屋下均筑台基，隔减墙采用磨砖对缝法砌，墙壁厚实，木架用材也粗大，额枋皆彩画，从外观看都是整齐的青砖质瓦房。稍差一些的住宅，如德胜门东居住遗址为三合院，院内只建有正房和东、西厢房，屋下不设台基，院内不砌高露道，隔减墙用条砖平铺错缝砌，建筑质量较粗糙，但住宅平面还是方整的。更差一些的住宅，如西绦胡同二号遗址，建筑简陋，房屋低矮，全为平地起建，灰屋顶，碎砖头砌墙，一家基本住一间或两间房，但住宅平面还是规整的长方形。

按住宅大小和建筑质量，元大都民居可分为大型、中型、小型住宅三类。

（一）大型住宅

以后英房居住遗址为代表（图7-1；参见图6-10），遗址东西宽已突破89米，南北残长约30米。从元大都民居占地南北不突破两条胡同分析，后英房住宅南北进深最多为50步，为70余米，只能建二至三进院。大户人家住房不够，所以只能在两条胡同之间向东西发展以扩大居住面积。所以后英房居住遗址东西向很宽，我们发掘的是住宅的主院、东院和西院。从建筑规模推知，后英房居住遗址平面应呈东西向的长方形，其主院与前院的建筑居中，且在一条南北轴线上，两侧分列东院和西院。每座院内有不同的建筑组合，如主院及两侧的东、西院，院内建筑格局各不相同。主院以南的前院已被破坏，主院以北可能有后园一类的布置，再北已接近

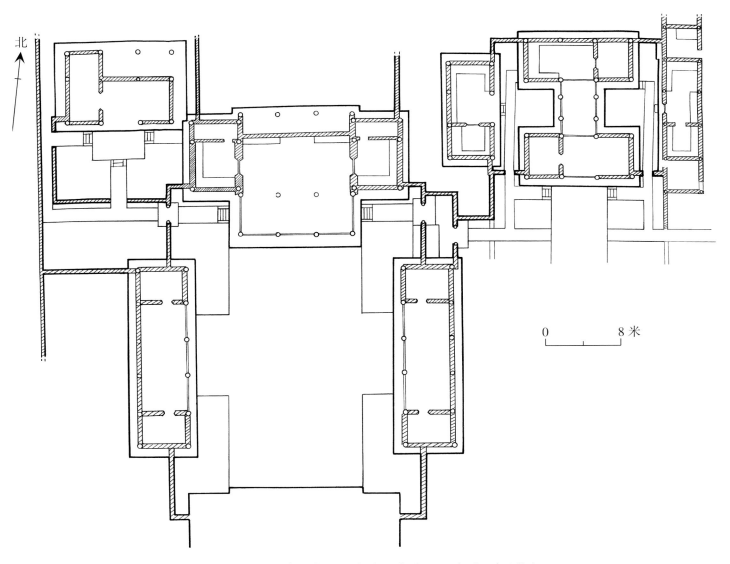

图7-1　后英房居住遗址主院、东院和西院平面复原图

大都城内的海子南岸边，不可能有建筑物了。而现存遗址南北长约 30 米，只占两条胡同间距的少一半，据此推测，后英房居住遗址可复原成前院、主院、后园及两侧的多座东、西跨院，通过角门和露道连通各院。

1. 主院布局

主院呈方形，院内北面正中是由三间正房及东、西两挟屋（耳房）组成的五间北房，正房前出轩、后出廊各三间，北房建在一座平面呈"凸"字形的砖构台基上。院子的两侧建东、西厢房，从残存的台基看，厢房面阔应为五间，不出廊厦结构。南房已被破坏，其面阔可能与北房相同。东、西厢房与南房也建在砖筑的长方形台基上，但台基略矮于正房台基。东、西厢房的前檐墙与正房东、西挟屋的山墙在南北向的一条直线上，所以庭院很宽敞。院中心筑有宽大的"十"字形高露道，是通往各屋的主通道，也是室外活动的场地。高露道略低于厢房台基 4 厘米。高露道北端的东西两角上放置一对狮子角石。四面房屋的四角处围砌拐角院墙，使主院成为封闭式院落。在东北与西北的拐角围墙上各辟一角门，通往东、西跨院。因主院台基与露道高出地面 0.8 米，所以正房前轩台基下的东西两侧砌有踏道，踏道下铺设矮露道，通往东、西两角门（图 7-2）。

从主院布局及建筑考究分析，其无疑是住宅中的最大院落。正房前出轩、后出廊，前轩与三间正房连通，是住宅主人宴请、会客的大厅正堂（图 7-3）。厅堂两侧的东、西挟屋为主人休息的书斋，所以挟屋中出土有紫色端石抄手砚，一副红、白两色的玛瑙围棋子，穿孔石斧，仿古铜鼎，古贝以及古象牙化石等文玩用品。这组北房建筑保存完好，为我们研究元代官僚的社会生活以及宋元建筑发展史提供了珍贵的实物资料。

2. 东院布局

东院位于主院东侧偏北，与西院左右对称，但比西院规模大。东院是一座以"工"字形平面建筑为主的独立院落（图 7-4）。东院有北房和南房各三间，南、北房之间由三间柱廊相连接（图 7-5），组成"工"字形。房屋下面的砖筑台基平面也呈"工"字形。"工"字形建筑的左右两侧建东、西厢房各三间，厢房也建在较矮的台基上。在北房与东、西厢房的北端之间砌围墙把院北端封闭，相对应的南端也砌围墙把院南面封闭，但南面东西两侧的围墙上均辟一角门。东、西厢房前铺砌南北向矮露道，露道北端砌有踏道，并与北房台基连接，露道南端分别通向东、西两角门。南房南面可能建有月台，月台两侧及南面筑有踏道和露道，月台前的露道向西通往主院东角门，向南可能通向前院东侧的中跨院。

从东院位置看，其属后宅建筑，为主人内宅居住区，东院的屋内都有火炕设置。东厢房的南北两端有后接建的房屋，后接建的房屋与三间东厢房不相通，建筑质量也粗糙，可能是内宅佣人居住的房屋。工字形建筑是自宋以来出现的建筑平面，至元代已很流行，配上东、西厢房所形成的平面布局，更具有元代建筑特点。

3. 西院布局

西院位于主院西侧偏北，与主院紧紧相连。西院以西有一排东房，从建筑质量看比后英房居住遗址粗糙，这排东房应与西院无关。在主院西厢房后面的西北角柱至上述一排东房后檐墙之间砌有一条东西向围墙，把西院南面封闭，这样西院往南、往西均已无发展余地，所以西院规模很小。

西院内仅于北面建三间正房，为两明一暗，西为暗间，明间后出廊两间。三间正房下为砖筑台基，当心间前建方形月台，月台前的两角上摆放有狮子角石，月台的东西两侧及正面的台基下各砌一踏道，踏道下皆铺露道，南面露道往南通向院门，东侧露道东端抵主院北房台基下，西侧露道往西通向西角门。院门和角门的两侧砌围墙，南围墙向东与主院西角门北侧围墙相接、向西与西院西角门的南北向围墙相交，这样西院可复原为一个独立小院（图 7-6）。西院门外铺有东西向露道，向东与主院西角门相通。值得注意的是，西院台基的东南角与主院大台基的西北角互相错入，都缺少角石部分，西院月台的东侧露道只起对称的装饰作用，西院与主院

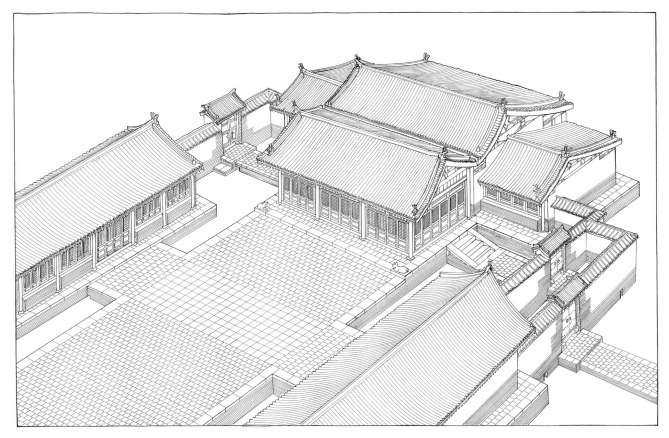

图 7 - 2　后英房居住遗址主院建筑外观复原图

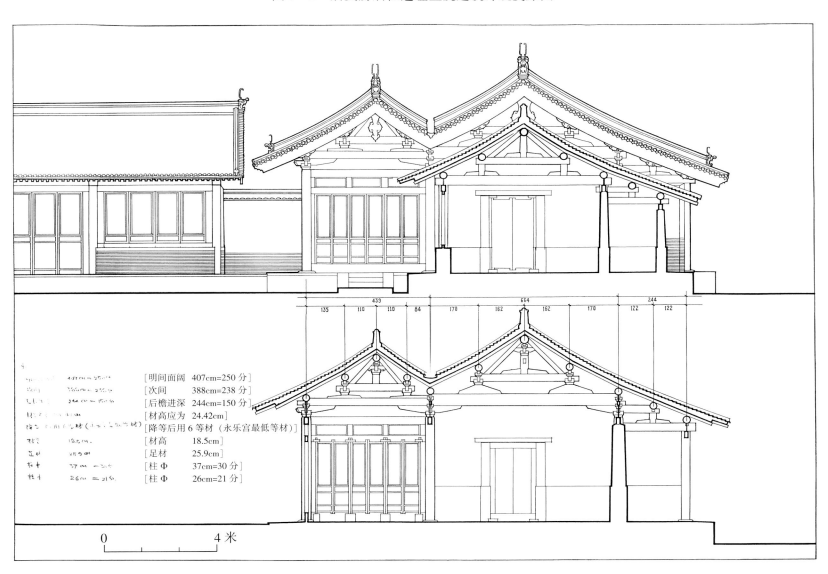

[明间面阔　407cm=250 分]
[次间　　　388cm=238 分]
[后檐进深　244cm=150 分]
[材高应为　24.42cm]
[降等后用 6 等材（永乐宫最低等材）]
[材高　　18.5cm]
[足材　　25.9cm]
[柱 Φ　37cm=30 分]
[柱 Φ　26cm=21 分]

0　　　　　　4 米

图 7 - 3　后英房居住遗址主院正厅剖面复原图

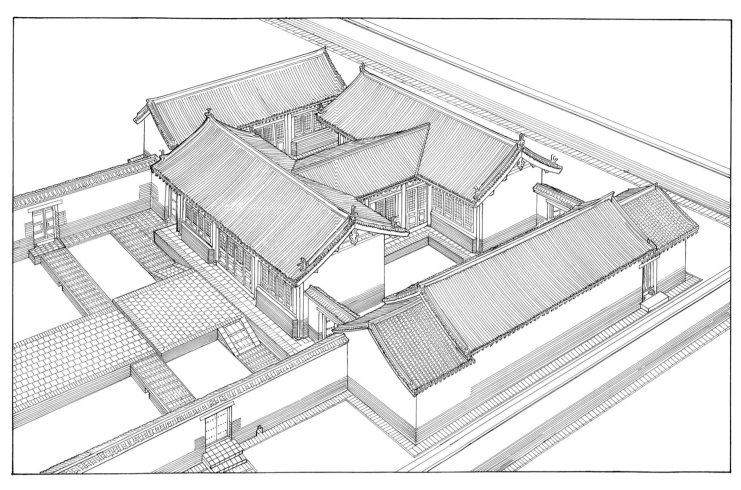

图 7 - 4　后英房居住遗址东院外观复原图

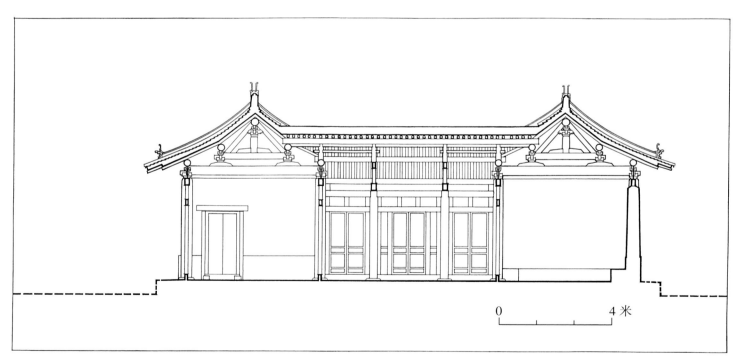

0　　　　　　4 米

图 7 - 5　后英房居住遗址东院"工"字厅剖面复原图

之间无围墙相隔，主院北房的西山墙与主院西北的拐角院墙即是西院与主院的分界。这种平面拥挤、布局不合理的现象，应是因为西院面积狭小而造成的。

　　西院平面布局简单，但其北房的建筑形式是元大都富有人家居住遗址中常见的一种形式，如雍和宫后居住遗址、雍和宫东居住遗址及西绦胡同一号遗址的北房建筑都是这种形式。尤其月台前摆放狮子角石的做法，是元代建筑特有的风格。

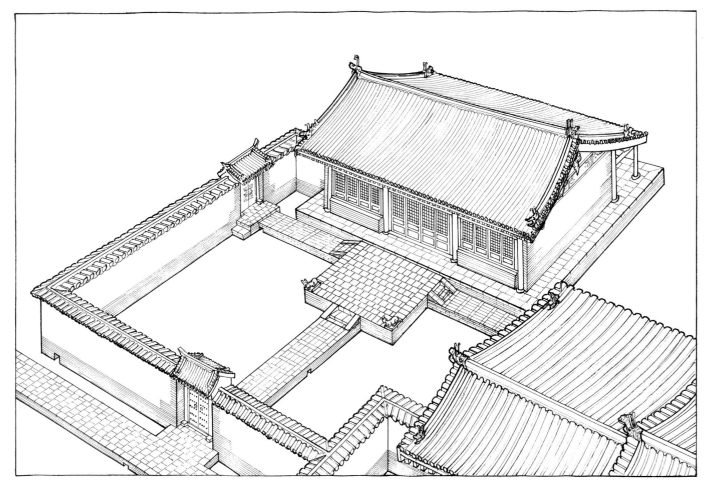

图 7-6 后英房居住遗址西院外观复原图

（二）中型住宅

中型住宅遗址发掘的较多，从平面布局看可分为以下三类：

1. 四合院

以雍和宫后居住遗址为代表。院子长、宽皆 16 米，呈方形，于北面建正房三间，两侧建东、西厢房各两间，南房已被破坏，推测南房面阔也应为三间，如加上房屋面积，雍和宫后居住遗址南北残长 23 米（不包括南房面积），东西宽 21.5 米（图 7-7；参见图 6-9）。三间北房建在砖筑台基上，为两明一暗开间，西侧间为暗间。两明间后各出廊一间；暗间后不出廊，而把后檐墙推出与廊檐相齐。东、西厢房也建在较矮的砖筑台基上。四面房屋的四角围砌拐角院墙，形成封闭式的四合院。在东北与西北的拐角院墙上辟有东西对称的小角门。庭院宽敞，中心铺砌"十"字形高露道，并与四面房屋连接。正房当心间前设置方形月台，月台略低于正房台基，与东、西厢房的台基高相同。月台东西两侧台基下砌砖构踏道，踏道下铺砌矮露道，两侧露道分别通向东、西小角门。

雍和宫后居住遗址与后英房居住遗址主院的平面基本相同。雍和宫后居住遗址比后英房居住遗址主院的规模小，北房只有三间，无东、西挟屋和前轩，房后也只出两间廊。这种规模较小的北房建筑形式，以及庭院内"十"字形露道、月台、踏道和角门的设置，代表了元大都中型住宅四合院的平面布局，如雍和宫东居住遗址和西绦胡同一号遗址中的北房都是这种形式。

从雍和宫后居住遗址屋内炕、灶的设置形式分析，北房屋内只有炕不见灶，是住宅主人的居室，东屋内既有炕也有灶，可能是厨房兼一般居室，从这点看，此处应为一户中上等人家居住的宅院。另外，1952 年拆明代城墙修筑雍和宫豁口时，曾在豁口处的城墙内发现一块"王德常去思碑"。石碑立于南北向街道的东侧，其位置

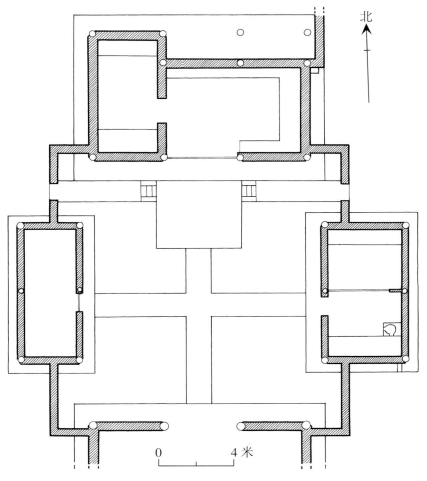

图 7 – 7　雍和宫后居住遗址四合院平面复原图

正好距雍和宫后居住遗址西侧 20 米，说明遗址西侧为大都城内一条南北向大街，向南为大都城的文明门。这条大街如今仍为北京城内南北向的主干路，即崇文门内大街向北直通北新桥至雍和宫的大街。

2．三合院

三合院的住宅遗址共发掘 3 处，应是中下等人家的住宅。从发掘的遗迹观察，这类住宅一般都建在东西向胡同的南侧，院门坐南朝北。住宅面积较小，从北端院门至院子南端，南北总长不超过 30 米。建筑质量比较粗糙（墙壁不见磨砖对缝砌法），房屋下无台基结构，一般为平地起建。庭院较小，院中心不设"十"字形露道。如德胜门东居住遗址，住宅平面呈方形，南北总长 21、东西宽 18 米（图 7 – 8；参见图 6 – 11）。前院内建五间北房，东西两侧配建三间厢房，北房东西两端的侧间被东、西厢房所遮挡。前院围墙是以三面房屋，即北房山墙与东、西厢房后檐墙相连接，围合成三合院。五间北房的后面，又用三面墙合围成一窄条形的小后院，并在北墙上辟一坐南朝北的院门。前院内铺"人"字形砖地面，北房当心间前建月台，月台东西两侧各砌一层砖台阶。前院与后院由北房最西端的一间门道屋相连通。再如安定门煤厂西部居住遗址，平面布局与德胜门东居住遗址基本相同，也分前院与后院，前为三合院，有北房五间和东、西厢房各三间（图 7 – 9）。五间北房后也有一窄长的小后院，但后院北侧还建有五间房屋，这五间房屋为临街房，代替了北侧的院墙，最西头一间为门道屋，狭小的后院内砌一小花坛。

从以上三合院住宅看，其布局简单而严谨，是适合小康人家的独门独院的居住形式，至今北京的一些胡同内还能见到此种院落。从发掘现象观察，三合院以南都有较高大讲究的房屋建筑，有可能为四合院的主院建筑。所以三合院原本是前面主院的后罩房，建筑质量较差，房屋低矮，后因种种原因，前后分隔居住。从四合院和三合院的南北总长度看，正好与元大都两条胡同的间距相等。

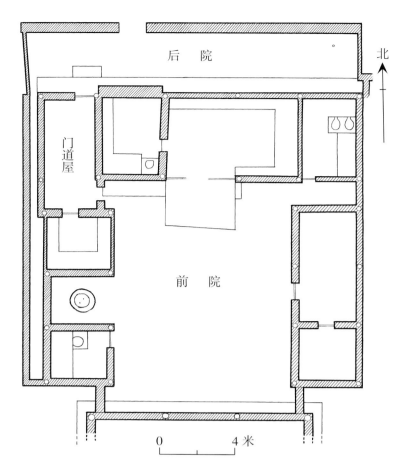

图 7 - 8　德胜门东居住遗址倒座门三合院平面复原图

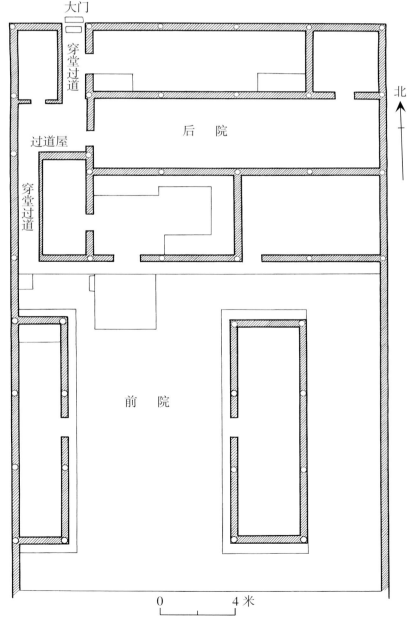

图 7 - 9　安定门煤厂西部居住遗址三合院平面复原图

3. 住宅与作坊

西绦胡同二号遗址西半部的遗存不同于住宅建筑。从发掘遗迹观察，它坐落在十字交叉路口的西南角，建筑平面呈方形，保存有六间北房和一座面阔三间、进深三间的大屋（图7-10）。六间北房（编号F21～F26）均建在胡同南侧，其中间（F23）是门道屋，北侧辟门，南面与大屋相通。门道屋的东邻间是火炉房（F22），南面不砌墙，也与大屋相通。其余四间（F21、F24～F26）为单间住房。面阔、进深各三间的大屋位于四间北房（F21～F24）南面，大屋的三间进深正好与四间北房的总面阔相等，并南北相对，间距仅有1.3米，在相对的山墙之间砌短墙连接组成一体。这一整体建筑内有作坊用的大火炉以及宽敞的大厂房，屋地面上出土有铁砧子，可能是个铁器作坊。厂房内全部用条砖墁地（参见图版4-8-1：1）。厂房西侧为一庭院，内铺设露道，可能是作坊主的宅院。

（三）小型住宅

1. 二合院

以西绦胡同二号遗址东半部遗存为代表。该遗址由一片很密集的小型房屋组成，房屋建筑简单，布局别致。这片房址位于十字交叉路口的东南角（图7-10）。

房屋四周围绕院墙，院门辟在西院墙偏南处。在院墙内东西长36.5、南北宽20米的范围内共建造20间房，其中16间分作南北相对的两排房，每排8间，每间面阔3.55、进深4.9米，并用隔墙间开。北面的一排房靠近北侧院墙。南面的一排房与北房相距3.8米。从房基柱础分布看，纵横成行，排列得很整齐。在相对的两排房的间柱之间皆砌南北向墙，把南、北两排房隔成八组南北相连通的长条形二合院形式，每组长条形二合院为一居住单元，每个单元内有南、北房各一间，当中夹一方形小院（参见图6-12）。南侧房内都隔有穿门过道，与前檐墙上辟的单元门相通。因住房有限，许多单元内的北房把前檐墙向外推出，与屋檐平齐（如F5、F7～F9），有的则在房后接出半间小屋（如F11、F15），形成里外间的筒形屋。这种长条形的二合院，是贫穷的小户人家的住宅形式，代表了元大都下层贫民的特有居住格局。

2. 单间群居院

西绦胡同二号遗址东部除以上八组长条形二合院的建筑外，在顺西侧院墙下还建有四间房，北端（西北角）的一间为方形大屋（F6），屋中设置有大磨台（参见图版4-8-7），是加工粮食的磨房。南面的三间（F1～F3）都是单间住房（图7-10）。

从西绦胡同二号这片小型居住遗址的建筑看，房屋都是平地起建，用碎砖头砌墙，从外观复原应是灰屋顶很简陋的低矮房子。屋内都砌有火炕、煤炉子或灶，以每家一灶计算，以上22间房，共住11户人家。"一间房子半间炕"，再放置一些生活用具和生产工具，使一间小小居室挤得满满堂堂（参见图版4-8-10：1）。屋外小院放置大的水缸和盛煤用的池子（参见图版4-8-12：1，4-8-15）。这些现象充分反映出，这片住房的主人是大都城内下层阶级的劳动人民，与上述大中型居住遗址相比有明显的贫富差别。

以上我们分析了元大都各类居住遗址，以及不同阶层人家的居住形式和条件。从建筑上分析，可看出元代建筑是继承宋辽并向明清过渡的一种建筑形式。如后英房居住遗址的平面布局仍沿袭宋辽时代的建筑平面，主要建筑居中且在一条南北轴线上，两侧对称分列其他建筑，每座院内有不同的建筑组合（如东院的"工"字形建筑，西院的北房建筑）。单体建筑平面也如此，如后英房居住遗址主院的北房，前出轩，后出廊，两侧立挟屋，是宋辽以来很流行的建筑布局，大同辽华严寺薄伽教藏殿天宫楼阁的五间正殿就是这种形式。在宋代的绘画中也有

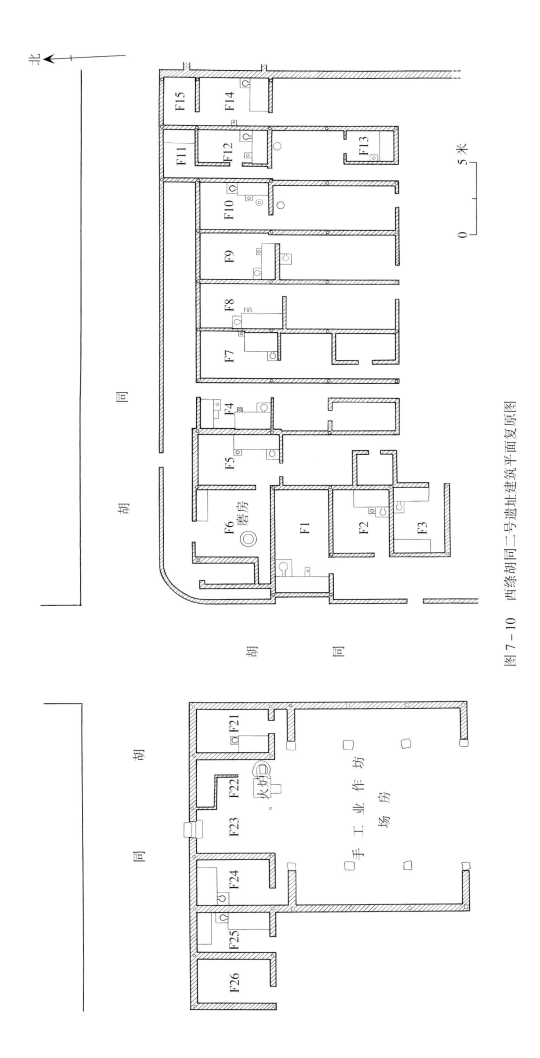

图 7 - 10　西绦胡同二号遗址建筑平面复原图

这种式样的宫殿。《南村辍耕录》"宫阙制度"条中,记大都城大内中的很多宫殿都有前后轩结构,如"文思殿在大明寝殿东,三间,前后轩……紫檀殿在大明寝殿西,制度如文思……慈福殿又曰东暖殿,在寝殿东,三间,前后轩……明仁殿又曰西暖殿,在寝殿西,制度如慈福"等近十处。可见出前后轩是当时很盛行的一种建筑形式。后英房居住遗址主院的北房将后轩变为简单的后廊,比宫廷建筑要简单多了。到明清时期,这种建筑布局仍在应用,如颐和园的乐寿堂、北海的漪澜堂皆是,有的则将后廊推出变为后厦。

从后英房居住遗址主院和雍和宫后居住遗址的平面分析,这类院中心筑"十"字形高露道,四面房屋四角处用拐角围墙连接的封闭院,是大都城内很盛行的住宅平面。发展到明清时代,北京城这类住宅省去高露道,以抄手游廊代替拐角围墙,成为典型的四合院。我国北方的一些民居,至今还保留有元代建筑遗风。如吉林市的满族民居,庭院都很宽敞,院中心筑有"十"字形露道,房屋相交的四角砌拐角(风差)墙,拐角墙上也辟有东西对称的小角门(图7-11)。

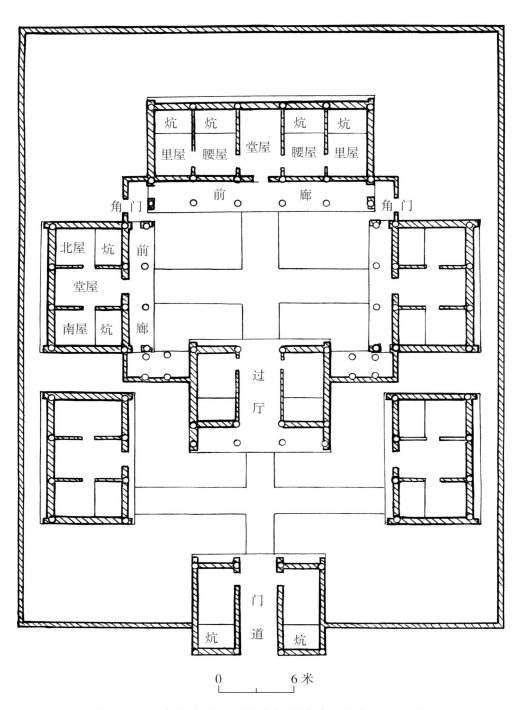

图7-11 吉林市通天区通吉胡同满族民居住宅平面图

后英房居住遗址东院的"工"字形平面，早在北宋时就已流行。宋代第宅按中国封建传统，基本把前后房屋分为堂和寝两部分，之间则常用廊屋相连成"工"字或"王"字形建筑平面。《石林燕语》中讲北宋洛阳宫中的文德殿在大庆、紫宸二殿之间，有柱廊连接，称作"过殿"；宋《景定建康志》的建康府廨阁和宋《平江图》碑中的平江府治中，就绘有这种"工"字或"王"字形的建筑。到元代，"工"字形的建筑平面上自宫廷、下到民居，是最流行的一种建筑形式，后英房居住遗址东院的"工"字形建筑就是元代民居的一个例证。在大都宫城内，"工"字形宫殿更加盛行，《南村辍耕录》"宫阙制度"条中就记载许多宫殿为"工"字形建筑，像重要的大明殿和延春阁等皆是，宫殿前部分为朝会场所，后面为寝室部分，中间用柱廊连接。在寺庙中也多见这种"工"字形建筑，如安平圣姑庙是元成宗大德十年（1306 年）建造的，大殿平面就呈"工"字形。现今北京朝外东岳庙的主殿，还保留着元代的"工"字形建筑平面。到明清时期，"工"字形建筑平面仍在应用，如故宫的奉先殿、毓庆宫、文华殿和武英殿等皆是。如果将柱廊去掉，后英房居住遗址东院就与北京的四合院非常相似了。

月台的设置和月台两角摆放狮子角石为元代建筑的特点，所以元大都城内出土很多狮子角石，与元代的建筑形式分不开。月台角上放置狮子角石的做法到明清时期就被淘汰了，但设置月台的遗风在我国北方一些少数民族（如满族）的建筑中还能见到，如沈阳故宫清宁宫前设有月台（图 7－12：1），吉林省永吉县乌拉镇的某些民居正房前筑有小月台（图 7－12：2）。据传说，设置月台是为祭祀而用。

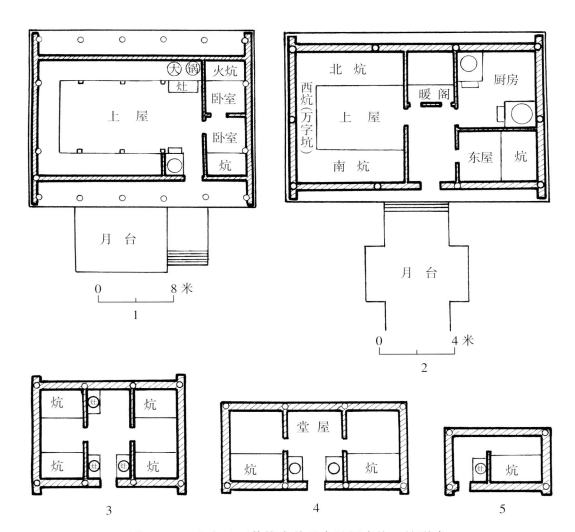

图 7－12　北方地区传统房前月台及屋内炕、灶形式
1. 沈阳故宫清宁宫前的月台及屋内的"凹"字形炕　2. 吉林省永吉县乌拉镇某宅房前月台及屋内的"凹"字形炕
3. 吉林省开通县某宅屋内的前、后檐炕及灶　4、5. 吉林省白城县某宅屋内前檐炕及灶

二　建筑结构

（一）台基、月台和柱础

1. 台基

台基是建筑物的基础部分，台基的使用不仅使建筑物显得高大庄重，而且还有增强地面防水和防潮的功能。"基础是直接承受建筑物上部荷重，并将其传递到地基上去的结构物，它属于建筑物的地下结构部分。基础的好坏，直接影响着建筑物的坚固，因此基础工程是建筑工程中的重要项目之一。"[①] 我国劳动人民很早就注意了建筑物的基础工程，远在原始社会时期，就在木柱和墙壁下采用挖槽填土夯实的办法来筑打基础[②]。到奴隶社会时期，就出现了整个基座用夯土筑打的办法，像二里头、郑州商城、盘龙城、安阳殷墟和岐山凤雏等处宫殿基础即是如此。随着建筑技术的不断提高和改进，筑基的办法也更多样和科学。元大都遗址的建筑遗存也充分证实了这点。

台基是元大都遗址中比较广泛应用的一种建筑结构。在中、上等住宅中，房子都是建在一个砖砌或砖石砌的台基上。台基的平面多呈长方形，个别也有呈"凸"字形或"工"字形的。如后英房居住遗址主院北房台基和东院"工"字形台基。台基一般都不很高，约在0.35米左右，最高的也不过0.85米，最矮的仅有0.16米。尽管台基的做法都是台壁用条砖围砌，台心用土填实夯筑，但因住宅主人身份和地位的差异，台基的做法也有所不同。从我们清理过的二十一座台基分析，做法基本有两种：

一种是住宅的主人身份比较高，属于中、上等人家住房的台基，做得都比较高大讲究。以后英房居住遗址主院北房台基为例，高0.85米。台壁用长30、宽15、厚5厘米的素面条砖单层或双层围砌，条砖都经过匠人精心打磨，砖面非常光滑平整。台壁向上略有收分，一般为1.5~2厘米，台壁上多刷一层白灰浆，用以保护台面。砌砖用较为讲究的白灰泥做黏合料，使砖砌得既坚固又美观。台边多用大型青条石压阑。宋《营造法式》卷三中关于压阑石规定："造压阑石之制，长三尺，广二尺，厚六寸。"后英房居住遗址主院北房台基压阑石一般长150、宽37、厚7~10厘米，与《营造法式》所定尺度近似。台的外角上放方砖代替角石，内角上侧用两块压阑砖抹角砌出角线。台面用方砖以磨砖对缝法铺墁。即先将砖面打磨光滑平整，再蘸水将方砖四个侧面磨成向内收的斜面，下棱收入约1厘米，然后以白灰泥垫底，使砖面严丝合缝不露砖缝，既美观整齐，又坚固平稳。《营造法式》卷十五"铺地面"条记有："用方砖，先以两砖面相合，磨令平，次研四边，以曲尺较令方正，其四侧研令下棱收入一分。"后英房居住遗址主院北房铺地砖的做法正与上述记载相吻合，说明元代建筑还在依照《营造法式》的规定施工建造。

另一种是住宅的主人身份一般，或虽系中、上等人家但属于次要建筑或下人住房的台基，比之前者就不那么高大讲究。台壁的砌法从简和无一定规律。如西绦胡同一号遗址东房台基高仅0.22米，单层条砖围砌，条砖未经匠人打磨，砌砖亦未使用磨砖对缝法，所用黏合料也只是极普通的掺灰泥，因此台壁外观就不如前者整齐美观。台边均未放压阑石或压阑砖。西绦胡同三号居住遗址北房台基的台壁更砌成露龈砌。宋《营造法式》卷三"造殿阶基"规定："其叠涩，每层露棱五寸。"如将宋尺折合公制计算，该台基每层露棱仅2厘米，小于

① 中国科学院自然科学史研究所：《中国古代建筑技术史》，第五章《木结构建筑技术》，科学出版社，1985年，第160页。
② 中国科学院考古研究所、陕西省西安半坡博物馆：《西安半坡》，文物出版社，1963年；北京大学考古实习队：《洛阳王湾遗址发掘简报》，《考古》1961年第4期。

《营造法式》规定尺度。

在元大都遗址中，最简单的台基莫过于后英房居住遗址西侧院落的东房台基，高仅 0.16 米，丁砌陡砖一层，为象征性台基。

两种台基规格和做法的不同，反映了住房主人身份的高低差异。至于贫苦人家的住房，如西绦胡同二号遗址和一〇六中学居住遗址住房，则连低矮简陋的台基都没有，房子都是平地起建，贫富之别由此可见一斑。

除台壁、台边和台面的做法不同外，台心的做法也有所区别。

矮台基的台心多用黄土填实，当接近台面时再用夯锤打坚实。这是元大都遗址中最多见的一种做法。

高台基因比前者略高，为了保证基础的坚固，台心多用土和碎砖瓦分层夯筑。做法又有如下几种：

（1）砖、土混层夯筑

这种做法见于后英房居住遗址主院北房台基。台心分五层填土夯筑，自下而上，最底层铺碎砖瓦及褐色渣土，厚 20 厘米；第二层为碎砖瓦，厚 5 厘米；第三层为黏土，厚 20 厘米；第四层为碎砖瓦，厚 10 厘米；最上层为黄土，厚 25 厘米（参见图 4-1-3）。夯层明显，夯筑坚实紧密。

（2）砖、土分层夯筑

这种做法见于后英房居住遗址东院北房台基。自下而上，先是一层碎砖一层夯土，每层 7 厘米；又一层碎砖一层夯土，每层各厚 9 厘米；又一层 10 厘米厚碎砖、13 厘米厚的夯土；再一层 7 厘米厚的碎砖、13 厘米厚的夯土；最上是一层 7 厘米厚的碎砖、5 厘米厚的夯土至台面（参见图 4-1-12）。夯层清晰坚实。

（3）砖、土混合分层夯筑

这种做法只见于西绦胡同一号遗址北房台基。台心用黄土夹碎砖瓦填实夯筑，共分四层，每层厚约 20 厘米。

矮台基台心的做法是建筑上称之为夯土基础的做法，但又与之有别。我国早在奴隶社会就出现了用夯土筑打整个基础的技术，如河南偃师二里头商代早期宫殿等，至战国、秦汉仍在大量使用，直至隋唐。现在我国有些地区还一直沿用这种做法。按《中国古代建筑技术史》所述，夯土基础的做法是 "先在预定的建筑房屋的基址范围内，挖去表土至一定深度，再用土分层回填，用石夯或木夯筑打坚固，土内不用任何掺合物"。元大都遗址中矮台基的基础做法大致就属于这种，但因这种台基比较低矮，一般高度只在 0.40 米左右，因此没有必要采用分层夯筑，而是用一次填实夯筑而成。

高台基中砖、土分层夯筑台心的做法是建筑上称之为瓦渣基础的做法。它最迟到唐代中期开始代替单纯用黄土夯实的基础，其强度较之夯土基础增高。所谓瓦渣基础，是用碎砖瓦石片与黄土隔层夯筑而成。宋《营造法式》卷三 "筑基" 条对这种基础的做法做了详细介绍："筑基之制，每方一尺，用土二担；隔层用碎砖瓦及石札等，亦二担。每次布土厚五寸，先打六杵，次打四杵，次打两杵，以上并各打平土头，然后碎用杵辗蹑令平；再攒杵扇扑，重细辗蹑，每布土厚五寸，筑实厚三寸。每布碎砖瓦及石扎等厚三寸，筑实厚一寸五分。" 元大都遗址中高台基砖、土分层夯筑的做法正是依照宋制修建的，每层厚度也与《营造法式》规定大体相似。像河北正定宋代隆兴寺转轮殿的基础[1]和山西芮城建于元代的永乐宫三座主要大殿的基础[2]都是这种做法的典型实例。《营造法式》卷三 "筑基" 条中还规定："凡开基址，需相视地脉虚实，其深不过一丈，浅止于五尺或四尺，并用碎砖瓦石札等，每土三分内添碎砖瓦一分。" 这是一种土内掺碎砖瓦不分层的做法。像山西五台县唐南

① 梁思成：《正定调查纪略》，《中国营造学社汇刊》第 4 卷第 2 期，1933 年。
② 杜仙洲：《永乐宫的建筑》，《文物》1963 年第 8 期。

禅寺大殿基础的做法就近似于此。元大都遗址中高台基砖、土混合分层夯筑台心的做法，虽亦属于土内掺碎砖瓦夯筑而成，但它采用了分层做法，这又与《营造法式》中所规定的不同。

为了减少雨水对台基的侵害，有利于对基础的保护，在靠近台壁的四周都做有排泄雨水的散水。散水通常用砖或碎砖屑砌成。做法是从外墙脚向外做成一定的坡度，使外墙根不至于有积水而影响基础。宋《营造法式》"铺地面"条中称："其阶外散水，量檐上滴水远近铺砌，向外侧砖砌线道二周。"像西绦胡同一号遗址北房台基后散水和桦皮厂居住遗址北房前侧东端散水等，做法都与《营造法式》规定的相同。

2. 月台

在中、上等住宅主要建筑的台基前，都砌有宽敞的月台作为屋前活动的场地。这种门前筑有月台的做法，是元大都遗址在建筑上的又一特点。月台多为长方形，均为砖筑，高低尺寸各有差异。其中最高大的月台是后英房居住遗址西院北房月台，最矮小的月台是德胜门东居住遗址西房月台，它们的砌法大体相同。如后英房居住遗址主院北房月台，四壁是用长 30、宽 15、厚 5 厘米的条砖围砌，台壁向上内收 4 厘米，台心填土，台面用方砖东西成行错缝铺墁，台边用青条石压阑，台角东西抹 45 度角拼接，台前两侧摆放方形雕狮角石。

除此之外，有些月台的台面是用条砖铺墁。做法有砌成"人"字形的，如安定门煤厂遗址西部居住遗地前院北房月台和西绦胡同三号居住遗址北房月台；还有砌成丁顺相间者，如德胜门东居住遗址北房月台。

台边除用青石压阑者外，还有用大型条砖或普通条砖压阑者。外角也有用 60 厘米见方的素角石或边长为 33 厘米的方砖压角者，如雍和宫后居住遗址北房月台和安定门煤厂西部居住遗地前院北房月台。

3. 柱础

元大都居住遗址中普遍使用柱础，这些柱础多为素面，青石质，按其功能的不同可分为三种：第一种是明柱柱础，在方石上刻出低矮的覆盆，不加任何雕饰，有的盆面上还留有"十"字形墨线，作为立柱时位置的标线。由于住宅规格的不同，柱础大小差异较大，如后英房居住遗址主院北房柱础，础基长 80、宽 72、厚 15 厘米，盆径 60、唇厚 5 厘米。西绦胡同一号遗址北房柱础，础基长 50、宽 47、厚 7 厘米，盆径 40、唇厚 5 厘米。个别柱础的盆面仅阴刻线条一周为饰。第二种是暗柱柱础，由于是被包在墙壁之中，故多用略加凿平的方石作础，不雕覆盆。第三种是后英房居住遗址东院柱廊的柱础，柱廊两侧不砌墙，下安木地栿，地栿上安装格子门，在木地栿之外的础石仍雕出半圆形覆盆，在地栿之内，也就是柱廊室内的础石则不雕覆盆，按地栿及柱径砍齐。

柱础下的地基一般都没有经过夯筑，仅后英房居住遗址主院北房和西院北房柱础下的地基经过夯筑，做法大体相同。如主院北房柱础基槽是在安放柱础之前，先在台基上挖 1.5～2 米见方、深 1.1 米左右的坑，坑底达生土，稍加平整后，用一层碎砖瓦（厚约 7 厘米）一层黄土（厚约 20 厘米）夯筑，共铺四层，夯窝直径 6 厘米，近台面时铺白灰渣土，厚 3 厘米，其上再安柱础石（参见图 4-1-3）。西院北房柱础基槽比前者为小，深仅 68 厘米，宽 100 厘米。自底向上只铺三层夯土，每层之间再夹一层碎砖瓦，每层厚 4～16 厘米不等。这种处理柱础基槽的做法，与宋《营造法式》中所规定的做法，以及与正定县隆兴寺转轮藏殿、芮城永乐宫三大殿等元代建筑的做法完全相同，是宋元以来普遍应用的做法。当然也有特殊做的，像上海元代真如寺正殿，就是用黄土和铁滓分层夯筑的①。

台基于古籍的均作"堂"，墨子谓"尧堂，高三尺，土阶三等"。所谓堂，就是宋称"阶基"，现称"台基"。从考古发掘材料看，最初的台基都是用素土分层夯筑而成，如安阳殷墟宗庙遗址、易县燕下都宫殿遗址和

①　上海市文物保管委员会：《上海市郊元代建筑真如寺正殿中发现的工匠墨笔字》，《文物》1966 年第 3 期。

西安汉未央宫前殿遗址等。以后渐次出现砖、石结构的台基。南北朝以后，由于佛教艺术的传入，又出现了须弥座。自商以来，台基就成了我国建筑上不可缺少的一个重要组成部分。迟至辽金时期，在台基前又出现了月台，它与台基连成一体，使建筑平面形成"凸"字形。

元大都居住遗址中，主要建筑物都普遍使用台基和月台，这也是辽金时代建筑上盛行的做法。如天津宝坻县广济寺辽三大士殿、山西大同华严寺辽薄伽教藏殿、辽宁义县奉国寺辽大雄宝殿[①]、山西大同善化寺金三圣殿和大同华严寺金大雄宝殿等，主要建筑物都是建于砖砌台基上，其前附有月台。这种建筑形式，在河南济源县大明寺中佛殿[②]、山西五台县广济寺大雄宝殿[③]、陕西韩城紫云观三清殿[④]和山西永济县永乐宫三清殿等元代建筑中更为多见。这种台基和月台的做法，在明清时期宫殿和寺庙的主要建筑中亦广为采用，不过建筑规模之高大宽阔，形式之多样讲究，都远远超过元代。

（二）墙

元大都遗址中的墙，可分为檐墙、山墙、室内隔墙和院中围墙或院墙四种。在我们清理的 11 处遗址中，墙的结构基本有两种，一是砖坯墙，二是砖墙。

1. 砖坯墙

砖坯墙是元大都遗址中最多见的一种形式。基本做法是：墙的下部，即隔减部分用长 30、宽 15、厚 5 厘米的素面条砖，上部用长条土坯或坯、砖合用，外抹麦秸泥和青、白灰泥垒砌而成。由于修筑明城墙时的破坏，这种墙除极少几处残留一段土坯墙外，大部分仅留隔减部分。

砖坯墙一般都不挖地基槽，而是平地起建。室内隔墙一般都比檐墙或山墙薄。同时，由于建筑规模不同，墙的厚度也有差异。如比较讲究的后英房居住遗址住房，墙的厚度多在 0.45 ~ 0.60 米，其他一般遗址住房，墙的厚度仅有 0.40 ~ 0.45 米。最薄的墙见于西绦胡同三号居住遗址住房，仅有 0.15 ~ 0.30 米厚。

隔减墙部分，多用条砖（个别用半头或整、半合用）平铺错缝顺砌里外墙皮，然后用碎砖瓦和土坯或黄土填馅（个别用半头砖平铺填馅）。仅有德胜门东居住遗址后院北围墙是先丁砌陡砖一层，再用整砖或半头砖平铺错缝顺砌里外墙皮。隔减的高度视住房规模而定。如后英房居住遗址东院西厢房南山墙的隔减高 0.62 米，主院西角门围墙的隔减高达 0.75 米。中等住宅雍和宫后居住遗址东厢房后檐墙隔减高为 0.45 米，西厢房隔减高仅 0.30 米。下等住宅一〇六中学居住遗址北房，隔减高仅四砖厚，约 0.20 米。

隔减墙用砖砌，也因住宅规模不同而有所区别。如中、上等宅院房子的墙，多是用磨砖对缝的方法砌成。即先将条砖两侧端砍成侧立斧刃状，刃部比另一边向内收 2 厘米，再将砖面上、下磨成凹面，将条砖侧面蘸水磨光打细，砌墙时将砖的大头朝外、小头朝内，两砖之间平面呈三角形的空隙处灌以白灰泥，使墙的外面两砖对缝密合不露灰缝，既美观又坚固，是一种比较讲究的做法。一般宅院房子的墙，如安定门煤厂、德胜门东和一〇六中学等几处居住遗址，砌墙均不用磨砖对缝法，仅用条砖或半头砖平铺错缝顺砌垒成，坚固起见，间或无规律地夹砌几块丁砖。

中、上等宅院砌墙时，多用白灰泥做黏合料，厚 0.3 ~ 0.5 厘米。一般宅院砌墙时，多用白灰与黄土掺和在一起的掺灰泥，用泥厚度一般为 0.5 ~ 0.8 厘米。

①　杜仙洲：《义县奉国寺大雄宝殿调查报告》，《文物》1961 年第 2 期。
②　杨焕成：《济源县发现一座元代建筑》，《文物》1965 年第 4 期。
③　祁英涛、杜仙洲、陈明达：《两年来山西省新发现的古建筑》，《文物参考资料》1954 年第 11 期。
④　何修龄：《韩城县所见的元代建筑及其基本特征》，《文物参考资料》1957 年第 11 期。

由于墙的里外皮都是独立垒砌互不交错相咬，为了防止两侧墙皮向外倾斜和便于淌水，隔减墙都砌成底大顶小，即有收分。如后英房居住遗址主院北房东挟屋隔墙，隔减高 0.555、底厚 0.42、顶厚 0.40 米，收分率为1.8%；东挟屋后东院墙，隔减高 0.66、底厚 0.56、顶厚 0.49 米，收分率为 2%。隔减墙前檐墙垒至窗台高时，最上一层砖的外沿压边起混或通混。

房的角柱多为半明柱，角柱两侧的墙，里外墙皮均使用抱柱条砖，即将条砖靠柱的一端斜向砍掉外角，使抱柱墙成为"八"字形，这样柱子就有三分之一露在墙外。角柱的做法一般有两种：一种是暗柱，即柱子砌在墙内，墙角砌成直角墙；另一种是半明柱。元大都遗址中的角柱多属于后者。这种做法在唐、辽建筑中多有使用，如山西五台山佛光寺大殿[①]、河北新城辽开善寺大殿[②]和辽宁义县辽奉国寺大雄宝殿等即是如此。至元代，仍继承唐、辽做法并广为应用，如北京护国寺元千佛殿、山西芮城元永乐宫三清殿和纯阳殿等，角柱都是采取这种做法。之后明清以至民国，一直沿用此法。

隔减以上用土坯或坯、砖合用垒墙。土坯墙比隔减墙薄，一般是每边各内收 2 厘米。有的比较讲究的墙，如后英房居住遗址东院西厢房南山墙，在隔减墙最上一层砖的外沿压边起混。这种做法比沿边内收起墙，从外观上看要更美观讲究，又利于流淌雨水。土坯墙外有的抹 1～2 厘米厚的白灰泥，如雍和宫后居住遗址北房和东、西厢房等。有的先抹一层黄土麦秸泥，再抹一层白灰或青灰，如德胜门东居住遗址中北房和后英房居住遗址主院西角门围墙等。无论什么形式的土坯墙，土坯都是陡砌，未见平砌者。土坯墙的砌法又可分为如下几种：

（1）外壁贴砖土坯墙

可分为两种类型。

一种类型的贴砖土坯墙见于雍和宫后居住遗址东厢房南山墙和一〇六中学居住遗址北房等。以前者南山墙为例，是在隔减墙之上先丁砌陡坯一层，其上外墙皮是上下两层四块顺砌陡坯，每两层顺砌陡坯之间夹砌立坯两块，里墙皮是上下两层六块顺砌陡坯，每两层顺砌陡坯之间夹砌立坯三块。里外墙皮立坯和陡坯都错缝垒砌。土坯墙的外壁，在土坯外贴错缝陡砖一层。

另一种类型的贴砖土坯墙见于雍和宫后居住遗址西厢房。在隔减墙之上，外墙皮顺砌陡坯两块，陡坯外侧再贴砌一顺斗砖一丁立砖为墙面，顺砌陡坯之间夹砌半块立坯，内墙皮是顺砌三块陡坯，陡坯之间夹砌三块半坯。里外墙皮立坯与陡坯都错缝相垒。

这种在坯外贴砖的做法，要比只是土坯抹灰的墙讲究好看，同时又可避免雨水冲刷土坯，有利于对墙面的保护，在建筑技术上讲，无疑是有其实用价值的。

（2）半砖半坯墙

半砖半坯墙仅见于西绦胡同二号遗址北房东山墙。在隔减墙之上，外墙皮顺砌双层陡砖，陡砖之间再夹砌半块丁砖，里墙皮立砌土坯，墙心用碎土坯和黄土填馅，每层均错缝垒砌。

（3）丁顺实心土坯墙

丁顺实心土坯墙只见于后英房居住遗址主院西角门围墙。这段围墙是元大都十几处居住遗址中保存最完整，砌法又别致讲究的一处。隔减墙之上，南侧平铺顺砌条砖六层，均用磨砖对缝的方法垒砌，最上一层砖和边立砌一砖均压边起混做成边框，其上和北侧再用土坯垒墙，土坯长 31、宽 16、厚 6 厘米，用顺丁交错法陡砌，即内侧砌陡坯一块，外侧丁砌陡坯五块，再一层顺丁相倒，层层垒砌。砖墙部分一律用白灰刷浆，土坯墙则先用

①　梁思成：《记五台山佛光寺的建筑》，《文物参考资料》1953 年第 5、6 期。
②　祁英涛：《河北省新城县开善寺大殿》，《文物参考资料》1957 年第 10 期。

黄土麦秸泥打底抹平，再抹很薄一层青灰皮压光。这是一堵底刷白浆，用磨砖对缝法砌隔减，上部为土坯心外抹青灰的围墙，类似明清时期的粉墙，是很富装饰性的一种墙壁。

（4）空心土坯墙

空心土坯墙见于后英房居住遗址主院北房后东侧院墙。在隔减墙之上，靠台基处先立砌一块陡砖压边起混作线，贴此再顺砌陡砖一块，然后用土坯垒墙。做法是一侧顺砌陡坯一块，另一侧自顺砌陡坯外端头起丁砌陡坯三块，它的里头紧贴顺砌陡坯内壁，这样丁顺坯相倒相咬，层层垒砌而成。在两组丁砌陡坯之间形成一段似斗状的空心。

2. 砖墙

砖墙在元大都遗址中并不多见，主要发现于西绦胡同一、二号遗址中，一般是室内隔墙或院中围墙。做法有如下几种形式。

（1）实心厚砖墙

实心厚砖墙只见于西绦胡同一号遗址的南房。它高大宽厚，结构特殊，是元大都遗址中的孤例。由于砖墙高大宽厚，为了避免因地基变化引起墙的变形或倾倒，故在砌墙之前先挖基槽，这在元大都遗址中也是不多见的一种做法。基槽呈长方形，底垫一层碎砖瓦和土，其上里外皮各丁砌陡砖一层，陡砖之间夹砌斜放陡砖填馅，然后起墙。砌墙所用黏合料为砂子灰。

据目前掌握的材料，我国早在战国时期就开始用黄土泥浆做砌墙的黏合料，直到宋元时期都还广泛使用，到宋代才较普遍使用白灰浆。明代开始，重要建筑已经完全使用白灰浆砌墙。至于使用砂子灰做砌墙黏合料的实例，过去还未曾发现。元大都遗址首次发现用砂子灰做砌墙的黏合料，为研究我国古代建筑技术史提供了十分重要的新资料。

该房四面墙都有明显的收分。这种使墙身上狭下宽的做法可能是受夯土墙式样的影响，同时也是解决建筑四周的墙因受斜风雨浸而影响室内湿度问题的一种好办法。《周礼·考工记》曾有"囷、窌、仓、城，逆墙六分"的记载，就是极有力的证据。宋《营造法式》中已对墙的收分比例做了明确的规定："筑墙之制，每墙厚三尺，则高九尺；其上斜收，比厚减半，若高增三尺，则厚加一尺；减亦如之。"即墙厚应为高的三分之一，顶厚为底厚的二分之一，依此计算，墙的收分约为墙高的12%。该房保存最好的东山墙，残顶厚0.70、底厚0.84米，顶厚不到底厚的二分之一。其他遗址中墙的收分比例亦如此。说明元代筑墙虽仍沿用宋制，但已不是严格按照宋制去做了。

（2）空心砖墙

空心砖墙见于西绦胡同二号遗址F1和F2之间的隔墙。该墙的隔减部分是用平铺顺砌两排三层条砖和丁砌一层陡砖垒成，隔减以上里外墙皮各顺砌一排陡砖，顺砌陡砖之间夹一块丁砌陡砖，这样墙心形成空槽状，槽上再平铺丁砌一层条砖，依次交替，层层垒砌。

（3）顺丁夹砌砖墙

砌法又可分为两种。

一种是在隔减墙之上，里外墙皮各顺砌陡砖一层，陡砖之间夹丁砌陡砖一块，其上再砌一层平铺顺砖，依次层层垒砌。为了使里外皮陡砖错缝，有一处丁砌陡砖两块。如西绦胡同一号遗址东北围墙。

另一种是在隔减墙之上，里外墙皮各顺砌陡砖两层，陡砖之间夹两层四块丁砌陡砖，其上再平铺顺砌条砖两层，依次层层错缝垒砌。如西绦胡同一号遗址东围墙。

（4）立丁合砌砖墙

这种形式的砖墙见于西绦胡同一号遗址西围墙。在隔减墙之上先丁砌陡砖一层，再平铺一层丁砖，依此交替垒砌。

（5）顺陡合砌砖墙

这种形式的砖墙仅见于安定门煤厂西部居住遗址前院北房西暗间西侧隔断墙。它的做法是一侧平铺错缝顺砌条砖三层，另一侧依顺砌条砖贴砌陡砖一层，其上依此砌法相互交错垒砌。此墙仅厚 0.22 米。

（6）单坯砖墙

单坯砖墙多见于下等宅院，如一〇六中学居住遗址北房后檐墙。或用于室内隔墙，如安定门煤厂西部居住遗址后院北房隔断墙北端。或房子扩建，墙向外推而从简垒砌，如西绦胡同二号遗址 F6 北壁。这种墙都砌得比较简单，一般都是平铺错缝顺砌单条砖，砌墙多用参灰泥作黏合料。

我国建筑物中用土坯砌的墙，最早是出现在龙山文化晚期遗址中，后来在商代又出现了夯土墙，如郑州商代城墙、登封告成王城岗商代城墙和藁城台西商代遗址住房等，这两种墙直到今天仍流行于广大农村。迟至战国时期，已经用小条砖作为建筑材料，考古发现的该时期最早砖墙多是垒砌的墓壁，而地面上的建筑仍多为土坯墙。辽金时已有砖、坯合用砌墙的，如山西大同市华严寺中的薄伽教藏殿和善化寺中的大雄宝殿、三圣殿等，都是下部为砖砌隔减墙，上以横木骨和土坯合砌。辽宁义县奉国寺大雄宝殿墙的做法更加清晰，它的下部用长 37、宽 18.5、厚 7.5 厘米的条砖 13 层垒砌隔减墙部分，隔减墙以上用长 37、宽 15、厚 7 厘米的土坯，以"满丁"和"三顺一丁"的砌法垒砌土坯墙[①]。元大都遗址中最为多见的墙的砌法，正与上述辽金时期墙的砌法相同，说明元大都遗址中普遍应用的砖坯墙，正是对辽金时期砖坯墙的继承和延续。这种做法在元代其他建筑物中亦广为应用，如北京元代护国寺千佛殿和山西永济县永乐宫无极门等建筑中墙的做法即如此例。自明代起，地面上的建筑才比较广泛地用条砖垒砌墙壁。而元大都遗址中已发现全部用条砖垒砌的砖墙，这无疑是明代砖墙的先声。

（三）角门

在元大都居住遗址中，我们共发现 7 座角门，其中比较讲究，保存又比较完好的，要算后英房居住遗址主院中的东、西两角门，其他几座角门仅存残迹。角门的设置与建筑形式有关。元大都宅院建筑的特点之一是采用封闭式建筑形式，即每个单体建筑之间均用围墙和院墙围砌成封闭式，院落与院落之间砌角门。所见四处遗址中的角门，除桦皮厂居住遗址的角门是建在东侧拐角院墙北侧外，其他都建在院中主建筑北房的东西两侧，是通向东西两院的通道。角门南北两侧各砌一道围墙，南侧围墙分别抵于东、西厢房的北山墙，北侧围墙拐角分别交于北房东、西山墙上。在 6 座角门中，除后英房居住遗址主院东角门是重门外，余均为单门。后英房居住遗址的重角门是在东角门外侧东南又砌一座角门，两角门之间形成一个封闭式小院。

所见角门又可分为以下两种。

一种角门是平地起建，规模较小。如雍和宫后居住遗址中的西角门，宽 90 厘米。门下有一门槛，高 5 厘米，是用立砖插砌在地栿中的。德胜门东居住遗址中的西角门，宽 75 厘米，门槛的横木已腐烂，只剩地栿槽，宽 8、深 6 厘米，槽内尚留朽木屑。桦皮厂居住遗址中的东角门，宽仅 70 厘米。这几个角门都做得比较简单。

---

①　杜仙洲：《义县奉国寺大雄殿调查报告》，《文物》1961 年第 2 期。

另一种角门很讲究，如后英房居住遗址的东、西两座角门。其西角门建在长方形的砖筑台基上，台基长2.88、宽2.25、高0.45米。角门两侧均立挟门柱，间宽1.96米，柱中间下设木地栿。挟门柱下不立柱础，各置一青石质锭脚石，自锭角石以下的地基结构保存得都很完整。地基的做法是：立柱之前先挖一个边长1.5、深1.1米左右的圆角方形基坑，坑底垫平后，在中央平铺一块方砖，方砖上用五层条砖侧立围砌成一直径约20厘米的圆洞，侧砖之间的空隙处再以半头侧砖塞紧，其外填土夯实。侧砖上用一层方砖或条砖斫角平铺，围砌成六角形洞口，再上安放锭脚石，窍眼自石面至洞底深约1米。然后自洞口向洞内灌白灰浆，使灰浆流入侧立的砖缝中，最后将直径13厘米的挟门柱自锭脚石窍眼插下，深约73厘米。待白灰浆凝固后，自锭脚石以下木柱与基础坚固地黏结在一块。由于白灰浆起防潮防腐的作用，所以在发掘时，洞内还留有一段直径14.5、长50厘米的木柱，洞底积的白灰浆厚达30厘米。

在后英房居住遗址主院东角门稍北处发现了角门的木构屋顶。屋顶中间起脊，两坡极平缓。顶上铺望板，板下钉直径4厘米的椽子，每隔8厘米钉1根，共钉26根。椽下自脊至两檐再钉宽11、厚2厘米的枋子5条，每条枋子长270厘米，枋与枋之间相隔约80厘米，两头安厚3厘米的搏风板。板的转角及头部用铁钉钉嵌云头铁页。椽子及搏风板内侧刷绿色，搏风板外侧及望板刷红色。在角门附近还发现一些小型华头筒瓦、兽面纹和花草纹瓦当、花草纹滴水及迦陵频伽和走兽等，这些都是角门顶上的瓦件。

（四）露道、踏道、台阶和慢道

在保存比较好的几处元大都居住遗址中砌有露道、踏道或慢道。元大都居住遗址比较讲究房子的平面布局，基本上是明清时期四合院的雏形。它四面是房子，中间是宽敞的院落，房子与房子之间用"十"字形露道相通连，如后英房居住遗址的主院和雍和宫后居住遗址。有的不是用"十"字形露道，而是通过屋前的露道把四面房子加以贯通相连，如后英房居住遗址的东院。有些大、中型住宅是由几个院落所组成，各个院落之间通过角门和露道连接相通，如后英房居住遗址西院月台两侧的角门和露道，雍和宫后和德胜门东居住遗址北房两侧的角门和露道等，都有此作用。踏道或慢道又是月台或台基与露道相连接所必不可缺的。这样，露道、踏道和慢道，就成了房与房、门与房、院与院之间的连接物，使各组建筑和谐构成一个完美的整体。由于宅院规格不同，露道或踏道的做法也有所区别。一般上等住宅的比较高大和讲究，如后英房和雍和宫后居住遗址；一般住宅的就比较简单和粗劣，如安定门煤厂和桦皮厂居住遗址等。

露道和踏道在建筑上是有其实用价值的。当时院落的地面多为土地，完全用砖铺墁的我们还没有发现。在经常行走的道路上铺砌露道，避免了行走时造成尘土飞扬或因雨水而满是泥泞的情况，既方便了人们日常的活动，又增加了院落的整齐和美观度。

1. 露道

根据形式的不同，露道可分为高露道和矮露道两种。

（1）高露道

高露道均高出地面0.25~0.80米。如后英房居住遗址主院内的高露道，南北残长8、宽14.10、高0.81米，低于北房台基6厘米。高露道为平地起建，两壁用长30、宽14.5、厚4厘米的单层条砖平铺错缝顺砌而成，台壁向上内收2厘米，砌砖使用白灰泥作黏合料，厚0.3~0.5厘米。台心填土夯实，露道面用边长为34厘米的方砖平铺错缝砌成，边沿用宽45厘米的青条石压阑。后英房居住遗址主院东、西厢房之间的高露道残破严重，仅保存西侧北边缘一段。为了排泄院中雨水，在东西向高露道基下砌有暗沟眼，沟眼高26、宽14厘米。

另一种比上述高露道稍矮些的砖砌露道，见于后英房居住遗址主院和雍和宫后居住遗址，按砌法不同又可分为两种：

一种是后英房居住遗址中分列于前轩台基踏道两侧的露道，通过角门与东、西院相连。露道宽1.86、高0.40米，均为平地起建。露道两壁用六层条砖平铺错缝顺砌，砖内侧再用碎砖砌一层内壁，然后用黄土夯实填心。露道面用边长为34厘米的方砖平铺错缝铺墁，露道边用方砖压阑不出线，外壁抹一层白灰浆。在踏道前侧砌宽32厘米的青条石，为排泄由踏道上流下来的雨水，在青条石的两端各凿一个排水小沟，沟长30~40、宽2~4厘米。露道下还砌有排水沟，沟眼高22、宽18厘米。

另一种是雍和宫后居住遗址中的露道，呈"十"字形布列院落中。露道平地起建，两壁用四层条砖平铺错缝顺砌垒成，中间填土。露道面用一排横砌条砖、一排竖砌条砖相间平铺。露道交叉的中心部位平铺了两排方砖，露道边均用小条砖丁砌压阑不出线。在东西向的露道基下，左右对称各砌一条南北向排水沟，沟眼高、宽均为10厘米。露道宽1.35、高0.25米。

（2）矮露道

这种露道略高于地面，是元大都居住遗址中比较多见的一种形式，按形状又可分为宽露道和窄露道两种。

宽露道的砌法基本相同。露道的两边用一块或两块条砖错缝陡砌单线或双线道，线道之间的路面用条砖平砌，其中最多见的砌法是用一排竖砖、一排横砖相间铺墁，如后英房和雍和宫后居住遗址中的露道。此外还有两侧平铺顺砌条砖、中夹一排丁砖者，如德胜门东居住遗址中的南北向露道。或平铺顺砌错缝条砖、边丁砌一排条砖者，如德胜门东居住遗址北房月台东侧露道。尤为特殊和别致的是西绦胡同一号遗址中的露道，在双线道内侧先平铺一排条砖为框，内砌纵横条砖呈"人"字形。露道面为了防止积水而做成拱面，即呈弧形，使雨水落下后即向两边流散。露道多砌排水沟以疏通雨水。这种宽露道，宽多为0.90~1.47米，高多为0.05米，仅后英房居住遗址西院月台东侧露道高0.15米。

窄露道只见于安定门煤厂西部居住遗址中，宽0.43、高0.08米。露道两侧顺砌陡砖一行为线，露道面由一块平铺顺砖，两块平铺丁砖前后交替铺墁，略呈拱面。

2. 踏道

踏道在元大都居住遗址中是比较多见的，按其形制不同又可分为踏道和台阶两种。

（1）踏道

在元大都遗址中共发现踏道7个，规格大小不完全相同（表7-1）。就造型而论，可分两式。

砖石结构踏道 砖石结构的踏道见于后英房居住遗址主院前轩台基两侧。踏道砌在露道上，共三踏，均用青条石垒砌，踏两侧的副子也用青条石砌成。踏道两侧砖砌三层象眼，第一层象眼向内斜收6.4厘米；第二层象眼磨棱起牙，向外凸起3厘米；第三层象眼向内直收3.2厘米。自第一层象眼向内收三层至底，共收入9.6厘米。象眼的外壁均刷一层极薄的白灰浆。这种踏道的砌法与宋《营造法式》上所记的不同，而是仿照须弥座的式样砌出。副子相当于须弥座的方涩平砖；第一层象眼向内斜收，相当于罨涩；第二层象眼磨棱起牙，相当于罨牙；第三层象眼向内直收，相当于子涩；象眼底层相当于须弥座的束腰。这种做法的象眼，是自宋以来渐趋复杂的表现，为现存宋元踏道中罕见的实例。

砖结构踏道 元大都居住遗址中的7个踏道中，除后英房居住遗址两个砖石结构踏道外，其他5个都是砖结构的踏道。它们的做法除了踏级有一或二之别外，余均大体相同。以后英房居住遗址西院月台东踏道为例。踏道为平地起建，共两级，每踏用三块边长为30厘米方砖铺垒成。踏两侧副子用两块长35、宽22厘米，一块

长 25、宽 20 厘米的条砖和内侧陡砌的一排条砖为线拼砌而成。因其内侧副子紧贴北房台基，故仅外侧副子下用砖砌出象眼，象眼内收三层，每层内收 3 厘米，与宋《营造法式》所记的做法相同，但除象眼每层等距离内收外，其他比例多与《营造法式》规定不合。

雍和宫后居住遗址北房东侧的象眼用条砖砌两层，第一层内收 3 厘米，第二层内收 2 厘米，与其他踏道象眼不同。其靠台基一侧的副子比外侧副子窄，形成两条副子宽窄各异的情况。

表 7 - 1 踏道各部位尺寸表

单位：厘米

所在位置		宽（外宽/内宽）	深	高	踏			副子		
					级	深	高	长	宽	内侧宽
后英房居住遗址	主院前轩东踏道									
	主院前轩西踏道	186/112	113	45.2	3	22	9	122	37	
						27	7			
						28	9			
	东院西厢房踏道	141/85	50		1	20	15	52	30	
	西院月台南踏道	160/105	65	52	1	30	10	60	27	
	西院月台东踏道	147/95	87.5	51	2	29	10	95	30	
						29	10			
雍和宫后居住遗址	北房月台东踏道	120/70	65	30	2	20	10	70	28	18
						20	10			
	北房月台西踏道									

注：后英房居住遗址主院前轩东、西踏道大小结构相同；雍和宫后居住遗址北房月台东、西踏道大小结构相同。

（2）台阶

台阶在元大都居住遗址中比较普遍，几乎在每个遗址中都可以看得到，是一种比较简单的踏道。多用于月台或台基之前或其侧，多数与露道连用。按质地区分，有砖砌、石砌、砖石合砌三种。其中以砖砌台阶最多，石砌与砖石合砌则较为少见。分一级或两级台阶（表 7 - 2）。

表 7 - 2 台阶统计表

单位：厘米

所在位置		宽	深	高	踏级
桦皮厂居住遗址	北房月台西侧台阶	55	35	20	2
德胜门东居住遗址	北房月台东侧台阶	85	30	8	1
	北房月台西侧台阶	85	30	8	1
	北房月台前台阶	63	50	7	1
		35	35		1
后英房居住遗址	主院西角门南侧台阶	80	34	15	1
	主院东厢房北山墙下台阶	90	15（残）		1
	东院北房西侧台阶	85	30	19	1
	东院北房东侧台阶	85	29	10	2
				28	
	东院东厢房门前台阶	100	33	10	1

所在位置		宽	深	高	踏级
一〇六中学居住遗迹	北房门内台阶	75	30	10	3
		65	22	15	
		70	23	15	
安定门煤厂居住遗址	西部遗址北房月台西侧台阶	90	25	6	1
西绦胡同一号遗址	东院东房门前台阶	110	45	15	1

砖砌台阶　砖砌台阶的做法基本相同。如后英房居住遗址东院北房东台阶，系平地起建，共两级，一、二踏高分别为 10 厘米和 28 厘米，深均为 29 厘米。每踏基部用条砖平铺错缝顺砌，踏面用两块方砖夹一块条砖拼砌而成。后英房居住遗址主院西角门南侧台阶也是平地起建，仅一踏，深 34、高 15 厘米，是用边长为 34 厘米的方砖两块和一块条砖拼砌三层而成。有些台阶因长年累月行走，已被磨得非常光亮平滑。

石砌台阶　石砌台阶见于德胜门东和安定门煤厂居住遗址中。德胜门东居住遗址的石砌台阶在北房月台前，是一块长 63、高 50、厚 7 厘米的青条石。安定门煤厂居住遗址的石砌台阶在西部遗址北房月台的西侧，是一块长 90、宽 25 厘米的条石。

砖石合砌台阶　砖石合砌的台阶只见于一〇六中学居住遗址北房门内侧。因屋内比屋外低，故在屋内铺砌台阶，共三级。最下一层台阶平铺一块长 75、宽 30、厚 10 厘米的条石；中间一层为砖砌，深 22、高 15 厘米；最上一层也用砖砌，深 23、高 15 厘米。

石砌或砖石合砌的台阶制作都比较简单粗劣，这种质地的台阶多发现于中、下等住宅中。

3. 慢道

在元大都居住遗址中共发现慢道 4 处，用砖铺砌，为平地起建。按形制可分为三瓣蝉翅慢道和长方形慢道两种。

（1）三瓣蝉翅形慢道

这种慢道仅见于西绦胡同三号居住遗址，位于月台的前端，南北长 0.80 米，北宽 2.53、南宽 0.90 米。慢道边沿用顺砌陡砖砌线道两条，中错缝平铺条砖，两翅向外侧微呈斜坡状。这种形制的慢道，在元大都居住遗址中仅发现这一处。

（2）长方形慢道

这种慢道共发现 3 处，均为砖砌，呈前低后高斜坡状（表 7-3）。砌法不同：一种是一排平铺顺砖、一排平铺丁砖，外砌两层陡砖为线，如德胜门东居住遗址北房台基后西北角的慢道。另一种是两排平铺顺砖、一排平铺丁砖，外砌两层陡砖为线，如德胜门东居住遗址北房内慢道。再一种是平铺错缝顺砌五层条砖，外砌一层陡砖为线，如安定门煤厂西部居住遗址北房台基西端穿堂过道前慢道。

表 7-3　长方形慢道类别数目统计表

单位：厘米

所在位置		长	宽	高	
				前	后
德胜门东居住遗址	北房台基后西北角慢道	150	65	10	20
	北房内慢道	100	66	4	6
安定门煤厂居住遗址	西部遗址北房穿堂过道前慢道	80（残）	85	6	18

（五）排水设施

为了避免长年累月的雨水和融雪影响房基，使住房受到损坏，同时也为了便利人们在庭院中活动，每个建筑中都必须处理好排水问题。在我们发掘的元大都居住遗址中，有几处遗址，如后英房和西绦胡同一号遗址等，已经有了一套比较完整的排水设施，由明沟、暗沟、露道水沟和围墙沟眼等组成，解决了院内排水问题。这套排水系统充分体现了设计上的科学性和实用价值。例如，为了不因院内砌有各种类型的露道和围墙而阻碍雨水的流通，造成院内积水，就在露道上设置了水沟，在围墙底部开了流水的沟眼。而明、暗沟的设置，又是根据不同条件采用不同形式，如在房檐下或人们不常走到的地方就砌明沟，为了保持院落的整齐和美观或不妨碍人们的活动就砌暗沟。水沟的流向，一般是前院的往前流，后院的往后流。为了使流水畅通，水沟都砌成斜坡状。

1. 明沟

明沟按砌法的不同又有三种形式。

（1）马槽式明沟

马槽式明沟只见于西绦胡同一号遗址北房后。其利用台基北面散水双线道为南壁，再错缝横砌两层直立条砖为北壁（最东头的一块里层条砖微向外敞），两壁各再坡砌一层顺砖，便于流水。顺砖上部砍成半月形，使顺砖上部与直立条砖相砌时不致形成宽沿而影响流水。底铺横砖一层，水槽上宽下窄，横剖面略呈"凹"字形，槽上宽16～18、下宽4～5、深14厘米。明沟东头挡一陡砖，与北壁直立条砖之间留一缺口，宽18厘米，缺口与院内地面铺的一层南北向板瓦水沟相接。板瓦水沟是先在地面挖一条浅沟，然后在沟槽上放一排板瓦。雨水流入明沟，到东端北折，经板瓦水沟，穿过围墙沟眼，向北流去。

（2）船式明沟

船式明沟只见于德胜门东居住遗址北房西山墙与院墙之间。用三排条砖或半头砖顺砌沟底，外侧砖均砌成斜坡状，横剖面略呈弧形，水沟宽40厘米。沟呈南高北低状，接近沟口处，沟底坡向下垂，沟口东侧斜向砌两块条砖，另一侧斜向陡砌条砖一排，形成一个略呈"八"字形的出水口。

（3）槽式明沟

槽式明沟的做法比较简单，见于西绦胡同一号遗址南房西山墙与院墙之间。利用散水和围墙之间的空隙，用南房散水做东壁、院墙里皮做西壁，挖深11厘米的水槽，水沟宽26厘米，横剖面呈"凹"字形，沟底不铺砖。

2. 暗沟

在元大都居住遗址中，用暗沟比用明沟者为多，沟的宽窄深浅虽略有差异，但砌法大体相同。就砌法而言，大体可分为两种。

（1）平砖砌壁暗沟

这种砌法的暗沟最为多见。用条砖三块或四块平铺错缝顺砌为沟壁，两壁之间留宽11～18、深8～22厘米的水槽。沟底有铺条砖的，有不铺砖的，个别有铺一层板瓦的。沟上多以石板覆盖，与地面齐平，个别亦有以条砖覆盖的。其中唯有西绦胡同一号遗址北房东侧暗沟砌法别致，是在沟底先丁砌条砖一块，两侧再各顺砌条砖一块，然后在底砖上各砌三层顺砖为壁，中留宽18、深14厘米的水槽，上面用青石板覆盖。

（2）陡砖砌壁暗沟

这种陡砖砌壁暗沟仅见于安定门煤厂和西绦胡同一号遗址中。如安定门煤厂东部居住遗址北房东过道暗沟，两壁用条砖陡立砌成，沟宽25、深10～15厘米，沟底为一层硬面未铺砖，沟上口用10块青石板覆盖。西绦胡同一号遗址南房东侧暗沟，除两壁亦为条砖陡砌一层外，在外侧还加砌半头砖。

3. 围墙沟眼

元代居住遗址大多用围墙封闭，为疏通院内雨水，围墙均砌有沟眼。形式有三种：一种是立面呈"凸"字形的，这是最普遍的形式，大小各异，一般高 20～28、上宽 5～8、下宽 13～20 厘米，底有铺一块板瓦和不铺瓦的。另一种是立面呈"囗"字形的，高、宽均为 10 厘米，如雍和宫后居住遗址角门拐角围墙下沟眼。再一种是立面呈半个"凹"字形的，高 20、上宽 11、下宽 15 厘米，如西绦胡同一号遗址南房西山墙与西院墙之间小围墙下的沟眼，一边靠西院墙里皮故呈直线边，另一边做出矩尺形。这些沟眼都与明沟、暗沟或露道水沟相通。

4. 露道水沟

由于露道把院落分隔开，阻挡了雨水的流散，故露道上都砌有排水沟，以排泄雨水。

高露道下均设暗沟。暗沟一般是以陡砖砌两壁，上覆盖条砖；或以平砖砌两壁，上覆盖条砖。沟高 10～22、宽 10～18 厘米。

矮露道暗沟的砌法是沟底平铺顺砌一层条砖，两边各砌陡砖两层，里层陡砖比外层陡砖略低 5 厘米，然后在里层陡砖上横砌条砖为盖与露道拱面齐高。如西绦胡同一号遗址东院露道，沟宽 13、深 10 厘米。桦皮厂居住遗址东厢房与南房之间有一条暗沟穿过露道，它的做法是两壁平铺顺砌半头砖，沟底平铺条砖，沟上口用石板覆盖，高与露道面齐平。沟宽 23、深 10 厘米。

矮露道明沟的砌法均同。如后英房居住遗址主院东角门外露道水沟，沟底平铺条砖，两壁各陡砌条砖一层，沟宽 14、深 10 厘米。

靠墙的露道水沟多与墙上的沟眼相连通，靠台基的露道水沟又多与台基下暗沟相连通。

三　建筑装饰

（一）瓦饰构件

华头筒瓦、滴水板瓦和各种脊兽，是我国古代房屋建筑上不可缺少的重要组成部分，对建筑物起着保护和装饰的作用。元大都居住遗址中出土了很多不同类型的瓦饰和脊兽，按质地分为两大类，一类是灰瓦和脊兽，约占全部瓦饰的 85%；另一类是琉璃瓦和脊兽，约占 15%。琉璃瓦饰之所以少见，是因为它是一种比较贵重和稀少的建筑材料，又因等级制度原因，不可能在民居建筑物上普遍使用，即使像规模较大又较为讲究的后英房居住遗址，屋顶也都用的是灰瓦和脊兽。

1. 华头筒瓦

元大都居住遗址中仅保存有数的几件完整的华头筒瓦。多为灰瓦，极少数为琉璃瓦。

灰瓦又有大小之别。大者，长 30、直径 10～12、厚 15 厘米，勾头出筒瓦下皮 5 厘米。瓦面光滑平整，凹面布纹，瓦两侧有平直的由外向里的斜坡状切痕，后端有接筒瓦的子口。瓦面后端有一圆形钉孔，孔径 1 厘米。小者，长 17～19、直径 7～25、厚 1 厘米，勾头出筒瓦下皮 3 厘米。做法同大者，仅无钉孔。勾头模印花草纹，有的瓦面上还留有薄薄一层防水的青灰皮。

琉璃华头筒瓦，长 32、直径 11、厚 2 厘米，勾头出筒瓦下皮 5.5 厘米。做法与大灰华头筒瓦相同。勾头饰盘龙纹，龙纹外为一周凹弦纹，夹砂淡红胎，瓦面施绿釉，龙纹施黄釉。

华头筒瓦的瓦身多已残碎，只剩前面的瓦当（亦称勾头或华头）。瓦当为圆形，模制，质坚硬，纹饰有兽面纹、花草纹、凤纹和龙纹。

（1）兽面纹瓦当

兽面纹瓦当是元大都遗址中最多见的一种，约占全部出土瓦当的70%。大的兽面纹瓦当，直径为11~13、厚0.8~1.5厘米。小的兽面纹瓦当，直径为6~6.5、厚0.8~10厘米。中型兽面纹瓦当，直径为8.5厘米。按其特征分衔环与不衔环两种。

衔环兽面纹瓦当　大多两眼深陷，圆珠形双眼，眉骨斜向凸起，鼻呈三角形或露双孔，个别垂耳，嘴扁圆两角上翘如"元宝"状，露齿或不露齿，口中自上唇斜出獠牙两枚，额头高起中有独角（亦有无角者），角两侧有数道向外斜飘的鬃毛，额下有须向两侧卷，口衔联珠形半环。兽面纹外绕以凹弦纹一周或三周。有些兽面形象凶恶狰狞。

不衔环兽面纹瓦当　这种瓦当在所有兽面纹瓦当中所占比重较大。兽面眼窝深陷，小尖眼珠，有的卷耳，额头有独角或数道鬃毛，鼻扁宽，闭嘴，尖下巴，额下有两撮"八"字形须毛，嘴角上翘，有的不露齿，有的露上齿和两枚獠牙。兽面纹外绕以联珠及棱线，有的阴刻弦纹一周或只有棱线。

（2）凤纹瓦当

这种瓦当出土数量比较少，约占全部瓦当的10%，按其特征又分为两种。

第一种凤纹比较模糊，凤作直立状，头部毛发向后飘舞，尾作细线羽毛直卷飘向前后，空隙处以卷云环绕。凤纹简单，凤纹外阴刻弦纹一周或阴刻双线。

第二种凤纹比前者复杂繁缛，凤作直立回首状，眉眼清晰，似鹰嘴，头部毛发向后飘舞，尾向上卷曲飘扬，周身羽毛丰满，空隙处以卷云环绕。体面凸起呈弧状，高出1.5厘米。

（3）龙纹瓦当

为琉璃釉瓦当，直径13.5、厚2厘米。中心模印飞舞盘龙，龙纹外绕以阴刻弦纹一周。龙为黄釉，周边为绿釉。

（4）花草纹瓦当

花草纹瓦当在全部出土瓦中约占20%。有大、中、小三种，大者，直径12、厚1.8厘米左右；中者，直径9、厚1.3厘米左右；小者，直径7、厚1厘米左右。当中以花草为主题，外绕一周或两周棱线。除主题花纹有别外，形制基本相同。当心有印一朵盛开牡丹者；有印菊花和花叶者；也有印一朵开放莲花，花中心有莲蓬一朵者。更有当心印一朵莲花，底和侧面衬以荷叶和慈姑叶的。形式多样，生动写实。

2. 滴水板瓦

元大都居住遗址中出土的完整滴水板瓦不多。其中一件为灰瓦，长18.5、前宽11.5、后宽9.5、厚1.5厘米。瓦后抹出一接板瓦的斜坡，滴水为花边三角形，印莲花慈姑纹。另一件为琉璃釉瓦，滴水为花边三角形，印回首飞舞云龙，除云纹施黄釉，余为绿釉。其他滴水板瓦多仅剩前半部分或只剩滴水（勾头）。就质地而言，有灰瓦和琉璃釉滴水两种。前者占全部出土滴水的90%左右，后者仅占10%左右。按形状分，有花边三角形和花边长方形两种。花边三角形由对称的海棠曲线边合出大尖而成，大小又有三种，大者宽36、唇面通高16.5、厚3.5厘米，唇出板瓦下皮13厘米；中者宽22、唇面通高11.5、厚1.7厘米，唇出板瓦下皮9厘米；小者宽9~13.5、唇面通高4~7、厚1~1.5厘米，唇出板瓦下皮3~5厘米。前两者为琉璃釉滴水，数量很少；后者为灰瓦滴水，数量较多。花边长方形上口呈弧形，两侧呈平行直线，下沿作多层花边状，宽约30、唇面通高9.5~10.5厘米。

花边三角形滴水按纹饰又可分为花草纹、凤纹、龙纹滴水。

（1）花草纹滴水

花纹有当心为一朵开放的莲花荷叶，莲花两侧分衬慈姑叶的；也有当心是两朵菊花，菊花之间连以叶茎的；或以梅花为主题纹饰，连以叶茎的。滴水上的花纹、花枝根叶连绕，构成一幅新鲜丰满的画面。

（2）凤纹滴水

当心印回首站凤一只，凤尾卷曲向后飘扬，卷尾有作数道线条飘舞的，也有作一条粗尾加数撮卷毛的。凤头后亦飘舞细毛数道或仅为一撮毛者。凤周围环以卷云。

（3）龙纹滴水

这种滴水尺寸比前两种都大，当心模印飞舞云龙。龙首有卷曲在身体上前方作回首飞翔状的，形态生动有力；也有龙首卷曲在身体的下方亦作回首飞翔状的，龙纹周围环卷云。龙体凸起，施黄釉，周边施绿釉。

花边长方形滴水均饰龙纹，一件回纹地，一件在飞舞奔龙后饰云纹，龙纹外均绕以双棱线。

3. 重唇板瓦

重唇板瓦是在板瓦下头接出一条带状的折沿，以供滴水之用。元大都居住遗址中出土的完整重唇板瓦不多，其大小尺寸如表7-4所示。

表7-4　重唇板瓦尺寸表

单位：厘米

编号	瓦长	瓦宽		瓦厚	唇面通高	唇出板瓦下皮
		上	下			
1	34	21	17	2.3	5	2.5
2	23	19	18.5	1.6	4	2
3	20	19.5	17.5	2.3	4	2.5
4	24（残）	19		2	4.5	2.5
5		19		2.3	6	3.4

重唇板瓦的凹面为布纹，瓦后有接瓦的斜坡状子口。重唇板瓦多残碎只剩前半部分。带状折沿上模压纹饰见有数种：一种是沿的上部饰两道宽棱，宽棱之间饰以各种形式的窄篦形纹，沿的下部压成绳索纹；另一种是沿的上部压印出两排窄篦形纹，纹下各饰宽棱一道，沿的下部压成绳索纹；再一种是在沿的上部先压印一排窄篦形纹，纹下饰两道平行的宽棱，下沿压成绳索纹。此外尚有沿的上部作出一排节状花纹和宽棱，下沿压成斜条纹的；或沿的上部压两排窄篦形纹中夹一条宽棱，下沿压成斜绳索纹的；另有沿上部压齿形花纹和宽棱，下沿拍印格纹的。

除上述重唇板瓦外，遗址中还出土有少量的绿琉璃釉重唇板瓦，带状折沿上的纹饰与前述基本相同。

4. 板瓦和筒瓦

完整的板瓦和筒瓦在元大都居住遗址中出土不多，主要是青灰瓦。

板瓦，泥质，青灰色，前宽后窄，正面印布纹，后端有接瓦的斜坡子口，长30～31.5、前宽19、后宽16、厚1.5～2厘米。另有蓝、绿釉琉璃板瓦，形制与青灰色板瓦相同，大者长35、厚2厘米，中者长30、前宽18.5、后宽16.5、厚2厘米，小者长23.5、厚1.7厘米。

筒瓦有两种。一种泥质，青灰色。瓦筒作半圆形，大者长23、口径11、厚1.7厘米，瓦后作出斜坡状子口；小者长13.5、口径7、厚1.3厘米，瓦两侧切成向内的斜坡状，瓦前端亦作出斜坡状接口，瓦后端作出梯形挂瓦钉并有子口。另一种是琉璃筒瓦，大者长28、口径14、厚2.3厘米，布纹里，瓦面施蓝琉璃釉，瓦前端有斜坡状接口，瓦后端有子口；稍小者长25、口径15.5、厚2.2厘米，中有钉孔，孔径1.5厘米，瓦面施绿釉。

（二）砖构件

元大都居住遗址中使用的砖有素面砖、刻字砖和雕花砖三种。

素面砖有条砖和方砖两式。长30、宽15、厚5厘米的素面条砖，是使用最为普遍的一种砌墙和铺地的条砖。长35或47、宽22或24、厚6厘米的大型条砖，多用于台基压阑或砌踏道副子。至于边长为30、32或34厘米的方砖，多是用于铺墁地面或台基压角。这些砖都是泥质，青灰色，质坚硬，有些经打磨，光滑而平整。

刻字条砖只发现两种。一种长36.2、宽17.8、厚5.3厘米，一面正中印阴刻锭形，中为篆书阳纹"至正"二字。另一种长35、宽16、厚5厘米，中刻一"官"字。

雕花砖一般用于门楼或墙角处，作为装饰品砌在墙上，大多是泥质灰砖，较少几块是琉璃砖。多为条砖，个别为方砖、凸形砖和花边砖。花纹多为半浮雕，分印和刻两种，纹饰以花草居多。雕花深刻，立体感较强。花纹内容分述如下。

1. 方砖纹饰

龙纹 八角棱格中为头向前、头后飘龙毛的曲身三爪龙，八角棱格四角为方格和"十"字纹，四边为对称的两出花叶（J：289）。

六方花瓣 一块中饰一朵六瓣花，其外是六方连套形棱格（J：290）。另一块中饰一朵六瓣花，其外棱格每方作编连式小圈（J：291）。

四叶纹 四叶作对尖"十"字形，叶面为对称式两出叶瓣花，四边为瓣尖出长柄状花（J：292）。

球纹 花纹分四叶"十"字形连成的球纹格，内填四出叶瓣花和缠枝莲（J：293）。

八方四瓣花 中心刻八方棱线，内刻菱形方格，格内为四瓣花一朵（J：198）。

2. 条砖纹饰

山茶、牡丹和莲花 边缘均刻如意形纹，内刻山茶花一朵（J1：43），或刻莲花、荷叶和慈姑纹（J1：44、206），或刻百合花、叶或刻牡丹花和叶茎等。

勾云、葵花 中心雕多瓣勾云，砖的一端刻斜"十"字形中夹葵瓣花（J：201）。

莲花 为束状莲花、莲叶和蒲棒（J：204）。

盆景花 一种盆作炉状，炉矮三足、大腹、两直耳，炉内种灵芝（J：210）；另一种盆作方形，足为花瓣，盆壁刻花，盆内为一整二破卡子花并垂悬于盆外（J1：45）。

此外尚有卡子花、牡丹花和几何纹等纹饰。

3. 花条砖纹饰

条砖一头作出花瓣形，正反两面均雕莲花（J：205）。

4. 倒棱条砖纹饰

莲瓣纹砖的侧边都磨成弧面，用于砌门楼或墙的出牙部分。一种是雕出凸起的两重莲瓣纹（J：115）；另一种是雕一层莲瓣纹（J：191、203）；再一种是侧为莲瓣形，剔上、下层瓣。

另有饰卷云纹的。

（三）脊兽

1. 正脊吻兽

元大都居住遗址中出土的吻兽仅有两件，均为黄绿釉琉璃脊兽。一件头朝外，脊在尾部，通体作龙形，高46厘米。龙张口，露齿，卷舌，上唇高翘，双目外露直视前方，颈部作后弯前挺状，脊、肢鳞甲带着火焰和卷云，形象生动，造型别致。胎呈红色，表涂白粉。眼珠施黑釉，通体施黄、绿两色釉（J：144）。另一件头朝里，口含正脊。龙张嘴，露齿，唇前伸上翘，竖耳冠，两眼圆瞪直视，形态狰狞可怖。施黄、绿、黑、白四色釉（J：146）。

2. 垂脊兽

元大都居住遗址中出土的垂脊兽比正脊吻兽为多，均为模制，泥质青灰色，大致可分两种形式：

一种是张嘴垂脊兽，大者高47.5、宽29.5厘米，一般高31、宽30厘米左右。多为泥质青灰兽，少量为琉璃兽。兽张嘴，露齿，卷舌，上唇伸卷似象鼻状，兽嘴上膛有铁钉。

另一种为闭嘴垂脊兽，闭嘴，卷唇，双眼正视前方，足作后蹬状。

3. 套兽

为仔角梁套兽，模制，泥质青灰色。一种前作龙首，后部为长方套孔，套口上、下方作弧月形。龙上唇挠卷，露齿，鼻孔在两侧，神态威严。一种是方形管状，饰龙首形，大者长16厘米，小者长10厘米。龙昂首卷唇，双目直视，鬃毛数道向后飘舞，犄角向后垂两耳后。套口作方形，后端有两孔，孔穿铁钉。

4. 垂脊走兽

元大都出土的垂脊走兽多为模制，泥质青灰色，个别为琉璃质。有凤、天鸡、马、迦陵频伽和武士等，其中以凤、天鸡和迦陵频伽出土最多。

凤　作凤鸟形，高26厘米，立姿，鹰嘴，双目斜视前方，头后鬃毛向后上方飘起，尾羽低垂，腹及两翼印粗鳞纹。长方形底座，下有一圆孔。另有一种高仅14厘米的小型凤兽，形式与大者基本相同，仅底座为圆筒状。

天鸡　作伫立状，昂首，展翅，尾下垂微卷，腹下作云墩，身子前倾作展翅欲飞状。底有扁圆或弧圆座，座中空，有的座中留有很厚的白灰泥。

马　仅剩马头部分。其中一件，马嘴前伸细长，双目注视前方，脸部饰鳞纹，背上作鳞翅形。另一件，马闭嘴不前伸，上唇微翘，两侧有鼻孔，头部发毛向后流展，前胯两侧有风焰纹，作前立后蹲状。

迦陵频伽　模手合制。多为泥质青灰色，个别为黄、绿琉璃釉质。均作人首鸟身，手捧宝瓶伫立状。一种底座是一块小型板瓦，上站迦陵频伽。迦陵频伽挺身垂尾，上半身人形，瓜子脸，眉目清秀，高鼻小嘴，发髻高卷，头戴花冠，露双臂，双手捧宝瓶，肩披飘带，下半身鸟形，具羽、尾、腿、爪，体态生动优美。另一种是上为迦陵频伽，下连圆筒状底座，座内中空，留有很厚的白灰泥，中插铁钉一枚。迦陵频伽为长脸，眉、眼、鼻、嘴都很清晰，发上戴高冠，发髻分束两鬟，露双臂，腰束带，短尾，双羽。

武士　模手合制。有泥质青灰武士和黄、绿釉武士。均身披甲胄，肩作兽面状，有站、有坐，还有左手执剑、胯下伏狮的，形象威武有力。

四　木构门窗的装修

自宋代始，门窗等装修方面有了较大发展，这与把小木作的工艺应用到建筑装修上是分不开的，《营造法式》中记录了宋代建筑装修的各种规章制度。到了元代，建筑装修比宋代更加繁缛，尤其外檐装修富丽堂皇，当时意大利旅行家马可·波罗称大都城内的建筑装修"布置之善，人工之巧，无逾此者"。到明清时期，我国具有独特风格的建筑装修更为完善，形式也更加丰富多彩。

元大都居住遗址中所出土的门窗，反映了元代民居建筑装修的形式及工艺水平。木制门窗遗物出土数量较少，但在房屋建筑的地面上遗存很多地栿槽（木地栿腐朽后留下的凹槽），从位置看，多为外檐装修和少量屋内装修时遗留下的痕迹。常见的有各式格子门及板门。如后英房居住遗址主院北房前轩的三面外檐以及东院"工"字形建筑的柱廊两侧均不砌墙，而安装格子门，所以地栿槽围绕在房屋外檐下的柱础石之间。在中型住宅遗址的北房当心间前檐处均安装格子门，门下的地栿槽长与当心间的面阔相等。板门下的地栿槽较短，一般与门宽相同。常见的屋内装修有室内过门和截间木隔扇。室内过门即在明间与暗间的隔断墙上辟门，一般为板门，门下的地栿槽长与门宽相等。室内截间木隔扇下的地栿槽较长，其长与房屋进深相同。以上所举各种装修时遗留下的地栿槽，一般宽7～10厘米。下面试从各遗址中出土的门窗痕迹分析元代装修的形式。

（一）门

1. 双扇板门

出土于后英房居住遗址中。门高198、宽70厘米，每扇用五块身口板拼成（包括肘板在内），门背后用四楅，楅宽6厘米，门正面缘楅钉四路铜门钉，每路五钉。自上而下，第一路门钉近门轴处的两个门钉下安铜包角，第二路门钉下安铜铺首，第四路门钉近门轴处减两钉。门轴外包裹铜箍，以减少门轴磨损。门板涂红漆。从《营造法式》"板门"之制看，"门高一丈，则每扇之广不得过五尺，如减广者不得过五分之一，谓门扇合广五尺，如减不得过四尺"。即高宽之比大约2∶1或2.5∶1，这与后英房居住遗址中出土的板门高宽之比大体相符。从外观看，该板门为朱门金铺，铺首为兽面衔环（参见图版4-1-44）。这种装饰显然非一般住宅使用，后英房居住遗址应为府第住宅。

2. 独扇板门

独扇板门有两种做法：一种板门有桯，如西绦胡同一号遗址中出土的，门高200、宽75厘米，桯宽7厘米，用三块身口板拼成，门背后用四楅（参见图4-7-4）。另一种板门无桯，如后英房居住遗址出土的板门，门高197、宽69厘米，用四块身口板拼成，门背后用四楅，门正面缘楅钉四路圆帽形铁钉，使楅与门板固之（参见图4-1-24∶1）。前一种板门薄。

后英房遗址东院西厢房内出土一门框，门框全高210厘米，门（内）口宽93厘米，立颊高162、宽14厘米，门额宽14、厚11厘米，其上安两枚铁制的花形门簪。地栿长、厚同门额，高15厘米（地栿槽宽10、深6厘米）。

3. 格子门

后英房居住遗址内发现的格子门，装饰华丽，制作讲究，非一般建筑所有。格子门高皆237厘米，门宽有两种，一种宽70厘米，另一种宽75厘米，结构基本相同。桯宽及腰串宽均为7厘米。四桯相接均用45度拐角相拼，腰串与桯以撺尖入卯相接，并混作为压边起混出三线（或单线）。门各部位之高是：格眼高134厘米，腰华板高12厘米，障水板高44厘米，锭脚板高12厘米。从障水板至锭脚板之长相当于格眼高的一半，这与《营造法式》所载"每扇各随其长，除桯及腰串外，分作三分，腰上留二分安格眼，腰下留一分安障水板"之定法相同，只是后英房居住遗址出土的格子门下多一层腰串和锭脚板，比宋代格子门规定之制要高，也更为结实美观，但各部分的尺寸比例未变，说明元代小木作还是沿用宋代法式。

后英房居住遗址出土的格子门，格眼式样有两种：一种为四直方格眼，占多数；另一种为龟背纹三角格眼，占少数（参见图4－1－21）。在宽75厘米的格子门上，不装搏肘的边桯及双腰串处用小铜钉钉一"**工**"形的铜看叶，看叶上锦鈒出极细密的蔓草花纹图案，并装有铜制的菱形钮头圈子，其下有铜闩座，中间嵌钉铁闩鼻，这种为活动的格子门，可作屋门使用。门宽为70厘米的格子门，在两侧桯边均装搏肘，桯边不安看叶和钮头圈子，这种格子门可作墙壁隔扇。还有一种格子门，在腰华板及障水板部位也装饰格眼（参见图4－1－21：4），可能是安装在"工"字形建筑的南房北门和北房正门上，这种式样的格子门既美化了室内隔门，又利于室内通风和采光。格子门全部涂黑漆。

在后英房居住遗址主院正房东挟屋内出土一批骨雕片，都为建筑模型构件，其中有不少是格子门窗，格眼花纹各异，造工极细，障水板上满画人物故事图，与宋代传统的格子门完全相同。从这点也反映出元代外檐装修比宋代更为华丽，而这与元代小木作的高超技术是分不开的。

（二）窗

在元大都居住遗址内只发现一种直棂窗。如后英房居住遗址东院东厢房门前的直棂窗，宽186、高51厘米，呈横向的窄条形，桯宽7厘米，上桯压边起混，两桯之间安装16根直棂方子，为直插入榫，两棂间距5厘米（参见图版4－1－45：1；图4－1－24：3），这种形式的直棂窗可能是安装在东厢房屋门以上，也可称"亮子"。另一种直棂窗为长方形，如雍和宫后居住遗址西厢房内出土的直棂窗，宽64、高139厘米，桯宽7厘米，两桯之间安装5根直棂方子，每根方子宽3厘米（参见图版4－2－10：3），这种竖高的长方形直棂窗，可能是安装在西厢房前檐墙裙肩（即窗台）上。

五　屋内的固定设施和取暖设备

元大都住宅民居内都有相同的必要设备，即休息用的炕、做饭用的灶台和取暖用的火炉（仅少数住宅有可移动的铁炉），这些设备都固定在屋内，用砖砌筑，很坚固，因而保存较完整，在以往的城市考古发掘中是罕见的。这些遗迹充分反映出元大都居民的生活信息。元大都居民冬季取暖普遍以煤为主要燃料，发掘的遗址中，尤其是小户人家，院内都有储存燃煤的砖筑煤池。因为池中存满了煤炭，说明这些住宅被强行拆毁的季节为秋天，与明代初年（洪武元年，即1368年）明军攻入元大都并于八月修筑北平府北城墙的记载相符，正是每家每户贮存煤炭的时间。发现的灶台都是以木材为燃料。屋内发现的炕有火坑和坐炕，都是用砖砌的，未发现木床遗迹。上层富裕居民家的火坑都是烧煤或木炭。中等以下的居民火坑都是与灶连通的，既可烧水做饭，又用烟火余热暖了炕，到夏天把灶台后面的出烟道塞堵住，烟就不会进入火坑中的烟道。发掘所见，有的火坑还没有取掉塞堵烟火口的砖。坐炕都呈窄条状，只在中等以上的富足人家分布。

从10处居住遗址中统计，发掘出的炕共89座（其中火炕45座）、灶27个、炉子19个（表7－5）。

表7-5　元大都十处居住遗址中炕、灶和炉子统计表

尺寸单位：厘米

遗址名称	炕					灶		炉子	
	位置及形制	实心炕		火炕					
		数量	尺寸（长×宽-高）	数量	尺寸（长×宽-高）	数量	尺寸（长×宽-高）	数量	尺寸（长×宽-高）
后英房居住遗址	主院 正房正屋内北侧东、西炕，长条形	2	东：92（残）×63 西：390×63						
	北房东挟屋内东南角的两面拐角形炕	2	东：415×75-25（残） 南：415×105-25（残）						
	北房西挟屋内西南角的两面拐角形炕	2	西：415×75 南：415×105						
	西厢房内西炕	1	160（残）×48-10（残）						
	东院 南房东明间内三面"凹"字形炕	3	北：50（宽） 东：95（宽） 南：50（宽）						
	北房西明间内三面"凹"字形炕	3	残						
	北房东暗间内南炕	1	45（宽）						
	东厢房当心间东、西炕	2	东：280（残）×95-20（残） 西：85×50-40（残）						
	东厢房南暗间内三面"凹"字形炕	2	南：283×44-20（残） 西：340×62-20（残）	1	东：280（残）×86-40				
	东厢房北次间内两面拐角形炕			2	北：348×107-40 西：240×62-40				
	东厢房北小间北炕			1	230×122-40	1	80×70-31		
	西厢房当心间西炕	1	195（残）×50-28						
	西厢房北次间东炕	1	195（残）×50-28						
	西厢房南暗间三面"凹"字形炕	3	东：335×50-28 南：260×72-28 西：335×104-28					1	铁炉子（院内发现）
雍和宫后居住遗址	北房明间内三面"凹"字形炕	2	北：620×60-40 南：232×50-40	1	东：485×110-40				
	北房西暗间南、北炕	1	北：残	1	南：残				
	东厢房暗间北炕	1	400×78-40						
	东厢房明间南炕			1	400×115-40	1	95×75-15		
雍和宫东居住遗址	北房西暗间南炕			1	402×100-51			1	铁炉子
桦皮厂居住遗址	北房西暗间两面拐角形炕	1	西：345×45	1	南：345×110				
	北房东暗间三面"凹"字形炕	2	北：280×50 南：280×50	1	东：460×90-27（残）				
	东厢房明间北炕	1	380×40-35（残）						
	东厢房暗间三面"凹"字形炕			3	东：210×90-33（残） 南：380×110-33（残） 西：100×85-33（残）	1	90×85-20		
	西厢房南间北炕			1	375×110-20（残）	1	80×65-20		

遗址名称	位置及形制	实心炕 数量	实心炕 尺寸（长×宽－高）	火炕 数量	火炕 尺寸（长×宽－高）	灶 数量	灶 尺寸（长×宽－高）	炉子 数量	炉子 尺寸（长×宽－高）
德胜门东居住遗址	北房明间三面"凹"字形炕	2	北：550×57－26（残） 南：215（残）×55－40	1	东：425×120－40				
	北房暗间两面拐角形炕	1	西：315×60－30	1	南：215×115－30	1	90×90－17		
	北房东头间东炕			1	240×90－40	1	145×85－25		
	西厢房南次间西炕			1	260×120－35	1	100×70－25		
	西厢房北次间三面"凹"字形炕	3	东：190×65－20（残） 南：340×105－20（残） 西：190×75－20（残）						
	东侧南房前室南炕			1	280×140－36				
	东侧南房后室西炕	1	200×110－40						
安定门煤厂居住遗址	东部 北房（F1）南、北炕			2	南：270×110－30（残） 北：227×115－45	3	北炕灶：残 南炕灶：85×73－25 东南角灶：110×98－30	1	95×70－35
	东部 西厢房（F2）北炕			1	275×103－20（残）	1	120×103		
	西部 前院北房当心间北炕			1	345×110－25（残）			1	铁炉子（院内发现）
	西部 前院北房东明间三面"凹"字形炕	2	东：435×110 北：295×60	1	南：275×110－5（残）				
	西部 前院北房西暗间南炕	1	230×105						
	西部 后院北房南炕			2	东南：250×105 西南：残	2	残		
	西部 北房（F4A）南炕			1	230×95－5（残）				
西绦胡同一号遗址	东院东房门内北侧炕	1	170（残）× 100－30（残）			1	残		
西绦胡同二号遗址（东部居住遗址）	F1 西炕			1	355×110－56	1	135×82－25	1	残
	F2 东南角炕			1	250×120－45	1	90×60－24	1	45×38－45
	F3 东、西炕			2	东：245×100－15（残） 西：240×95－15（残）	1	75×65－15（残）		
	F4 西、北炕			2	西：240×120－45 北：200×90－40	1	80×70－20	2	36×36－40 66×48－16
	F5 东南角炕			1	298×100－45	1	80×70－18	1	60×45－40
	F6 东北角炕			1	194×90－44			1	残
	F7 东南角炕			1	220×130－45	1	70×70－20	1	40×40－45
	F8 西南角炕			1	273×100－45	1	85×65－24	1	45×40－48
	F9 南炕			1	240×90－45	2	70×60－20 75×75－20	1	51×40－45
	F10 东南角炕			1	215×90－40	1	80×80－20	2	48×40－26 55（直径）－45
	F11 东炕			1	213×95－45				
	F12 南炕			1	220×106－45	1	75×70－20	1	60×59－42
	F13 南炕			1	220×105－45			1	50×50－40
	F14 东南角炕			1	240×125－45	1	75×75－20	1	50×40－45

遗址名称	炕					灶		炉子	
	位置及形制	实心炕		火炕		数量	尺寸（长×宽-高）	数量	尺寸（长×宽-高）
		数量	尺寸（长×宽-高）	数量	尺寸（长×宽-高）				
西绦胡同三号居住遗址	北房明间两面拐角形炕	1	北：630×50-48	1	东：520×100-44			1	44×38-24
	北房暗间南炕	1	350×110						
一〇六中学居住遗址	北房西南角炕			1	220×108-45	1	80×73-25		
小计		44		45		27		19	

注：1. 后英房居住遗址东院东厢房南小间东炕（残长120、宽85、残高30厘米）、安定门煤场西部居住遗址前院西厢房北炕（长230、残宽95、残高34厘米），报告中未说明形制，未纳入统计。

2. 后英房居住遗址西侧居住遗址的两间东房各设一火炕、一灶（北侧间炕残长230、宽106、高50厘米，灶长75、宽65厘米；南侧间炕长220、宽92、高24厘米），未纳入统计。

3. 西绦胡同二号遗址西部为作坊遗址，F21 西南角炕（长200、宽105厘米）及炉子（边长50厘米），F24 西北角炕（长255、宽135厘米）及灶（边长85厘米），F25 南、北炕（南炕长270、宽117厘米，北炕长217、宽95厘米）及灶（长80、宽70厘米），未纳入统计。

从表 7 - 5 看，几乎每间屋内都有这些设施。不同阶层的人，使用炕、灶及炉子的种类形式和结构也不同，尤其表现在这些取暖设备在室内的布局形式大不一样，充分体现出贫富差别和生活习俗。

（一）炕的形式及在屋内的位置

炕共有 89 座，其中实心土炕 44 座、火炕 45 座。在室内的布局形式大体有三种：

1. 三面的"凹"字形炕

"凹"字形炕共有 10 组，均在室内不辟门的三面墙壁下围砌，其中有一面是主炕，比其他两面炕宽大。这 10 组炕分布在后英房居住遗址东院南房东明间、北房西明间、东厢房南暗间及西厢房南暗间（图 7 - 13：5）、雍和宫后居住遗址北房明间、桦皮厂居住遗址北房东暗间及东厢房暗间、德胜门东居住遗址北房明间及西厢房北次间、安定门煤厂西部居住遗址前院北房东明间。其中后英房居住遗址东院东厢房南暗间、雍和宫后居住遗址北房明间、德胜门东居住遗址北房明间和桦皮厂居住遗址北房东暗间的三面炕形式相同，东面为主炕（火炕），南、北两面为次炕（实心炕）；后英房居住遗址东院东房东明间、北房西明间、西厢房南暗间的三面炕，与德胜门东居住遗址西厢房北次间的三面炕形式相同，都为实心炕；安定门煤厂西部居住遗址东明间的三面炕，南面为主炕（火炕），东、北两面为次炕（实心炕）；桦皮厂居住遗址东厢房暗间内的三面炕都是火炕，南面为主炕。

2. 两面相连的拐角形炕

这种形式的炕是在室内不辟门的两面墙壁下围砌，其中一面为主炕。拐角形炕共有 6 组，分布在后英房居住遗址主院北房的东、西挟屋和东院东厢房北次间内、桦皮厂居住遗址北房西暗间内、西绦胡同三号居住遗址北房明间内和德胜门东居住遗址北房暗间内（图 7 - 13：6）。其中后英房居住遗址东、西挟屋内的拐角形炕完全相同，均为土坯实心炕，南面为主炕；后英房居住遗址东院东厢房北次间内的拐角形炕都为火炕，北面的为主炕。桦皮厂居住遗址和德胜门东居住遗址的拐角形炕相同，南面为主炕（火炕），西面为次炕（实心炕）；西绦胡同三号居住遗址北房明间的拐角形炕，基本与雍和宫后居住遗址北房明间内的"凹"字形炕相同，东面为主炕（火炕），但是缺少南面的次炕。

3. 一面的长条形炕

这种炕的布局形式最多，一般在一间屋内陈设一炕。比较讲究且室内面积又大的，一般把炕靠建在一面通

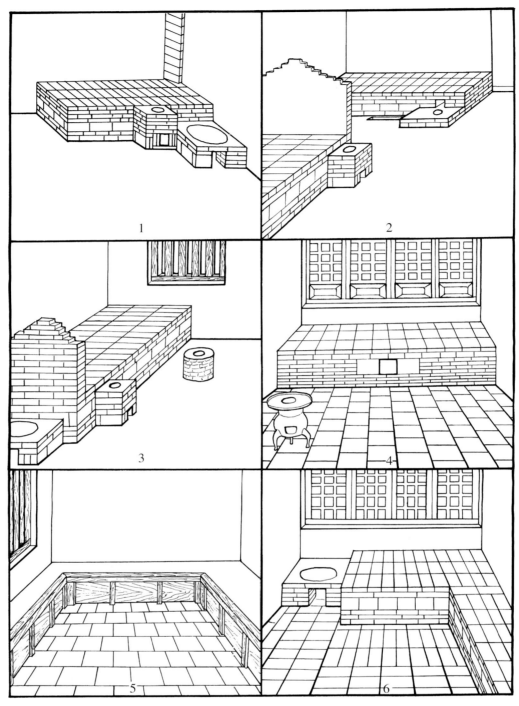

图7－13　元大都居住遗址内炕、灶及炉子形式

1～3. 西绦胡同二号遗址 F2、F4 和 F10 屋内的砖砌炕、灶及炉子的布置形式　4. 雍和宫东居住遗址正房西暗间前檐炕和铁炉子
5. 后英房居住遗址东院西厢房南暗间内三面"凹"字形炕　6. 德胜门东居住遗址北房西暗间内两面拐角形炕和灶

长的墙壁下，炕长与室内长相等，如雍和宫东居住遗址北房西暗间内的一面炕（图7－13：4）。但大多数的一面炕是靠在室内的一角，长度要比室内长（宽）度短，这种形式的炕都是火炕，比较宽，往往与灶连通地建在一起，炕旁还砌个烧煤用的砖炉子（图7－13：1、3）。有的室内虽陈设两铺炕，但不连在一起，而是分别靠在室内的一角，如西绦胡同二号遗址 F4 房内就是此种布局（图7－13：2）。

　　以上三种不同布局形式的炕分布在不同类型的遗址中，三面的"凹"字形炕和两面的拐角形炕都在大中型居住遗址中，如后英房、雍和宫后和德胜门东居住遗址等。这两种形式的炕占室内面积大，一般不与灶连建在一起，多为实心炕。如后英房居住遗址中共发现27座炕，其中实心炕有23座，4座火炕均为主炕，炕内有火膛，专为烧火暖炕用。长条形的一面炕在大中型遗址中也有发现，但数量很少，炕比较宽长，靠在室内一面通长的墙壁下，一般不与灶连建在一起，炕心内有专用火膛烧炕，室内不见砖砌的炉子，而是用铸铁炉子或铜

（铁）炭盆取暖（图7－13：4）。大量的一面炕较宽而短，陈设在室内一角，炕脸前或一头建连通的方形灶，炕旁砌炉子（图7－13：1～3），凡是这种形式的均为火炕，只分布在小型（贫民）居住遗址中，如西绦胡同二号遗址和一〇六中学居住遗址等。

（二）炕的结构

元大都发现的炕按结构可分两大类，一类为实心炕，一类为火炕。两类炕均为平地起建，炕外脸及炕面用条砖（土坯）砌成，炕面上往往涂抹一层黄土麦秸泥，然后再抹层青灰压光。炕外脸的砌法相同，从地面起先平铺错缝顺砌二至三层砖，其上砌层陡砖，再上又砌平铺错缝砖三至四层。炕一般高40厘米，最高的炕也仅有56厘米。下面以两类炕的不同结构举例说明。

1．实心炕

实心炕即炕心内用土填平整实。炕外脸形式有两种：一种以后英房居住遗址东院西厢房南暗间凹字形炕为例，炕脸用侧立土坯砌成，其外又包镶薄木板，炕外沿边安装一根宽4.5厘米的通长木条作为炕沿，下面与木板钉接在一起，每侧的木炕沿下各立四根方形槏柱，以便支撑木炕沿（图7－13：5），炕面平铺土坯，表面抹一层黄土麦秸泥，其上又抹一层青灰压光。这种土坯实心炕是后英房居住遗址中的一种普遍形制，发掘时炕脸部位都遗留一层板灰痕。另一种实心炕的外脸是用条砖砌成的，如德胜门东居住遗址西厢房北次间的凹字形炕。

2．火炕

火炕结构较复杂，有不带烟囱和带烟囱的。

（1）不带烟囱的火炕

这种形制的炕不多见，因为只冬季取暖用，所以炕心内的火膛及烟道中存灰很少。如后英房居住遗址东院东厢房北次间内两面相连的拐角形炕，在北炕前脸中间壁上砌有方形火口，火口内的炕心中砌长条形火膛，火膛两侧顺炕的方向砌有三条烟道，烟道在通向西炕时减为两条。就炕本身的结构而言，与雍和宫后居住遗址北房明间内的东火炕相同。又如雍和宫东居住遗址北房西暗间内的单面火炕，其结构较特殊，从外表看做法较讲究：炕面平铺三排大方砖，炕脸用规整条砖平铺错缝顺砌成，中间用陡砖砌一火口。火口结构别致，两侧用两块陡砖砌成夹槽，内放一块活动陡砖为火门，火门砖可以向两侧夹槽中推进拉出，从而控制炕内的火候。炕心结构也很特别，用陡立条砖砌8组砖垛，每个砖垛为三至五块条砖构成一方形立柱，其作用是支撑炕面砖，这种结构使炕心空间增多，炕面受热面积加大。发掘时炕心内有木炭灰痕，说明是用木材或木炭作为燃料烧炕。

（2）带烟囱的火炕

这种形制的炕又可分两种，一种是有火膛结构的，另一种为炕、灶连通结构的。

有火膛结构的炕　以雍和宫后居住遗址北房明间内东火炕为例，炕比较宽大，炕脸与炕面均用条砖砌，炕脸偏南部位砌长方形火口，火口内的炕心中砌一长方形火膛，火膛两壁用陡砖砌，火膛宽与火口宽相近、长与炕宽相近。除火膛部位外，炕心其余部位由底填土至与火膛壁齐，并夯实平整。在火膛两侧，顺炕的方向砌两条顺砖隔梁（这两条砖隔梁为烟道壁，也用于支撑炕面砖），把炕心均分成三条沟槽状烟道。出烟口位于炕的东北角，烟口穿过东山墙与室外的烟囱相通。发掘时火膛内有少量木柴灰，烟道内遗有黑灰痕。该炕前脸的地面上遗留有槏柱眼，应是设置木炕沿或炕罩的柱眼痕。与此炕心结构相同的还有桦皮厂居住遗址北房东暗间东火炕、德胜门东居住遗址北房明间内东火炕、西绦胡同三号居住遗址北房明间内东火炕和安定门煤厂西部居住遗址前院北房当心间内北火炕。另外，西绦胡同二号遗址中F3、F6、F11、F13、F24和F25房内的火炕与上述炕

的结构基本相同，只是比较短小。

　　炕、灶连通结构的炕　元大都居住遗址中这种结构的火炕最多，即一座炕与一个灶连建在一起，炕心内只有烟道结构，灶的火膛代替了炕内火膛。这种炕、灶组合有两个优点：一是能在灶上烧火做饭，二是能达到暖炕目的。炕、灶组合的外观有两种形式，第一种是把灶靠建在炕脸前的一边（图 7 - 13：1），第二种是把灶靠建在炕的一头（图 7 - 13：3），以前者较多。

　　第一种炕、灶组合的形式以西绦胡同二号遗址 F2 内的炕、灶为例：炕和灶均用条砖砌成，炕脸前南侧一边砌方形灶，灶口朝西，圆形灶膛的后面与炕脸火口相连通，火眼底呈斜坡状，往上通入炕心内的烟道。炕心下半部填土整平，上面顺炕方向建三条沟槽状烟道，北端留有缺口，使三条烟道相互连通。出烟口位于炕的东南角，往上顺屋内墙角砌有烟囱，烟囱用陡砖砌成，可能穿过屋顶，烟囱口建在屋顶上。发掘时灶膛内遗有大量柴草灰，炕脸火眼、烟道及烟囱中有黑色烟灰痕。

　　与 F2 炕、灶组合形式相同但结构上有些变化的，如西绦胡同二号遗址中 F5 的炕，炕心只砌有两条宽烟道，出烟口穿过前檐墙通入屋外烟囱中；F7 内的炕比较宽，炕心内砌有四条烟道，出烟口建在炕东南角的前檐墙中，往上穿过屋顶，通入屋顶上的烟囱中；F4 内西炕的结构与 F2 的完全相同，只是烟囱是用筒瓦合围顺墙角往上砌成的。另外，雍和宫后居住遗址东厢房内南火炕，炕、灶形式与 F2 的完全相同，只是出烟口建在炕的东南角，穿过南山墙与室外的烟囱相通，烟囱砌得较考究，用条砖砌成很规整的方形高烟囱。

　　第二种炕、灶组合形式以西绦胡同二号遗址 F8 的炕、灶为例：炕建在室内西南角，灶建在炕的北头，灶膛南侧与炕北壁中间的火眼相通，火眼底呈斜坡状，其上铺一块仰面板瓦，火眼与炕心内的三条烟道相通。三条烟道的南端用砖砌一条东西向短隔梁，使三条烟道必须转过南端的短横隔梁后，才能与西南角的出烟口连通。这种烟道结构能使烟火在炕心内缓转后再从烟囱中冒出去，可增加火炕的热度。该炕的烟囱是用板瓦扣合，依墙角向上砌成的。

　　除以上两种炕、灶连通的形式外，还有一种炕与炉子连通的形式。这种炕见于西绦胡同二号遗址 F4 北炕，比较短小，在炕脸前东侧砌一地槽炉，炉台高与炕脸上的火口相平（图 7 - 13：2）。炉口正好与炕脸火口上下相对，二者之间可能设置有一个拐脖烟囱，这样炉内烟火就可以通过烟囱进入炕内的三条烟道中。该炕烟道窄小，烟道深只有 5 厘米。

　　在炕的外形上，我们发现西绦胡同二号遗址 F4 的西炕以及 F7、F8 和 F10 屋内的炕，在炕的一端（即与灶相连接的一头）砌有单砖坎墙，形成炕端的挡头墙（图 7 - 13：2、3），这可能与灶台有关，有挡头坎墙，炕上的物件就不会掉落在灶锅内。此外该遗址中 F1 的炕比较宽高，炕沿砌法别致，即炕沿部位的三层砖逐层向外压边出沿，形成较宽厚的炕沿。

　　另外有一点值得注意，即灶膛与炕脸火口之间（或在炕内第一条烟道口处）往往发现有半头砖横挡着封闭火口，这是因为夏天不需要烧炕，所以要把火源切断，使灶内烟火不能进入炕内。这一现象正说明元代居住遗址被压在明初城墙下是在初秋，因此有的炕还未取掉封闭火口的砖。

　　（三）灶的形式

　　灶共发现 27 个（见表 7 - 5），均用条砖砌成。灶为方形或长方形，一般长 80 ～ 90、宽 70 ～ 80、高约 25 ～ 30 厘米，最小的灶长 55、宽 50 厘米，最大的灶台长 1.45 米、宽 85 厘米（双联灶）。灶膛呈圆形，一般直径 40 ～ 50 厘米。凡是把灶建在屋内的均与火炕连建在一起，灶建在屋外的仅有一例。大中型居住遗址中主要建筑的正房内均不设灶，只在厢房或厨房内设灶。小型（贫民）居住遗址中，几乎每间屋内都设有灶。

灶的结构简单且基本一致。以西绦胡同二号遗址 F9 屋外灶为例：灶为平地起建，四壁用砖错缝砌，东壁中间砌方形火口，火口两侧砌陡丁砖，上面平铺条砖作过梁。灶膛居中，周壁用泥抹光，灶膛后上方有出烟孔，往上通入烟囱中，烟囱用两块筒瓦合围而成。屋内的灶都无烟囱结构，因为灶膛的烟火直接通入炕内烟道。德胜门东居住遗址北房东头开间屋的灶结构特殊，是由两个灶膛并排构成双联灶。

（四）炉子的形制

在发掘的元大都居住遗址中共发现 19 个炉子，可分铁炉子和砖砌的炉子两类。

1. 铁炉子

铁炉子只有 3 个，全为生铁铸成。分别出土在后英房、雍和宫东（图 7 - 13：4）、安定门煤厂西部居住遗址中，为中上等人家的用品。铁炉子形制相同，以后英房居住遗址出土的铁炉子（YH65：104）为例：炉盘呈圆形，直径 47.5、炉口直径 12、炉膛深 15.5 厘米。炉身呈圆筒形，下部呈球形，圜底。炉门靠在下部，呈方形，近底部有三条曲形腿支撑炉体，炉内壁撂泥至炉口，炉膛底和炉门上方放置五根铁炉条（炉箅）。出土时有的炉盘上遗有支垫砖。这种炉子的结构与现今使用的铁炉子基本相同。

2. 砖砌的炉子

砖砌的炉子均发现于小型（贫民）居住遗址中，共 16 个，与火炕靠在一起。一般为方形，高约 40 厘米，仅有一个为圆形。从结构看，有平地起建的炉子和带地槽的矮体炉子两种。

平地起建的炉子　这种炉子最多，结构大同小异。以西绦胡同二号遗址 F2 屋内中的炉子为例：炉子靠在炕脸前中间，炉底平铺一层砖，其上砌一层陡砖，居中留出长方形炉门，炉门面西，炉门以上用砖平铺错缝砌五层。炉膛居中，呈竖筒形，周壁撂泥抹光。炉膛底没有炉箅，而是放一块陡砖代替，陡砖顺炉门方向放在炉门洞内。与上述炉子形制不同的如西绦胡同二号遗址 F4 屋内西炕前的炉子，炉膛底安装三根铁炉条；F10 屋内的炉子，是用砖围砌成一圆形炉体，外表用泥抹光（图 7 - 13：3）。

地槽炉子　这种结构的炉子发现不多，其本身可分上下两部分。如西绦胡同二号遗址 F4 屋内北炕前为一矮体地槽炉子（图 7 - 13：2），地面以下建一长方形炉槽（相当炉门洞），槽底平铺条砖，槽壁用陡砖围砌，槽口以条砖压边；地面以上（即槽的上面）砌方形炉体，共砌四层砖，居中为炉膛，膛底有四根铁炉条。

以上这些不同形制的炉子，出土时绝大部分炉膛内遗留有烧过的煤饼或硬煤块。西绦胡同二号遗址中几乎每家都有盛煤用的砖砌煤池、装煤残缸等，储存的冬季用煤有硬煤块，也有煤末，炉内烧用的煤渣、煤饼，都是自制加工。经比较，元大都居住遗址出土的煤与北京西郊门头沟煤矿出产的煤相同，北京西郊门头沟无疑在元代就已开采煤矿，供应大都人民生活用煤和生产用煤。

从元大都各类居住遗址的室内布置看，炕、灶和炉子是主要的陈设，尤其火炕、炉子是我国北方人家中取暖抗寒的设备。从大中型（生活比较富足）居住遗址分析，中上等的住宅内以"凹"字形的三面炕、拐角形的两面炕和长条形对面炕为多，室内一般不设灶和砖砌的炉子，取暖用铁炉子或炭火盆，因为中上等人家住房宽敞，房间多，每间屋按用途分厅堂、书房、卧室、厨房、储藏室、碾房、磨房及佣人住房等。如后英房居住遗址主院内正屋，房屋高大又宽敞，三间连通，只在后檐墙下布置窄条实心坐炕，前面留出较大的空间来摆设家具等。东、西挟屋可能是书房，所以东挟屋内遗留有文房四宝和许多文玩用品等，炕也比正房炕宽大，围绕在山墙与前檐墙下，既可当作书房也可以休息。东院的东、西厢房内有实心炕和火炕两种，占用室内面积大，相对室内活动空间窄小，当是卧室。东厢房南北两头的简陋房屋为佣人住房，既有火炕也有灶。其他中型居住遗址以正（北）房为主，屋内炕也比较讲究，除有睡人的火炕外，还有窄条坐炕围绕墙下。有的炕前立有木柱，挂起纱质轻幔帐，把炕罩装修得很讲究。这样的人家一般只在正房当心间的后檐墙下设窄条坐炕，东次间与西暗间设有宽大火炕或拐角形炕。上述炕的布置形式，我国北方的一些地区至今还在应用，如吉林的满族民居（比较富裕的人家），室内炕的布置形式几乎与元大都居住遗址中出现的几种炕的组合形式完全相同。满族民居也是以正房为主，如果是三开间的正房，则当心间为堂屋，西暗间为上屋，比较宽大，东暗间面阔较小。堂屋内不设炕，只在东、西间内设炕，有的靠后檐墙下设炕（城市民居多这种形式），有的靠前檐墙下设炕（农村民居多这种形式），还有的设对面的两铺炕。值得注意的是，还有在不辟门的三面墙壁下设"凹"字形三面炕的。

这里谈谈我国北方三面炕的布置。如在正房西间内设三面炕，炕围砌在北、西、南墙壁下，其中以西炕为上，并在西壁上设祖龛，作为奉祀祖先的位置。炕上设置炕桌，上陈茶具。后因房屋面积窄小，逐渐将西炕缩小，形成现今的万字炕，炕宽仅50～60厘米（图7－12：2）。如是在三间厢房内，室内炕的布置形式亦同正房，即在厢房南间内设三面炕，其中以南炕为上，南壁上设祖龛。沈阳清宁宫室内炕的布置形式与上所述完全相同，但比较讲究，南、北炕前立有木柱，有炕罩设置（图7－12：1），与元大都上等人家室内炕的布置相同。由此推断，"凹"字形的三面炕和奉祀祖先的观念至少在元代就已有了。

我国汉代以前，居室内不设床（炕），都为席地而坐。唐代开始流行设床，部分器物也置于床上。到了宋代，居室陈设发生了变革，因为小木作的技术得到长足发展，能制造出各式家具，于是室内空间逐渐扩大，以便摆设家具，生活方式"由汉唐以来之跪、踞或盘坐于席、床之上，逐渐改变为垂足坐杌、椅，面前设高桌"[①]，"凹"字形的床开始出现，如宋仕女梅妆镜中的木床形式，马和之《豳风图》之《七月》一段所示的一般民间室内铺席的方式，皆作倒置之"凹"字形。宋墓中的棺床，有的也呈"凹"字形状[②]。所以"凹"字形炕在宋代就已流行。

两面的拐角形炕，在我国北方蒙古族住宅中至今还能见到，称为"拐巴炕"。

单面的长条形炕，现今在我国北方农村常见，往往与灶连在一起。这种形式的炕、灶多是生活贫苦的人家所用，因为一户人家只有一间房，一房多用，所以炕只能陈设在房屋一侧角下。炕短而宽，为了取暖又节省烧柴，炕与灶连在一起，形成"一间房子半间炕"的布局，再陈设一些必要的生活用品，使一间小小的居室满满堂堂，显示出浓厚的生活气息。

炕、灶组合的连建形式是我国劳动人民从生活中总结出的，直到今日北方农村还在使用，如三开间的居室，当心间为堂屋，两次间内靠前檐墙下各设一炕，灶设在堂屋内，隔墙与炕连通。（图7－12：3～5），炕的外形与结构和元大都居住遗址的火炕也基本相同。如东北的满族民居，炕的长度以房屋间宽来决定，炕的高度以成人膝高为准。建造过程是：首先砌炕沿墙（炕脸），上安木炕沿，讲究的会在炕沿正面或沿墙的木板上雕刻花纹。炕墙内砌长方形炕洞（即炕心烟道），炕洞（烟道）方向一般与炕沿平行，中间以炕垅相隔（即砖隔梁）。炕内下部垫土，夯打坚固，比地面高约30厘米。炕面用砖、土坯、石板等材料铺盖，于表面涂抹灰泥（厚1厘米）、黄泥，上部再抹麻刀灰压平或裱糊厚纸，最上铺炕席。所以我国北方现今的炕与古代炕的形式是一脉相承的。

① 宿白：《白沙宋墓》，文物出版社，1957年，第94、95页。
② 宿白：《白沙宋墓》，文物出版社，1957年，第94页。

第八章　元大都出土的瓷器

元大都是元代政治、经济、文化的中心，在元大都遗址的考古发掘中出土了大量遗物，其中数量最多的是数以万计的瓷器碎片。显然，瓷器是元大都居民日常生活中主要的且必不可少的器皿。对元大都瓷器的研究，不仅可以了解元代制瓷手工业的面貌，为中国陶瓷发展史增添实物资料，而且透过瓷器运销大都的过程，还可以进一步研究元代的交通、贸易、文化艺术、社会习俗等一系列问题。但是研究这一系列的问题，首先必须将元大都瓷器的窑口及瓷器本身的有关情况认识清楚。元大都的瓷器从外貌观察，绝大部分属于北方的磁州窑、钧窑及南方的龙泉窑、景德镇窑的产品，少量的白瓷属于北方的定窑与霍窑，此外有一批黑褐、酱褐、灰青等釉色的粗胎瓷器，则应是元大都周围的民窑产品。

元大都的瓷器不仅分属众多的窑口，在每一窑口中尚有不同釉色、不同工艺的产品。釉色中既有青、白、黑、黄、酱褐等多种单色釉，也有釉上彩或釉下彩的青花、釉里红、白釉黑彩、褐彩、红绿彩等。胎色及胎质既有洁白细硬的，也有黑灰粗松的，有灰白、灰黄、砖红等不同胎色，胎质也软硬不同，此外还发现有仿唐代的绞胎器。各窑瓷器的装饰手法以印、画为主，兼有刻、划、堆贴、镂雕等多种技法，制作技术以轮制为主，部分采用手捏、模印、分段粘接等技术。纹饰题材则更是丰富多彩，举不胜举。总之，这批瓷器足以反映元代制瓷业的水平及面貌。现将这批瓷器按窑口综合分析，并叙述其特征。

一　景德镇窑瓷器

元大都出土的瓷器中，胎釉质量最高的是景德镇窑的产品。景德镇窑早在宋代已是南方生产白釉及青白色影青釉瓷器的著名窑址。

元代，景德镇窑未受战乱的破坏，不仅继续生产，而且受到元政府的重视。据《元史》卷八十八《志第三十八·百官四》"将作院"条记载，元初至元十五年（1278 年），在景德镇设"浮梁瓷局""掌烧造瓷器"，即专门从事监督瓷器生产，供给宫廷、军队使用的机构。同时由于战争的原因，北方一些宋代的著名瓷窑，如定窑、官窑等停止生产，大批工匠随南宋政府南迁，使景德镇窑增加了一批熟练的制瓷工匠。因此，元代景德镇窑的制瓷业得到了发展。元大都出土的景德镇窑瓷器反映了景德镇窑在元代的生产发展盛况。

元大都出土的景德镇窑瓷器，有白釉、影青釉、卵白釉（又称枢府釉）及釉下彩的青花、釉里红等品种。从器形上看，除碗、盘为数量最多的日用器外，还有高足碗、罐、炉、灯、壶（注子）、瓶、盏托、小盂、钵等日常用器，此外尚有形制、纹饰较特殊的器物，如凤首扁壶、双耳扁方壶、葫芦形壶、三足鼓钉洗、出戟觚、小匜、小玩具等。根据这些器物的特征及工艺、纹饰与窑内标本做以下比较：

（一）器形特征

元大都出土的属景德镇窑的瓷器，包括整器和可复原器形共 462 件，其中最多的是碗、盘、高足碗等器形，计有碗 123 件，约占 27%；盘 96 件，约占 21%；高足碗 78 件，约占 17%。其他瓷器数量较少，每类出土数量占比都在 8% 以下。碗的形制较多，总的可分两类：一类是宋代流行的器形，是传世或仿制的，有圆唇深腹高圈足式碗和尖唇敞口、斜腹、小浅圈足的"斗笠"式碗。另一类是元代流行的碗，可分二型。Ⅰ型为圆唇、撇沿、直深腹、矮圈足，足壁规整，足底抹角，外底心有小乳突，足径在 4～8.4 厘米，也有少数腹部较浅、圈足径较大的碗。Ⅱ型碗的数量多，形制为尖唇敞口、直腹折腰、斜收内平底外小圈足。此类碗的内壁皆印花纹，有缠枝花卉或团花纹、云龙纹等，不少缠枝花卉间印有"枢府"二字，故又称枢府碗，其数量约占出土碗的三分之一。

盘的形制自宋至元变化不大，出土的盘中有覆烧的芒口盘、假圈足盘及平底盘，可能是仿宋代器形烧制或宋器仍延续使用的，数量不多。大量的元代盘的形制基本上是两种：一种是尖唇敞口，折沿，浅斜腹，圈足，足底部皆较厚重。除圆盘外，尚有椭圆形、花瓣口形、八角形等。另一种形制是圆唇敞口，斜弧腹，圈足，足径大小不一，4～12.5 厘米。这种盘与枢府碗的釉色纹饰相同，有的盘内亦印有"枢府"二字，故又称枢府盘，是盘中出土数量最多的。

高足碗的形制变化较显著。元代早中期流行的高足碗为圆唇，斜弧腹，腹较深，高圈足的足把较粗短，足底外撇呈喇叭口状。元晚期的高足碗口沿外撇，浅腹外鼓，足把较长瘦。高足碗虽在宋代已出现，但在元代始广泛流行使用。高足碗在元大都遗址中发现的数量仅次于碗、盘。

罐共 28 件，其形制一般为圆唇直领，广肩鼓腹，平底。少量罐底为凹底（隐圈足），部分罐为瘦肩鼓长腹，一般罐最大腹径在腹中部。大部分罐应是带盖的，虽然仅发现两件罐与盖同出，但其余的罐口沿处皆无釉，与出土的许多器盖子母口的口径相吻合，直径在 8～11 厘米。器盖出土量也较多，完整的有 19 件，其外形多样，有僧帽形、荷花形、覆盘形等，盖纽亦有尖顶圆形、平顶圆形等多种。

灯盏在元大都遗址内出土量较多，在西绦胡同一号遗址内一处就出土 26 件。灯盏的形制较特殊，外形似高足碗，只是足把粗壮，把径与碗腹径相近。灯碗有双层底，上层呈盘状，与下层碗口沿粘连，盘心竖有长方形带方孔小柱，为插灯捻处。碗内及盘外底皆不施釉，碗腹有小孔，为系绳悬挂用。碗下为圆柱形足把，把直连圈足，内腹皆空，圈足径较足把稍大。灯足把上有竹节纹，碗及圈足外部均印有瘦莲瓣纹。这种灯盏，既便于悬挂，又因足把及底部宽粗，可放置平稳，加上结构细巧，被称为"省油灯"，是元代景德镇窑特有的产品。

香炉也是元大都居民普遍使用的器皿，在各居住遗址都有发现，数量也不少，完整或能复原的达 35 件。炉的外形均为双耳三足，足部稍有不同。可分二型。Ⅰ型炉的口部为平唇直沿稍内折，短颈，颈两侧或上腹侧竖有长方形带孔双耳，耳的三分之一高出于炉口，腹呈圆鼓形，下内收为平底或圜底，腹下有三足支撑，有的足上部鼓起制成兽面形。此种香炉体形小，通高在 10 厘米左右。Ⅱ型炉为平宽唇内折成凹沿，短颈，颈侧竖两耳，鼓腹，下腹为袋状鬲形足，沿外饰回纹，腹部有兽面及云纹，器形及纹饰皆仿古铜器。炉身高大，通高 24.5 厘米。上述二型香炉的用途可能不同，前者为家庭内祭祀及熏香之用，后者则应是专用于祠堂、庙宇等祭祀、供佛的。

除上述日常用器外，在元大都各遗址内出土一批景德镇窑烧造的影青、枢府、青花釉瓷器，如本书第四章中介绍的长方双耳扁壶、凤鸟形扁壶、玉壶春瓶、胆瓶、葫芦形瓶、三足鼓钉洗、出戟觚、带托茶盏、长方形枕、笔山、塔形罐等器皿，以及较多的菩萨、罗汉及各种人物塑像和动物塑像。这些器物各具独特形制，其中一部分明显是仿古代铜器、漆器的形制及纹饰，也有不少是元代制瓷工匠独创的器形，尤其是各种宗教塑像，集制瓷技术与造型艺术于一身，充分反映出元代制瓷工匠的高超技术与高度的艺术创造力。

（二）烧制工艺

元大都出土的景德镇窑瓷器的烧造工艺与同时期其他窑址产品相比更为复杂精细。首先在制瓷原料上，景德镇窑具有得天独厚的自然条件。在景德镇附近浮梁县东乡的高岭山上盛产优质制瓷原料——瓷土，土质纯白细腻。其次，由于历史和政治原因，元代景德镇窑吸收了大批从宋代北方名窑——定窑迁来的有经验的工匠，从而将制瓷工艺传授下来，使景德镇窑的制瓷工艺既有传统技术又有改进创新。通过测试和观察，我们发现元大都出土的瓷器胎釉成分结构有了变化，在制作上也有许多新的工序和技术，如瓷胎的胎土采用瓷石加高岭土的“二元配方”法，在制坯时拣选瓷土、粉碎淘洗和沉淀的过程也更为精细，因而瓷器的胎质白净细腻。从不同器形的成型上可以看出，当时制作圆器皆用轮盘拉坯，因而在器物的腹壁及底部都留有明显的螺旋痕迹，同时还很注意修坯，器形皆很规整。胎壁较薄，口、底都显得光滑匀称，胎壁厚度一般在0.2~0.5厘米，个别器物口沿薄处仅0.1~0.15厘米，大型罐、炉的器壁较厚，一般在1~1.8厘米，最粗厚的是鬲形炉的炉足，达3厘米。圆形器的底足皆经旋削平整，底心有小乳突，足壁亦光滑平直。圈足有大小两种，其中小圈足器底部胎厚，足径与口径尺寸一般为1:3或1:4，口部与底部的厚度为1:3或1:5，故器物虽有小足却能搁置稳定。在装烧时，除用垫饼外，还用细砂固定，有的可能不用垫饼而只用砂渣，因此，几乎每件器底都能发现底足周围粘有砂粒。由于口沿胎薄，经高温烧制后易变形，故器形中的碗、盘等口沿多制成菊花或莲瓣口，也有作椭圆或八角折沿的。除了圆形器外，瓶、罐、壶等器皆采用分段拉坯或模制，高长器形则分段拉坯后再粘接，然后修坯，器形呈秀巧挺拔状。器物上的附饰，如双耳、壶把等手制后再粘接，塑像模制后粘接，在这些器物的内壁都有明显的手指按捺纹及胎的粘接缝。施釉技术以浸釉和蘸釉为主，部分器物上有刷釉痕迹。一般施釉一次，釉层薄而均匀，大型厚重器上有施釉两次以上的，釉层厚并有流釉现象。由于器物施白釉或青白釉，胎又洁白，故凡施薄釉的器物显得光洁素雅，釉面上跳釉、疵点等缺陷很少。在烧成技术上，从器形规整，胎薄质坚，釉层厚薄均匀，釉面光亮滋润，色泽浓淡适宜等方面，可以看出对烧窑的火候及烧成冷却等过程都能熟练掌握，已达到与现代瓷接近的烧造水平。

（三）胎釉成分及窑口探讨

经过陶瓷科技工作者多次的理化测试，获得了元大都出土景德镇窑瓷片标本的大量数据，现将元大都的景德镇窑瓷片标本及景德镇湖田窑址标本的物理性能数据列表如下（表8-1）：

表8-1　元大都出土景德镇窑瓷器与湖田窑瓷器标本物理性能对比表

类型	标本来源及器物号	体积比重（克/厘米²）	显气孔率（%）	吸水率（%）	吸虹实验	烧成温度	白度
影青瓷	元大都 YM（74）Ⅳ-1	2.24	0.60	0.27	不吸虹		
	元大都 YG（72）Ⅳ-2	2.23	0.59	0.30	不吸虹		
	湖田窑（宋末元初）155			0.54		1270℃±20℃	63%
枢府瓷	元大都 YG（72）Ⅳ-3	2.24	0.72	0.32	不吸虹	1280℃±20℃	
	元大都 YG（72）Ⅳ-4	2.31	0.84	0.37	不吸虹		
	湖田窑 156			0.40		1250℃±20℃	60%
青花瓷	元大都 YM（74）Ⅳ-5	2.29	0.29	0.13	不吸虹	1280℃±20℃	
	湖田窑 Y-1	2.275	0.47		不吸虹	1280℃±20℃	

注：表中元大都标本及湖田窑青花标本由中国科学院上海硅酸盐研究所测定，其余湖田窑标本为江西省陶瓷工业科学研究所测定。

由于测试单位及测试时间不同，元大都出土的影青、枢府、青花瓷与景德镇湖田窑元代产品物理性能的对比尚缺少一些数据，但已可使我们了解其中的一些差别和变化。如表8-1所示，无论是影青、枢府还是青花瓷，尽管釉色不同，胎的体积比重是极为一致的；气孔率和吸水率普遍较低，仅稍有不同，反映出瓷胎的细密紧致和色泽洁白的原因；瓷胎烧成温度都在1280℃左右。其中青花瓷的气孔率与吸水率比影青、枢府瓷低得多，胎也更为洁白细密，显然青花瓷的烧造技术更为进步，青花瓷的胎釉结构是元代制瓷工艺中最高水平的反映。将上述三种釉色瓷器的胎釉成分与景德镇湖田窑产品的测试数据进行比较，其结果如表8-2所示：

表8-2　元大都出土景德镇窑瓷器与湖田窑瓷器标本胎釉化学成分分析对比表

品种	出土地点	出土器形	器号	分析内容	化学成分含量（%）															备注
---	---	---	---	---	SiO_2	Al_2O_3	TiO_2	Fe_2O_3	CaO	MgO	K_2O	Na_2O	P_2O_5	Pb_2O_5	MnO	CoO	$CuO-NiO$	总量	FeO	
影青瓷	元大都	壶	YM（74）IV-1	胎	74.02	19.34	0.06	1.17	0.12	0.12	2.84	2.69	0.04		0.06			100.46	0.95	
				釉	66.48	12.96	0.12	0.90	12.85	0.18	2.24	4.00		0.13	0.10			99.96	0.16	
	湖田窑	覆烧碗	155	胎	72.94	19.86		0.88	0.56	0.30	2.11	2.78			（灼减）0.31			99.74		宋末元初
				釉				1.45											0.79	
枢府瓷	元大都	盘	YG（72）IV-4	胎	72.00	21.28	0.16	1.27	0.20	0.16	2.87	1.76	0.05		0.07			99.82	0.97	
				釉	70.09	15.24	0.16	0.83	6.40	0.18	3.22	3.13		0.15	0.09			99.49	0.06	
		碗	YG（72）IV-3	胎	72.04	20.45		0.98	0.16	0.11	3.16	3.43	0.04		0.07			100.44	0.80	
				釉	71.87	13.68	0.22	0.83	5.59	0.19	3.17	3.60		0.16	0.09			99.40	0.07	
	湖田窑	碗	156	胎	72.14	20.50		1.72	0.54	0.16	2.44	2.28						99.78		
				釉				0.82											0.61	
青花瓷	元大都	罐盖	YM（74）IV-5	胎	71.95	20.75	0.12	0.84	0.15	0.16	2.73	2.76			0.09			99.60		
				釉	70.17	14.02		0.78	8.00	0.40	2.72	3.13		0.15	0.12			99.49		
				釉+青花				1.84	7.51	0.42	2.85	3.31			0.11	0.50	<0.01			
	湖田窑	盘	Y-1	胎	72.75	20.24	0.53	0.93	0.24	0.15	2.87	1.78	0.04		0.08					
				釉	69.53	14.87	0.004	0.84	8.97	0.31	2.70	3.12	0.12		0.10	<0.01		100.56		
				釉+青花	68.05	15.22	0.007	1.73	8.78	0.39	2.74	3.14	0.14		0.09	0.37		100.66		

注：数据来源同表8-1。

表8-2中元大都出土的各种瓷器胎的化学成分与湖田窑标本接近。值得注意的是，元代瓷器胎中氧化铝（Al_2O_3）的含量在19%～22%，氧化钙（CaO）的含量在0.1%～0.2%。而宋代景德镇窑影青釉瓷器胎中氧化铝（Al_2O_3）含量在16%～19%，氧化钙（CaO）含量在0.4%～1.4%[①]。这是因为宋瓷是用瓷石一种原料制胎，而元大都瓷器的胎土中则含有10%左右的高岭土，已采用瓷石加高岭土的"二元配方"法，这是制瓷配方上的一大飞跃。釉的化学成分中，影青瓷氧化铁（Fe_2O_3）、氧化钙（CaO）、氧化钠（Na_2O）的含量较枢府瓷及青花瓷高，而氧化硅（SiO_2）、氧化铝（Al_2O_3）、氧化钛（TiO_2）的含量却明显要低，尤以氧化钙（CaO）的含量相差最大。釉中含釉灰量亦不同，枢府瓷为6%～8%，青花瓷为9%～11%，影青瓷为17%～26%。因此，尽管烧成温度皆为1280℃±20℃，烧成结果却是枢府釉略为欠烧，釉色呈乳浊木光；影青釉呈过烧状态，釉层透明并有流釉；唯有青花瓷，釉层、青花的色彩烧成均恰到好处。

[①] 宋代影青釉（青白釉）瓷的测试数据见李家治主编《中国科学技术史·陶瓷卷》，科学出版社，1998年，第327～337页。

根据理化测试结果，我们认为元大都的影青、枢府、青花瓷器的窑口应是景德镇湖田窑。胎釉的部分元素含量稍有差异，可能是因为当时景德镇窑在烧制瓷器的配方上没有精确的计量，同时在窑炉结构、烧造窑位、火候、温度、还原气氛上也是每件瓷器各有不同。另外，元大都出土的都是成品，而窑内出土的是废品，因此即使同为景德镇窑产品的影青、枢府、青花三种瓷器，胎釉成分也有较大差异。尽管它们之间成分有差异，但都已达到或接近现代瓷的水平，这在全国各地发现的同时期窑址内的同类产品中尚属少有。根据文献及考古调查资料，带有"枢府"字款的瓷器仅在景德镇窑址内有发现，为元大都这批瓷器的窑口提供了确切的证据。

青花瓷的青花料是钴土矿，有进口及国产两种。经测试，元大都出土的青花瓷成分中含锰量极低、含铁量较高，从外表观察，其色泽浓艳，青色最深处呈黑色，与国产青花料色泽淡雅且成分中含锰量高、含铁量低的特点截然不同，因此，元大都出土的青花瓷器绝大部分应是采用进口青花料。据近年科技工作者的研究，元青花瓷釉中含有硫、砷等微量元素，其中白釉的锌、铁占比都很低，具有高钙低钾的特点，两青花料具有低锰高铁的特点。根据青花料矿脉储藏情况分析，在我国的甘肃、新疆一带都有蕴藏，因而认为元青花的用料来源于国产的矿藏。[①]

除了青花瓷器外，在元大都遗址内也发现有釉下铜红釉的"釉里红"彩瓷，只是数量很少，仅发现一件缺盖的瓷盒及少量瓷片。从外表观察，烧制质量欠佳，部分红釉未烧出，说明当时的窑工尚未熟练掌握烧造釉里红瓷器的技术。

（四）装饰花纹

元代景德镇窑的瓷器装饰手法多样，绘画题材丰富多彩，色泽艳丽，充分反映了元代人民对艺术的追求和欣赏能力。

瓷器装饰主要表现在造型及纹饰上。造型方面除一般碗、盘、高足碗等器形外，凤鸟壶、葫芦壶、石榴形洗、三足鼓钉洗、鬲形炉、玉壶春瓶等器的造型都是比例恰当、形象生动，而各种人物、动物塑像更是栩栩如生，将美观与实用完美地结合起来。器内外的纹饰以印、画为主，兼用刻划、堆贴、雕镂等技法，从有纹饰的400件器物观察，刻划纹44件、印花250件、绘画67件、堆贴14件、雕镂25件，反映出宋代盛行的刻划花技法已被印花技法代替，青花绘画技法则方兴未艾，在佛像等塑像上盛行堆贴、雕塑技法。

纹饰题材以植物花纹为主，在400件中约占67%，动物花纹约占13%，其余各种纹饰及边饰纹等约占20%。植物花纹中主题纹饰主要为缠枝花卉，莲花、菊花、莲瓣、菊瓣纹，其他还有牡丹、折枝梅、桃花、折枝桃及松竹梅等。动物花纹中以龙、凤纹最多，其他有双鱼、鸳鸯、蛇、蟾蜍等。少数器物上有人物纹。也有以火珠、十字杵、如意等组成主题纹饰。边纹、陪衬纹饰有卷云、卷草、回纹、弦纹、古钱、联珠、火珠、云肩、变形莲瓣、蕉叶、水草等。此外还有在影青瓷上以含氧化铁的釉料点上匀称的褐色斑点作为装饰，但出土数量不多，有人称此种装饰为"飞青"，此类装饰的器物在菲律宾曾大量发现，应是外销产品。

刻划纹的题材主要是莲花及卷草纹，以影青瓷上居多（图8-1），这种纹饰在南宋就已流行，元代仍继承或仿制。印花是宋代定窑白瓷上流行的装饰，在元代影青与枢府瓷上也流行，题材较丰富。元大都出土的影青瓷中以长方双耳扁壶上的印花纹最有代表性，其器身布满各种印纹，口部为回纹，颈部为卷枝纹，腹部为缠枝荷花及缠枝牡丹，足上部有宽瓣蕉叶纹带，圈足外仍为回纹，侧腹亦为缠枝花纹，纹饰皆清晰生动，线条流畅，

---

①　关于元大都青花瓷的原料来源等相关问题，请参看李德金、蒋忠义等《元大都出土青花瓷器的无损分析》，《考古》1999年第11期。

图 8 - 1　　元大都出土景德镇窑影青瓷器上的卷草牡丹纹（YM74F3：61）

充分反映出工匠的技艺水平。枢府瓷用印花装饰者多，但因乳浊釉黏稠，纹饰都不如影青瓷清晰。枢府瓷碗、盘内的变形菊花纹，花瓣往往以放射状布满器壁及内底。枢府、影青瓷上还用贴花装饰，如胆瓶腹部的折枝梅花、桃花，此外还有人物、蛇等内容。在影青、枢府瓷上还多刻印云龙纹或飞凤纹，象征祥瑞。有学者认为龙纹绘或刻印成五爪的为官用器，无款识有三爪或四爪的龙纹为民用器①。但元大都出土的景德镇窑影青或枢府、青花瓷上的龙纹未发现有五爪的，而且龙泉、磁州等其他窑口瓷器上装饰的龙纹也都是三爪的。其他瓷器中是否有官用器暂不论，枢府瓷应是官用器无疑。

　　青花瓷是元代景德镇窑的新产品，是以氧化钴原料为着色剂在瓷胎上绘纹饰的釉下彩瓷器。元大都出土的青花瓷器数量不多，品种却不少，器物内外大部分绘满了各种花纹，主题纹有龙凤、水禽及牡丹、莲花、火珠、十字杵等，边饰及陪衬纹则更加丰富，有缠枝、卷草、卷云、蕉叶、古钱、莲瓣、海水波浪、荷叶、水草等（图 8 - 2）。在一些塑像及动物上，则用青花料绘出衣服的折痕，动物的嘴脸、毛发等。青花瓷中纹饰较为复杂的有带托盏、出戟觚、凤鸟壶及云龙纹碗、盘等。带托盏由盏及托盘两部分组成，盏腹内外布满纹饰，绘有缠枝牡丹、古钱纹，托盘内绘有六瓣花（有学者考证为"射干"或"栀子花"），高圈足外有蕉叶纹。出戟觚上的纹饰分布系利用器形瘦长的特点，将纹饰分隔成上下六层，喇叭形口沿内绘一圈卷枝纹，颈外周绘蕉叶纹，其下古钱纹，腹中部绘缠枝牡丹，其下则以粗细不同的弦纹相隔，圈足亦呈喇叭形，足外壁绘宽莲瓣，莲瓣内或以圆圈绘成和尚坐禅状，或直接绘以佛像；觚身腹侧贴有镂刻的"扉"四个，使纹饰亦分成四格，每格内纹饰相同。凤鸟壶则采用极为生动的塑、绘合施的纹饰，壶嘴制成凤鸟首状，绘以口眼等，壶口沿下一圈回纹，壶肩绘鱼鳞及长羽毛状的翅膀，壶把似动物的卷曲细尾，两端及尾侧、腹部绘尾羽及朵云，壶腹及鸟翅周围亦绘卷云及缠枝牡丹花叶，圈足处绘以海水波浪纹，整件器物虽布满青蓝色线条及花纹，但丝毫不显堆砌琐碎，而是给人以色彩鲜艳清秀、形象生动奇特的印象，令人爱不释手，充分显示出器物的艺术魅力。青花碗、盘上则绘有游龙盘曲于器内底中，周围绘有火珠、卷云，口沿部则以各种花枝蔓草装饰，器外腹皆绘以宽莲瓣。在青花罐盖、执壶上则绘有水禽、游鱼、莲花、水草及象征水草的绶带等。总之，青花瓷上的纹饰题材内容之丰富大大超过影青、枢府瓷，画法采用线描或平涂，有宋元时期水墨画的风格，因而青花瓷器流行后受到民间的喜爱，到明代成为瓷器装饰艺术中的主流。

　　在施堆贴、雕塑纹饰的影青釉瓷器中，以影青观音像、童子像及笔山最为特殊。影青观音为一坐像，一足蜷蹲，一足下垂，头戴花冠，身挂璎珞配饰，塑像的纹饰雕镂玲珑剔透，头冠上的花朵瓣叶分明，衣褶纹理飘洒清晰。观音双手跣足柔嫩滋润，脸型丰腴饱满，高额弯眉，眉心一点白毫相，双眼微阖，嘴角稍翘，呈微笑

　　① 　中国硅酸盐学会：《中国陶瓷史》，文物出版社，1982 年，第 345 页。

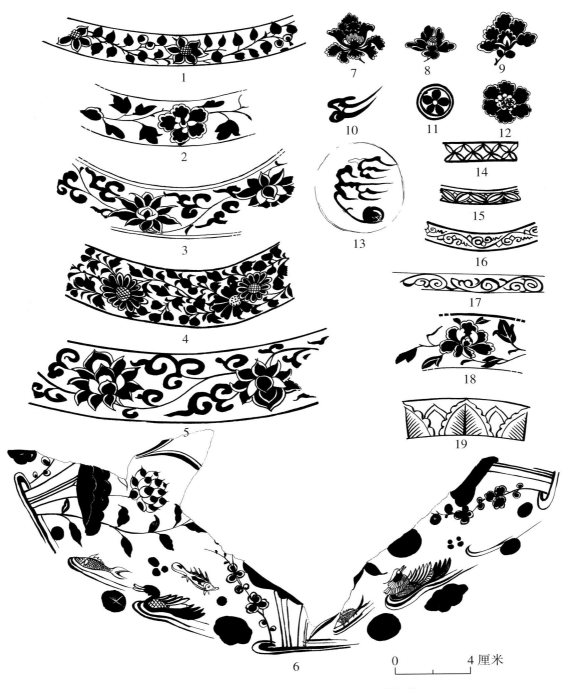

图 8－2　元大都出土景德镇窑青花瓷器纹饰

1～5、18. 缠枝花卉纹（1、4 为菊花，余皆为牡丹）　6. 水禽、游鱼、莲花、水草纹饰　7～9. 牡丹　10、13. 火珠　11. 海棠　12. 射干或栀子花　14. 钱纹　15. 人字纹　16、17. 缠枝纹

状，表情温和慈祥，极为动人，整座塑像呈现出庄严肃穆之态。童子亦为坐像，呈天真活泼的姿态。笔山的雕塑尤为别致，以五朵云彩塑成笔架，粗看似五座山峰，又似五个端坐的神佛像；细视则雕镂精致，为一座假山，由各种带孔的山岩怪石组成，岩石间盘绕着竹、藤的枝蔓叶筋，山岩下有翻腾的水浪波涛，山上则有五朵云彩飘逸于山巅，中间云托圆月，整座笔架似一幅美妙的山水画。这几件雕塑是集凸雕、浅雕、捏塑、堆贴、镂刻等多种技法创作而成，又经窑工的精心烧造，是元代景德镇窑瓷器中突出的产品，也是具有高度艺术魅力的艺术品。

（五）器底的墨书文字

元大都出土的影青、枢府、青花瓷的碗、盘底部尚遗留有墨书文字及记号，有的因在地下埋藏日久而模糊不清，能看清的文字有王、薄、马、贾、车、金、潘、黄、陈、胡、松、士、火、藏、生、吉、韦、公、刘记、彭二、白家、安未、山泼皮、赵孙女等姓及名、外号等，有年号至元，有数字十，记号 0、❀、𝇋、𝇌，及八思巴文𝇋、𝇐、𝇑、𝇒、𝇓等字，还有八思巴文与汉字合写在一起的。这些墨书文字的意义、作用在下文介绍钧窑瓷器时详述，此处不再叙述。

二　龙泉窑青釉瓷器及其他青釉瓷器

龙泉窑窑址位于浙江省龙泉县周围的山岭中，宋代即已盛烧青瓷，元代时窑址有 150 余处。元大都出土的龙泉窑青釉瓷器是在哪几处窑址生产后运往大都销售的呢？根据元大都出土的龙泉瓷及碎片的器形特征、烧制工艺、胎釉成分、纹饰等，我们与窑址出土的器物进行了对比，提出以下看法：

（一）器形特征

龙泉窑青釉瓷器的数量在元大都出土瓷器中占第四位，品种数量占第二位。器形有碗、高足碗、盘、碟、洗、钵、罐、瓶、炉、盏托等 10 余种，以碗、盘占多数，高足碗、罐、瓶、炉等次之。据统计，在 353 件标本中，碗有 185 件，约占 52.4%；盘有 103 件，约占 29.2%；其余器形约占 18.4%。器形皆规整，胎釉质细者多、粗者少。

碗、盘是元大都居民日常必不可少的用具。元大都出土的龙泉青瓷碗的形制基本可分为两类。一类的器形特征与南宋流行的器形相似，可能是南宋产品继续使用或是元代窑场仿制南宋时的器形。其形制有敞口、小圈足的斗笠状碗，有将碗口制成荷叶状的，有直口鼓腹或敛口斜腹的。这类碗在形制上最突出的特征是小圈足，足径 3～4 厘米。一部分碗满釉，仅足底一圈无釉，一部分圈足内无釉。碗内底心有的下凹呈小窝状，外底中心则有挖足后形成的乳突。另一类碗的形制为圆唇撇沿，敞口斜腹或弧腹，内底平，圈足较大，足径 5～7.3 厘米。圈足及外底皆不施釉，外底有显著的旋削痕，不平整。碗底胎较厚，足壁抹角，较前类碗平稳粗重。上述两类碗的纹饰也有明显的区别。前者以在碗外腹壁刻印瘦长的莲瓣纹为主要纹饰，这种纹饰在瓷器上流行广而久。在龙泉青瓷上，元代刻印的莲瓣纹较南宋的瘦窄，瓣尖呈圆弧形者居多。另一类碗上的纹饰以印花为主，一般在内底心印花卉、鱼虫、动物或文字的较多，外腹多在口沿下饰三至五道弦划纹，其下刻划宽莲瓣纹。这种外腹纹饰在盘、高足碗上也常见，为元代龙泉青瓷的典型纹饰。此外，还出土有少量的凹足碗等器形。

高足碗的口腹形制同碗，有圆唇直口、深腹及圆唇撇沿敞口、斜弧腹两类，口沿也有呈花瓣状的。高圈足有两种形式，一种呈喇叭状，较矮，足内满釉，足底露胎；另一种呈柱形，足外印有弦纹二至三道，似竹节状，足内不满釉，足底露胎，露胎处因二次氧化呈朱红或红灰色。

盘的形制亦为两类，一类为折沿、斜腹盘，另一类为圆唇直沿、斜腹盘。皆为圈足，圈足足径有大小两种，大者与口径之比为 1∶1.5，小者为 1∶3，一般为 1∶2。盘口径大小不一，可分为三型。Ⅰ型盘口径在 19～34 厘米，折沿者居多，口径大，烧造时易变形，为掩饰缺陷而将口沿制成莲瓣或葵瓣、菊瓣状，或在沿上做些装饰，如折成双折、贴上素烧的花朵等。Ⅱ型盘口径在 15～16 厘米，以圆唇、弧腹盘居多，盘心印荷花、牡丹或双鱼等。西绦胡同二号遗址出土的一件盘，胎釉质细滋润，器形制作规整，圆唇直折沿，斜腹，小圈足，足径约为口径的三分之一，外底心有乳状凸起，器腹外布满菊瓣、莲瓣纹饰，内底心有十字杵头形花纹，是元大都出土的龙泉青瓷中质量最好者之一。Ⅲ型盘口径在 10～13 厘米，口沿形制亦有折沿、圆唇两种，折沿的一般称之为折沿洗，又因盘身纹饰的不同称之菊花洗或蔗段洗，以外饰莲瓣及底心印折枝荷花、菊花或贴印双鱼的居多。上述三型盘中大部分盘外底满釉，仅足底一圈无釉，也有外底一圈无釉（又称涩圈）的，是用垫圈装烧，凡是无釉之处皆因二次氧化而呈朱红色。

罐的出土数量不多，发现有三种形制。一是大口、直颈、圆腹的瓜棱罐，腹外刻印菊瓣纹或缠枝牡丹纹。另一种是圆唇、短颈、长腹罐，素面居多。上述两种罐皆带盖，底部胎厚，为凹底（隐圈足），底内无釉，罐盖有荷叶形、圆形两种，盖面纹饰与罐同，盖纽有桃形、瓜蒂形、笠帽形等多种。第三种为鸟食小罐，形制与瓜棱大罐相似，有的腹部贴花。

盏托数量不多，但形制不一，制作精致。发现三件，除一件素面外，另两件分别刻印凤鸟及荷花纹。其中一件胎白细硬，釉色青绿，滋润有光泽，托盘中部盂状器与其他两件不同，其口部已残，镂空无底，盘腹内刻印细线的带叶荷花纹，盘下有三个兽面形足，兽面怒目圆睁，形象生动，足内亦镂空，是一件形制奇特、做工精美的器物。

瓶的数量亦不多。一种为元代典型的大花瓶，身高器重，口似喇叭状，长颈，上部鼓圆腹、下部长腹，凹底（隐圈足），器表满布纹饰，颈部饰弦纹及折枝花卉，腹部有缠枝牡丹等纹，下腹刻印瘦长的菊瓣纹。另一种为小口、长颈、圆腹、圈足瓶，又称胆瓶。

上述器形在全国各地发现的元代墓葬、窖藏和居住遗址中都有发现，其中不少是有纪年的，为确定元大都出土的龙泉窑青瓷的年代及产地提供了对比材料。

（二）烧造工艺

从外表观察，元大都出土的龙泉青瓷制作都较精致，胎釉呈色滋润纯净，质地细硬，烧造火候恰到好处，即使一些因火候不足而质地较粗，成色欠佳，器形外观也较规整。圆形器全部是轮制，为拉坯成型，皆经旋削修坯。凡制作精致的器皿，胎壁平滑，圈足皆挖足过肩，底内外满釉，外底中心旋削后留有一小乳突，圈足底一圈无釉，呈朱红色。一般的碗、盘等挖足较浅，外底不施釉，底部粗糙不平，有明显旋削痕。器物采用不同形制的垫饼烧造，既有将足部置于垫饼上的，也有将垫饼置于圈足内的。根据龙泉窑址的调查发掘资料获知，这两种垫饼的质量也不同，一种是瓷土，一种是夹砂黏土。在出土的盘内还发现粘有垫饼渣的，说明盘是叠烧的。大型的瓶、罐等器形，腹内有明显的粘接痕，为分段制作，炉足、盖纽、把手等器物附件皆用手制或模制后再粘接。大型的瓶、罐等器，器底皆为凹底（隐圈足），底内一般满釉，垫烧处则无釉。施釉方法有荡釉、浸釉、蘸釉等。一般上釉一次，个别厚釉器物上釉两次以上。

元大都出土的龙泉青瓷器大部分烧制工艺较高，一般瓷器的坯胎皆经素烧，然后再上釉烧造。从窑址的发掘资料中获知，元代早期民窑一般每匣钵内装烧一两件器物，到元代晚期则叠放三四件，而且可将不同器形相互套叠装烧，因此产量很高。但在元大都各遗址出土的龙泉瓷器数量不是最多，除了与产地路远、运输不便有关外，产品质量也应是原因之一。元大都出土的龙泉青瓷质量较高，在当时的生产条件下，高档产品的数量不可能很多。了解龙泉瓷器的质量高低和数量多少，有利于推断它们的确切窑口。

（三）胎釉结构及窑口探讨

元大都出土的龙泉青瓷的胎釉外貌观察见表8－3。其胎色不一，有灰白、浅灰、深灰及黄灰、砖红五种，前三种胎质较细硬，后两种胎质较松软，气孔亦较前者多。胎的厚度与器形有关，一般口沿处薄，底足部厚，厚度在0.2～1.4厘米。釉色也受胎色影响，胎白的釉多为粉青、豆青、青绿等色；胎灰黄或深灰的则釉呈黄绿、褐绿、黄褐等色。釉层较薄，在0.1厘米以下，釉呈乳浊状，釉面气泡少，裂纹也少而稀。部分釉呈透明玻璃状，气泡也多，并有细碎裂纹。

表 8 - 3　元大都出土龙泉青瓷与浙江龙泉大窑元代青瓷标本外貌观察对比表

标本编号	器形	器形描绘	胎厚度（厘米）	胎质与色调	釉色	釉层外观	纹饰	出土地点
YM（74）Ⅱ-1	带耳小罐	小口卷唇、鼓腹、圈足、短颈、带耳残片	0.3～0.6	黄灰色，质较细硬，有气孔	黄褐色	釉面光滑，有气泡、裂纹	腹外印有花纹，似葡萄纹	煤厂遗址
YM（74）Ⅱ-2	碗	底部残片，有圈足	0.3～0.7	深灰色，质较细硬，有气孔	灰绿色	釉面光泽不强，圈足内无釉	内底印有花纹，釉厚纹不清晰	煤厂遗址
YG（72）Ⅱ-3	碗	圆唇、斜腹、圈足残片	0.4～1.4	砖红色，质较细而疏松，有气孔	橘红色	釉面较光滑，有碎裂纹，底足无釉	素面	西绦胡同一号遗址
YG（73）Ⅱ-4	碗	底部残片	0.2～1.1	浅灰色，质细硬，有气孔	黄绿色	釉面较光滑，有气泡，外底无釉	内底印莲花纹	西绦胡同二号遗址
YU（69）Ⅱ-5	罐	腹部残片	1～1.2	白中带灰，质细硬，有气孔	豆青色	釉层透明，有裂纹，二次施釉	素面	雍和宫后遗址
YL-1	盘	残片	0.18～0.2（器底部分0.4～0.5）	白中略带灰	粉青带黄绿	光泽较强，釉层半透明，气泡很多，有细纹片	盘内印花	龙泉大窑元代产品

注：除 YL-1 数据参见周仁、张福康、郑永圃《龙泉历代青瓷烧制工艺的科学总结》（《考古学报》1973 年第 1 期）外，余皆参见陈显求、李家治、黄瑞福《元大都哥窑型和青瓷残片的显微结构》（《硅酸盐学报》第 8 卷第 2 期，1980 年）。

为了解这批龙泉青瓷的确切窑口，我们对分别出土于 4 处遗址的 5 件标本进行了理化测试，并与龙泉大窑标本进行了对比（表 8-4）。根据测试结果，瓷器的烧成温度在 1200℃ 左右，仅一件砖红胎、橘红釉的标本烧成温度为 930℃，尚未成瓷。胎的显微结构测试结果显示，浅灰、灰白胎属于黏土—石英—长石系白胎瓷，且含有大颗粒的钙长石，其中标本 YM（74）Ⅱ-1 是长石和云母两者兼有的混合成分，说明制胎原料是不同的；砖红色胎属多孔陶器结构，含三方晶系的赤铁矿和钙长石或斜长石，并有未分解的碳酸盐矿物。分析釉的成分，乳浊状釉由于含 5% 左右均匀的石英晶体，呈半光亮状态，这种状态是加上高温使釉的黏度大而形成的。釉面的裂纹则是由于胎釉膨胀系数不一致及釉层厚度、烧成温度、冷却速度等诸多原因而形成的。

表 8 - 4　元大都出土龙泉青瓷与浙江龙泉大窑元代青瓷标本胎釉化学成分分析对比表

标本编号	分析内容	化学成分含量（%）											
		SiO₂	Al₂O₃	Fe₂O₃	TiO₂	CaO	MgO	K₂O	Na₂O	P₂O₅	MnO	ZnO	C
YM（74）Ⅱ-1	胎	75.45	17.45	1.87	0.40	0.46	0.38	3.53	0.34	0.70	0.05		
	釉	70.95	15.51	1.42	0.20	4.83	0.60	5.38	0.52	0.30	0.14		
YM（74）Ⅱ-2	胎	71.72	18.51	2.43	0.20	0.008	0.37	6.08	0.54	0.01	0.08	0.009	
	釉	66.64	14.52	1.54	0.20	9.48	1.24	4.40	0.46	0.76	0.41		0.11
YG（72）Ⅱ-3	胎	75.87	16.44	2.73	0.51	0.18	0.59	2.82	0.25	0.02	0.03	0.01	
	釉	67.12	12.56	1.04	0.16	10.11	1.20	4.50	0.56	0.69	0.49		1.19
YG（73）Ⅱ-4	胎	78.21	14.00	1.67	0.14	0.14	0.16	4.96	0.50	0.07	0.039	0.009	
	釉	66.30	14.37	1.52	0.11	10.00	1.38	4.50	0.44	0.74	0.52		0.12
YU（69）Ⅱ-5	胎	69.13	22.17	2.22	0.28	0.03	0.18	5.47	0.36	0.07		0.01	
	釉	66.70	13.67	1.29	0.09	9.93	1.09	5.28	0.68	0.44			
YL-1	胎	70.77	20.13	1.63	0.16	0.17	0.74	5.50	0.82		0.07		
	釉	67.41	16.74	1.51	0.18	6.83	0.63	5.49	1.16		0.45		

注：数据来源同表 8-3。

此外，从表 8-4 釉的测试成分可知，元大都龙泉青瓷的釉皆为石灰釉，除标本 YM（74）Ⅱ-1 的氧化钙（CaO）含量低于大窑的标本外，其余含量在 9.48% ～10.11%，甚至高于哥窑瓷釉。由于釉中都含有方石英矿物，有相当多的钙斜长石针晶均匀分布于釉中，导致釉呈乳浊性，只是由于釉中含氧化铁（Fe₂O₃）较多，因而呈现出不漂亮的青色，显微结构则基本上保持玻璃釉的性质。其他化学成分数据，标本 YM（74）Ⅱ-2、YG（73）Ⅱ-4、YU（69）Ⅱ-5 与龙泉窑大窑地区的标本较接近，这些标本的产地应是龙泉大窑地区窑址无疑。

YM（74）Ⅱ-1、YG（72）Ⅱ-3 两件标本的数据与大窑标本差距较大，外貌观察也有明显差异，很可能是龙泉窑其他窑场的产品，限于测试数据资料，难以确定其确切窑口。但可以肯定的是，元大都大部分龙泉青瓷应是龙泉大窑地区窑址的产品。

（四）花纹装饰及墨书文字

元大都出土的龙泉青瓷上的纹饰非常丰富，装饰手法有刻、划、印、贴等多种，纹饰题材有植物（图 8-3）、动物、人物以及海水波浪、八宝、八卦、八吉祥、云雷纹、古钱、万字纹等，还有印各种吉祥文字及八思巴文字的。统计 255 件有纹饰的器物及残片，装饰技法以印花为主，共有 200 件，约占 78%；划花的 23 件，约占 9%；其他刻花、贴花等共 32 件，约占 13%。纹饰题材中植物纹占多数，约占 72%，其中又以莲荷花及花瓣最多，约占植物纹中的 56%；其次是菊花及花瓣纹，约占 27%；其他牡丹、梅花、葡萄等花纹共占约 17%。除植物纹外，其他题材纹饰共占约 28%。动物纹饰中以双鱼纹最多，其次为龙、凤、鹿、龟、鸟等。龙泉青瓷器的印花纹有一特点，即在动物或花卉间印有吉祥文字，如富、福、大吉、进宝、吉等，也有直接印上金玉满堂、天下太平等文字作纹饰的，还有在花瓣、花蕊中印上姓名、地点等，如心、月、上、仁、玉、天、川、东山、清河等。文字有楷书及草书两种，八思巴文字有"图"，其对音为"吉"；还有"图"，对音为"李记"；"图■图图"四字，对音为"百□吉延"。

除了主题纹饰外，龙泉瓷器上的边饰纹以弦纹为主，有的器形上有回纹、莲瓣纹等。其中最有代表性的边饰纹，是在碗、盘等器口沿外划印的三至六道平行细线纹，在细线纹上又按等距离刻划三道短粗不齐的斜线纹，这种边饰纹成为元代龙泉器特有的断代纹饰。此外，在后英房居住遗址出土的一件折沿大盘残器上，口沿贴素胎梅花多朵作为边饰纹，在元大都出土的龙泉瓷器中是较为少见的。

从元大都出土的龙泉瓷器纹饰的技法、题材，可以看出有时代上的差别：凡是以刻划纹为主的花纹，线条粗放有力，纹饰风格偏向写意，图案形缠枝等纹饰居多，花朵、花蕾、花瓣多变形，大小、粗细、宽窄、长短都与原形相距较大。这种纹饰在南宋时就已流行，元代早中期仍流行。元中期以后盛行印花，纹饰题材更加丰富多样，一般在碗、盘器底印一株或一朵花卉或一种动物，也有印较生动的游龙、飞凤，在云彩或花草中翱翔飞舞，无论是花卉或动物形象都较真实生动。在技法上，各种线条均较刻划纹纤细。除了碗、盘、瓶、罐等器内外有纹饰，在碗、盘的外器底还常有墨书文字，这种现象在元大都出土的其他窑址的瓷器上也有发现。由于

图 8-3 元大都出土龙泉窑大瓶腹部纹饰（YM74F2：4）

年深日久，有些文字已辨认不清。凡是书有文字的器物，质量比较粗糙，底部皆不施釉，内容以姓氏为主，也有数字、纪年及八思巴文字及名字等，如西绦胡同二号遗址出土的一件小盘底上有墨书"致和元年李"五字（致和元年，即 1328 年）。其余墨书文字内容有贾、杜、吴、张、李、康、郭、范、王、郝、秋、□隆、阿八、五、十、吉等。关于这些文字的意义及用途，将在后文分析器底文字发现最多的钧窑瓷器时综合叙述，此处不再赘述。

（五）其他青釉瓷器

1. 黑胎青瓷

后英房居住遗址出土的一件黑胎青釉瓷罐，是元大都出土的黑胎青瓷中唯一的一件完整器。该器胎厚 0.4～0.6 厘米，釉呈蟹青色，为透明玻璃釉，釉面布满碎裂纹，裂纹无色。器物形制为卷沿圆唇，短颈鼓，长腹内收，下为凹底（隐圈足），底足内外不施釉。从外形观察，与龙泉白胎青瓷罐形制相同，只是口沿稍有不同，龙泉白胎青瓷罐有盖，口部无釉，呈朱砂色，而此罐从口部形制看没有盖。

在雍和宫后居住遗址出土一件玉壶春瓶的口腹部残片（参见图版 4-2-15：2），胎为深灰黑色，厚 0.2～0.4 厘米，釉呈浅灰青色（有称为月白色的），釉面裂纹较稀，裂纹呈深褐色，外观与传世哥窑器相同。此外还出有小罐的口腹残片等，器形为圆唇卷口、短颈，其胎质、釉色等与上述瓶的残片相同。在西绦胡同二号遗址亦出土黑胎青瓷器残片，为炉的腹底残片，胎质细软，色呈黑灰及黄灰两种，胎厚处黑黄层分隔成五层，薄处分成两层。胎厚度为 0.15～0.5 厘米，似为火候不足、胎未烧结所致。釉亦为灰青色，较瓶的釉色稍深，裂纹细碎，纹呈蓝褐色，釉面光滑有气泡，釉厚 0.1 厘米。上述这批黑胎青瓷一般均被称为哥窑瓷器，但由于哥窑的产地究竟在何处，其产品以何种为典型，尚在研究探讨中。如龙泉窑址中曾出土一批南宋黑胎青瓷，称龙泉哥窑瓷器，但与被认为是传世"哥窑"瓷器的胎釉成分不同。元大都这批黑胎青瓷经测试分析，与龙泉窑出土的南宋黑胎青瓷数据差别较大（表 8-5），而元代龙泉窑址黑胎青瓷的数据未见，因此很难判定它们的确切窑口。

表 8-5　元大都出土黑胎青瓷与龙泉大窑新亭出土南宋黑胎青瓷标本化学成分对比表

标本号	器形	分析内容	化学成分含量（%）										备注
			SiO_2	Al_2O_3	TiO_2	Fe_2O_3	K_2O	Na_2O	CaO	MgO	MnO	总量	
YH（72）Ⅲ-4	罐	胎	65.47	24.17	1.22	3.75	3.31	0.63	0.38	0.44	0.022	99.392	
		釉	66.18	17.82		1.83	4.40	0.91	6.23	0.92		98.29	
YU（69）Ⅲ-1	瓶	胎	63.04	27.03	1.33	3.55	3.33	0.54	0.11	0.69	0.01	99.63	
		釉	63.54	17.32	微	1.04	5.24	1.68	8.84	1.36		99.02	
YG（72）Ⅲ-2	炉	胎	58.23	28.79	0.82	3.53	3.79	0.64	0.23	0.44		96.47	
		釉	61.66	19.23		1.40	4.75	1.35	8.68	1.14		98.21	
S3-4	瓿	胎	61.37	27.98	0.74	4.50	3.74	0.38	0.87	0.73	0.20	100.51	龙泉大窑新亭出土南宋黑胎青瓷
		釉	65.31	16.61	痕量	0.83	3.75	0.45	12.24	0.82	0.08	100.09	

注：除 S3-4 数据参见周仁、张福康、郑永圃《龙泉历代青瓷烧制工艺的科学总结》（《考古学报》1973 年第 1 期）外，余皆参见陈显求、李家治、黄瑞福《元大都哥窑型和青瓷残片的显微结构》（《硅酸盐学报》第 8 卷第 2 期，1980 年）。

2. 高丽青瓷

在元大都遗址中发现了几片灰青色釉的残片，为高丽青瓷器残片，其中能看出器形的有器盖 1 件、罐口部残片 1 件。盖为圆饼形，胎质较硬，浅灰色，有气孔，釉面光滑，呈青灰色，盖面镶嵌白釉纹饰，盖心绘云鹤纹，周围有点纹及圆圈纹组成的环带。罐为圆唇、卷沿、短颈，口沿外有白釉镶嵌的弦纹二道。这种有镶嵌装饰的青瓷是 12～14 世纪朝鲜康津窑的产品。高丽青瓷残片在元大都遗址内出现，反映了当时与朝鲜的关系及贸易情况。

3. 粗胎青瓷

元大都遗址中出土粗胎青瓷数量较多，其中以四系罐最多，完整或能修复的有 10 件左右。四系罐器形基本相同，仅口沿处稍不同，有的圆唇，有的方唇，皆撇口束颈，上腹鼓、下腹斜收成平底，有的底心稍凹，在颈腹间皆贴四个对称的桥形耳。器胎质粗夹砂，呈灰黑或红灰色，有气孔及裂隙，烧制火候低，吸水率高。器身上腹施一层薄透明釉，釉色呈黄绿或黄褐、青灰色，釉面粗糙不平，下腹及底部无釉。口径 7.5～10、底（足）径 9～10.5、高 21.8～26 厘米。此外还有部分碗、盘为粗胎青瓷。这些瓷器的窑口有可能是北方的民间小窑，但确切地点难以判定。

三 钧窑瓷器

钧窑是北宋五大名窑之一，钧窑瓷器到元代已成为民间喜用的日用器皿，窑址分布于河南全省十几个县境，在河北、山西等省也有不少窑址。元大都出土的钧窑瓷器数量占瓷器总数的第二位。钧瓷釉主要以青釉和铜红釉为主，由于成功地掌握了还原气氛，使釉色在青中透出红、蓝、白、紫、绿等窑变色彩，这些绚丽多变的色彩深受元大都居民的喜爱。尽管元代钧窑瓷器胎质较粗松，器形较笨重，但由于产地距元大都较近，价格低廉，仍成为元大都中下层居民的常用器皿。

元大都的钧窑瓷器主要是哪处窑场生产的？在遍及三省，数量达几百处的窑址中，要对上具体的窑口是比较困难的。为了搞清元大都出土钧瓷的窑口，有必要对这批瓷器的器形特征、烧造工艺、胎釉结构及装饰特点等进行全面的分析。

（一）器表特征

在元大都出土的 728 件钧窑瓷标本中，完整器仅 51 件，可复原器有 33 件。其中碗的数量最多，整、残器共 542 件，约占总数的 75%；盘 118 件，约占 16%；其余罐、盂、炉、瓶、壶、杯、花盆、洗、钵、器盖等共 68 件约占 9%。

碗可分为三型。Ⅰ型碗出土数量最多，为圆唇敞口微敛，弧腹斜收，圈足。口径 9.8～20.4、足径 3.4～8.2、高 4.3～8.7 厘米，虽大小、深浅不同，但外形基本一致，形制皆较规整，制作工艺相同。一般为斜弧腹，个别弧度较鼓，圈足底皆呈斜面，足壁外撇，器底部旋削不平，挖足时近足壁深、近底心浅，因而器底呈斜面，只是斜度不一，有的近似平面，有的底心凸出。器表施釉大部分不到底，近底处有流釉，纹饰极少，主要以釉色变幻为装饰，仅部分碗口沿外有一圈凸弦纹。Ⅱ型碗为圆唇直口，折颈斜腹，圈足。腹较浅，沿下外折处一圈弦纹特别凸出，外底旋削较平整，其余特征与Ⅰ型碗相同。Ⅲ型碗为尖圆唇，直腹折腰，圈足。内底较平，圈足斜壁，足底抹角，形制较小，口径皆在 9 厘米左右。

盘的形制亦分为三型。Ⅰ型盘为花盘口，尖圆唇，斜腹，平底。器形规整，腹壁制成花瓣状，除底部无釉外，器身满釉，口径 11.7～14 厘米。胎薄釉匀，与宋钧相近。此型器数量少，盘上还发现有锔补的钉孔。Ⅱ型盘可分二式。1 式盘与Ⅰ型碗相同，亦为圆唇敞口，浅斜腹，圈足。盘有大小、深浅的不同，胎厚腹深的大盘口径最大达 26.8 厘米，足径 18.7、高 5.2 厘米。大圈足底部有的采用二次旋削，即近足部旋削一圈，近底心又旋一圈，底中心皆留乳突。2 式盘形制与Ⅱ型碗相似，只是腹浅呈盘状，沿外亦有一圈凸弦纹。Ⅱ型盘的胎釉特征皆与碗相同。Ⅲ型盘为折沿浅腹，圈足。器形小，口径在 10.8 厘米左右，腹浅几乎呈现一平面。器形似倒置的笠形盖，故又称为"盖形盘"，亦有称"碟"的。器身无纹，施满釉。

除碗、盘两种常用器皿外，其他日用器少。

杯的形制与Ⅲ型折腰碗相近，仅腹深呈筒形。胎体厚重，釉亦厚，施釉不到底，下腹有流釉。

盂的形制为圆唇小口内敛，直斜腹，下腹外鼓，圈足。胎体厚重，施釉不到底。

壶的形制亦较特殊，出土器的口、把皆残，但壶腹有两种，一为椭圆形，一为瓜棱形。壶嘴皆瘦长，底足为圈足，挖足过肩。胎质皆细硬，胎体厚重。壶外腹施釉亦不到底足，内腹有口部流下釉滴，也有在腹内刷一层酱褐釉。壶、杯、盂的造型都是具有钧窑特征的器形。

此外还有多件罐，但无完整器，从碎片看有敛口、侈口及圆唇直颈、双耳等形制，皆圈足。还有小型的鸟食罐等。胎体厚重，一般亦施釉不到底。

除日用器皿外，元大都出土的钧窑陈设用具在元代钧瓷中是较为精美的器皿。如后桃园遗址出土的一对大花瓶，集造型工艺、花纹装饰及艳丽变幻的釉色于一身。瓶口被制成含苞初放的花口，瓣沿外卷，其下内收成瓶的长颈，颈肩间附贴对称双螭兽耳，腹部则上鼓下收，与双耳相对称的是腹部前后堆贴的衔环兽面铺首。腹下承一圆盘，盘下为高座足，盘底间有八个乳丁。座身有花瓣形镂空四孔，亦相互对称，座壁亦呈花瓣形，上鼓下微收，底部外撇，座身上端贴有抄手人面或兽面纹。整件器物各部分虽是分段制作，却比例相称，花瓶的胎体厚重，通体施厚釉，釉汁流淌，垂如蜡泪。器身的棱角、堆贴纹饰上皆施以浓淡不一的各种釉色，如天蓝色上加紫红、蓝褐等色。这对花瓶造型奇特、釉色艳丽，是元大都出土瓷器中的珍品。

花盆是元大都出土的钧瓷中一件造型特殊的器物。其状似尊而低矮，口为折沿，沿外贴一圈波浪形边饰，使口沿边缘呈菊瓣口状，沿下稍内收，至下腹部圆鼓，底有圈足。外腹饰天蓝釉中闪乳白色的兔毫纹釉，器内口沿下有流釉，底足未施釉，底中心有一小孔。该器与浙江金华地区铁店等窑址出土的仿钧瓷花盆相似。

钧窑的香炉形制与景德镇窑、龙泉窑基本相同，有双耳鬲式炉、鼎式炉，鬲式炉的足皆矮小，为实足；鼎式炉为柱形足，有的肩颈处竖有长方形双耳。一般为平底或凹底（隐圈足），因胎釉皆厚，整体厚重。出土量少，有的腹身贴塑花纹。

（二）烧造工艺

元大都钧釉瓷中的圆器皆以轮盘拉坯成型，然后挖足修坯。器物底足旋削粗糙，底面不平整，有的盘底采用二刀旋削，即沿圈足壁旋削一次后又在底心再旋一次，使足底内底心一圈内凹。除圆器外，其余器形还采用模制、手制等方法，或分段粘接，其中花瓶的成型采用轮、模、塑、雕、镂、贴等多种技法制作，并用胎接和釉接两种方法粘接成整体。钧瓷的胎质较粗糙，是由于原料一般就地取材，质量不佳，在瓷土的拣选淘洗等工序上也不够精细，加上烧造技术上的缺陷，使胎色不一，呈浅灰、灰黑、黄白、砖红等色，且胎内有大量气孔、裂隙及砂粒等未溶杂质。钧瓷虽然以变幻的釉色为装饰，但由于烧造技术的原因，釉色的浓淡、釉面的光滑或粗糙程度并不一致，一般以天蓝、天青、月白为主色，尚有呈蓝绿、灰蓝等色泽的。凡是烧造成功的釉色，在主色中皆具有微弱透光性能的白色乳光，形成一种优雅、美丽而含蓄的釉色；未烧成的釉色则呈月白或浅黄色，釉面无光泽，有气泡、棕眼、疵点、缺釉等多种缺陷。元代钧釉一般施釉一至两次，釉层厚的为三次，釉厚一般为 1~1.5 毫米。由于过烧流釉，在器壁留有釉珠，器底有积釉，最厚处达 10 毫米左右，厚釉处呈白色乳光釉。经观察及试制，钧瓷的烧制过程系先将瓷胎素烧，然后上釉正烧，宋代钧釉烧成温度据测试为 1250℃ ~

1270℃之间，元大都钧瓷的温度亦当在1250℃左右。元代钧釉上多紫红斑或紫绿斑，有的色彩呆板，也有的色彩艳丽如天空之晚霞。这些色斑经测试为铜红釉，在天蓝色或天青色釉面上涂以含氧化铜的釉药，经高温后即变成一片紫红色。钧瓷色彩的多变，除由于不同量的釉料外，主要在于掌握烧造时的火候及还原气氛。在当时的条件下，制瓷工匠凭借长期积累的经验烧成钧釉，其技艺高超，值得赞颂。

综观元大都出土的钧窑瓷器，除碗、盘占绝大多数外，其余器形出土量皆少，其原因主要是当时其他窑口瓷器也在市场流行，而钧窑的特点是以釉的多种窑变色彩为装饰赢得人们的喜爱。烧造这种以铜红釉为着色剂的钧釉色泽是较为困难的，配方、火候、还原气氛等，稍有出入就烧不成功。元代民间钧窑场虽遍及北方三省，超过宋代钧窑的数量，但在一般器物的烧造技艺上并未更为精进。由于宋代钧窑中官窑直接为宫廷烧瓷，在原料、燃料、工匠以及工艺要求、产品规格等条件上都较优越，民窑在官窑制瓷工艺影响下产品质量也较高，因而宋钧器物的胎釉、造型都较精致。元代钧窑以制作日用的碗、盘器为主，窑场为了大量供应民间需要，又限于人力、物力条件，故一般器物烧造都较粗糙。虽然如此，元代钧窑生产的少量陈设瓷器，在造型、胎釉及烧制工艺上堪与宋钧媲美，在有些技艺上，如巨大的造型、镂雕贴塑的技法，以及个别器物上的施釉及烧造技术等方面甚至超过宋钧，证明元代钧瓷的制作者也具有高超的水平。

（三）装饰及文字

钧瓷由于以釉色取胜，故器表花纹装饰很少，元大都钧瓷标本中除器身的釉色外，都喜用紫红或紫绿斑、白色或黑色的兔丝纹装饰釉面。碗、盘器上只在口沿下划或贴一至两道凹弦纹或凸弦纹。在器物造型上也有仿瓜果或花卉形状的，如瓜形壶身，莲瓣或葵瓣口等。在炉、瓶、花盆等陈设用具上，花纹装饰多采用雕、镂、贴、塑等手法，题材除花卉外，还用兽面或人面。除釉面装饰外，元大都出土的钧瓷器底多有墨书文字，这种文字在景德镇窑、龙泉窑、磁州窑等器物上也有，但以钧窑器底的墨书内容最为丰富，保存最好。虽然器物在地底下埋藏了数百年，有不少文字因墨迹模糊而难以认清，但钧瓷上仍保存不少，为我们研究钧瓷的用途等提供了重要的资料。钧瓷胎质粗糙、吸水率高、施釉不到底，墨书文字易渗透入胎内，故经久不掉。墨书内容中以姓及姓名最多，有王、张、刘、高、杨、宋、李、赵、陈、贾、范、郭、梁、朱、马、邢、于、韩、孟、关、周、洛、康、田、万、白、何、民、闻、韦、芦、熊、屈、花、司、余、荣、董、福、金、黄、阎、石、官、义、西刘、张光、李五、杨文、张□、祖大、宋水目、张定等，此外有日、河、娘、人、家、下、兴、押、留□安等，可能是人名；另有"史家酒店内""肖林之皿""兴溪寺"等，标出了店铺使用单位和器物的所有者，亦为前述墨书文字中姓、名的意义做了解释；除姓名、单位外还有各种数字符号，数字有一、二、六、七、八、十等，符号有凵、〇、丁、⅋、⼩、⺀等，除数字是表明器物的件数外，其余应都是器物所有者的表记。元大都钧瓷出土于10余处遗址内，却有60余个不同姓氏及表记，有可能还包括了经营销售瓷器者的姓氏。值得注意的是，器底墨书除汉字外，还有八思巴文字，钧窑器底的这种文字亦比其他窑口器物上要多，能辨识出的有10余个，如己、⼘、⼕、⽬、已、迶、髻、⼫、帳、纪等。由于墨书的书法草率，很难全部认清和译出对音，从能译的字体看全是姓字。这些字，反映了元大都出土瓷器的所有者绝大部分是大都的中下层汉族居民。

（四）窑口探讨

根据我们对河南、河北7个县市30多处钧窑窑址的调查资料及有关部门赠送的窑址出土的钧瓷标本，并与已发表的钧窑窑址的有关资料对比，山东淄博硅酸盐研究所刘凯民同志对这些钧瓷标本（包括窑址采集标本37

件及元大都各遗址出土的标本 36 件）进行理化测试，从外貌观察及测试数据，他得出以下结论："（1）靠外貌观察、微量元素的光谱半定量分析，不能有效地判断其产地。（2）靠化学分析结果，绘制 $Al_2O_3 - Fe_2O_3$ 分布图，结合外貌观察，可以比较有效地确定元大都钧瓷的产地。（3）根据第二条方法得出结果，产于安阳窑区的约占 37%，产于鹤壁窑区的约占 32%，产于神垕窑区及临汝黄窑的约占 10%，另外 20%，产地难于确定。"上述对元大都钧瓷的窑口结论仅能作为参考。河南安阳、鹤壁两处的钧窑址距元大都较近，其产品以运往元大都销售为主是完全可能的；禹县神垕是宋代钧瓷的主要产地，元代生产仍极旺盛，该处产品大量运往元大都销售也应是有传统的。除此之外，在前述三省发现的钧窑址中也应有产品是运往元大都销售的，只是限于条件未能多采集标本进行测试，因此元大都钧瓷中还有一部分的产地尚不能确定。

在浙江金华地区发现有烧造仿钧瓷器的元代窑址，其仿钧瓷产品在海外亦有多处发现，故推测该处应是专供外销瓷的产地。元大都的个别钧瓷器，除前述的花盆外，可能还有该处窑场的产品。

四　磁州窑瓷器

元大都出土瓷器中数量最多的是一批白釉下黑色或褐色彩绘瓷、釉上红绿彩瓷、白色或黑色的单色釉瓷。生产这类瓷器的窑址为宋、金、元时期的北方民窑，窑址遍布河北、河南、山东、山西等省，以河北磁县观台镇及其附近窑址的产品最有代表性，故统称为磁州窑瓷器。元大都的这批瓷器虽然不如宋代磁州窑瓷器的品种、纹饰丰富，但其工艺制作技术及彩绘艺术独具特色，足以反映元代磁州窑瓷器的制作水平及产品面貌。简述如下：

（一）器物特征

元大都出土的磁州窑瓷器，器形以碗、盘、罐、盆、经瓶占绝大多数，在 1165 件标本中，罐约占 24.2%，盆约占 19.8%、碗约占 22.4%、盘约占 15.3%、经瓶约占 8%、器盖约占 8%（主要是罐盖），其余高足碗、双耳扁壶、瓶、枕、盂、研钵、杵、镇纸、动物玩偶等各种器形共占约 2.3%。

碗的形制有二型。Ⅰ型为圆唇敞口稍外撇，弧腹内收，圈足。皆为轮制，底内外残留有支钉垫烧痕，支钉数三至五个不等，视碗大小而定。碗内底彩绘简单纹饰，胎质较细，呈黄白或灰白色，白釉下皆施一层白色化妆土。Ⅱ型为尖圆唇或方圆唇，有的口稍内敛，斜腹，上腹微鼓，圈足，足底心有乳突。此型碗多为釉上彩或黑釉碗。胎质胎色同Ⅰ型碗，黑釉碗的釉面有酱褐色竖条纹。

高足碗的形制，口腹部与Ⅰ型碗相似，底部高圈足外撇，足高在 2.5 厘米左右，与龙泉窑喇叭形高足碗器形相似，施黄白色釉。用支钉垫烧。

盘的形制皆为尖圆唇，浅斜腹内收，圈足，足底旋削，底心有乳突，部分盘内有白釉黑彩绘花，部分盘内为黑彩，内底有涩圈，外腹施釉不到底，彩绘纹饰亦皆简单。

罐是磁州窑中出土数量最多的器形，尤以彩绘罐最多，有带系（耳）和不带系两种。不带系的彩绘罐形制有二型。Ⅰ型罐为尖圆唇直沿，圆肩，鼓腹，内收为平底，有的平底底心稍内凹，呈浅圈足状。器形高大，口径在 17 ~ 27、高在 32 ~ 44.5 厘米。胎质有两种，一种为紫红色夹砂粗胎，又称为"缸胎"；另一种为灰白或黄白色瓷土胎，亦夹有细小的砂粒，质较细。二者的比例为 1∶3。Ⅱ型罐为尖圆唇直沿，广肩，上腹鼓、下腹斜收，凹底（隐圈足），挖足较深。此型罐较Ⅰ型小，最高者也在 30 厘米以下。胎质较细，呈黄白或灰白色，气孔多，胎外施化妆土，然后彩绘上釉，釉面光泽强。带系罐有四系罐，形制为卷唇小口，短颈溜肩，肩颈间对称置四耳，耳为泥条或扁平条状，腹呈椭圆形。彩绘纹饰皆施于上腹部，下腹部皆施酱黑釉，上下黑白分明，使上腹的白釉彩绘更为凸显。彩绘题材与大罐相同。四系罐中最高的一件达67厘米。其中一件小型罐的肩腹部用彩釉书有"梨花白"三字，应是白酒的名称，说明此类罐多盛酒用。

除彩绘罐外，单色釉罐出土数量也不少。其中有的黑釉大罐的釉色漆黑闪光，烧制技术很高。有的黑釉双耳罐上以褐色流釉作为装饰。

罐盖出土数量也较多，大部分为白釉褐彩，少量为黑釉。形制大小各异，有荷叶形、笠帽形两种。带盖大罐一般为储藏粮食用。小罐形制多样，有"凸"字形、葫芦形等，这种小罐多作油盐罐、灯油罐或鸟食罐用。

盆的形制皆为圆唇卷沿，斜直腹，平底，底心稍内凹。胎质亦有两种，夹粗砂的红色胎占三分之一，黄白或黄灰泥质胎占三分之二。几乎有一半大盆的口、腹部有锔钉锔补痕，盆径一般在30厘米左右，最大的盆径为55厘米，高为28厘米。盆外腹皆施黑釉或酱釉，内腹白釉彩绘。盆内纹饰最繁复的一种，口沿绘弦点纹夹卷草纹，腹部绘重叠莲瓣，底部外圈为菊花纹带，内部有菱形开光，四边绘卷草、卷云纹，中间方框内绘鱼藻纹。虽然整件器内布满纹饰，但由于运用粗细不同的线条相隔，使各种纹饰黑白相间，主次分明，毫无堆砌之感，是磁州窑大盆彩绘中最精细的一件。

经瓶又被称为梅瓶，其形制为卷唇小口，宽肩，上腹鼓、下腹瘦长，凹底（隐圈足）。有少量的瓶底部平整，底心稍凹。胎色有两种，一种为黄白或灰白色，胎内亦含少量砂粒，并有气孔及裂隙；另一种为红灰色胎，夹粗砂，胎质粗松，数量较少。釉色有白、黑两种。白釉下都施化妆土，部分瓶肩用黑彩或褐彩草书"内府"二字。黑釉经瓶有的釉色色泽黑亮，也有的在肩部刻划"内府"二字，其中一件黑釉经瓶腹部刻划"张□英""福"等字样。有的黑釉未施到底，露出底腹白灰胎；或在肩部有一圈露胎痕，应是叠烧器盖类器物时留下的。这种小口长腹瓶的用途也以装酒为主。此外有一批小口、双耳的黑釉或酱褐釉瓶，器身有圆鼓腹也有长腹小底的，在颈肩部有两个对称双耳，底部为平底或圈足。胎质粗松，一般施半截釉，下腹露胎，应是提水瓶。

除了上述器形外，还出土了一些特殊的器形。如四系扁壶，其造型为卷圆唇小口，短颈左右两肩呈扁弧形，肩上各贴二泥条组成的提耳，每端两个，腹部扁平微鼓，长方形平底。扁腹两面各用黑彩绘云龙及云凤纹，侧腹绘卷草纹，整件器形似蒙古族喜用之皮囊壶，是磁州窑器中少有的精品。另有一件黑釉扁形背壶，外观造型似乌龟形，在覆侧中部有一圈凹槽，槽间有四个对称的环耳，可系绳于槽内，背于肩上，便于携带，也是一件具有民族特征的器物。其制作方法也与一般瓶、罐不同，是先用模制成两个弧形片，然后再对合粘接，粘接处制成圆槽，壶嘴是在上腹片中挖孔后再安接的，从器身内部可看到明显的粘接痕。

此外还有虎形瓷枕及羊、狗等形象的玩偶，都捏塑得较生动真实。

（二）烧制工艺

元大都出土的磁州窑瓷器的烧制工艺，不如景德镇窑及龙泉窑瓷器的工艺复杂细致。瓷土一般是就地取材，拣选、淘洗等工艺较为粗糙，因而胎土中夹杂质甚多，吸水率普遍高，部分瓷胎粗糙如缸胎，即使胎质细腻的瓷胎，色泽也呈黄白或灰白色。瓷胎的粗细比例，以五种有彩绘的主要器形来看，砂胎占25%，泥胎占75%，两种胎气孔及裂隙皆多。器形制作粗陋简单的居多，品种较少。磁州窑是民间窑场，主要生产供应一般城市居民和农村居民使用的日常器皿，除原料、工艺等因素外，也不像为官府烧造的瓷窑那样有一定的规格和严格的质量要求，只是在外部装饰上比较有特色，即在瓷胎外表先施一层白色化妆土，再绘上彩色图案，施釉后彩绘清晰、釉面洁白。

在器物的制作工序上，一般也是采用拉坯轮制，大型器物则采用分段制作后粘接成型的方法。器物的内外露胎处皆留有轮制旋削痕及手指按抹痕，未进一步修坯。装烧瓷器以支烧为主，一般用三至四个支钉垫烧，也有用垫饼叠烧。发现的碗、盘内皆有支烧痕，支垫痕往往破坏了器内绘制的纹样。大型罐、盆器为平底或底心微凹，凹径在7~15厘米，有的大型罐底下以胎土捏成的六至八个小方块垫衬支烧。中、小型罐或经瓶等器多为凹底（隐圈足），挖足较深，在0.6~2厘米。碗、盘等小型器则为圈足，挖足浅。施釉方法以浸釉、蘸釉为主，亦有刷釉，一般上釉一次，釉层较薄。大部分碗、盘外腹或罐、盆外腹施釉不到底，底足皆无釉，化妆土也不施到底，少量的罐、经瓶等施满釉。以白釉黑彩或褐彩为主，也有只施白釉或黑釉的，还有在器内施白釉、器外施黑釉或酱釉的。大部分彩绘瓷为釉下彩，也有少量碗、盘器在内腹施红绿色釉上彩。由于磁州窑彩绘以黑、白两色为主，施釉烧制后釉面光亮，彩绘对比强烈，给人以明朗清晰的感觉，故在元代深受人们的喜爱。

虽然对元大都出土磁州窑瓷器的胎釉成分及吸水率等进行了测试，并与河南、河北一些地区窑址标本数据进行了对比，但由于磁州窑系的窑址分布范围广、数量多，且时代跨宋、金、元三个时期，要将元大都出土的标本全对上确切窑口比较困难。且限于测试单位的条件，未能对标本上釉及彩绘的成分进行分析，仅对瓷胎标本进行了分析。详见表8-6、8-7。

从表8-6、8-7的数据可知，元大都磁州窑器物标本与河南、河北几处窑址标本胎的化学成分数据大同小异。比较特殊的是磁州窑瓷胎中含铁量普遍偏高，即使外观胎色黄白或黄灰，氧化铁的含量亦高至与黑胎青瓷或"哥窑"瓷胎相近，而质粗的紫红或黄褐胎的含铁量竟高达6.68%~7.72%。磁州窑瓷胎含铁量高，胎质又粗，杂质多，因而器物质量比不上景德镇窑与龙泉窑，只是在彩绘装饰上别树一帜，既为当时的人们喜爱，亦成为后人研究磁州窑器的主要内容。

表8-6　元大都及磁州窑址出土瓷片标本外貌观察表

	标本编号	器形措述	胎质与胎色	釉色及釉层外观	纹饰	出土地点
元大都标本	YE73：04	碗口，圆唇外移	黄白胎，质粗	内壁及口沿外挂黄白色釉，有光泽，有细碎裂纹	内壁有两道弦纹	一〇六中学居住遗址
	YG72：056	碗底残片、弧腹、圈足	黄澄胎色，质粗松	黑釉，釉面光亮有小气泡，内壁有褐色铁锈花	素面	西缘胡同二号遗址
	YG72：08	经瓶肩部残片	黄白胎，质稍粗	白釉有光泽，内饰黑釉	肩部有褐彩书"内府"二字	西缘胡同二号遗址
	YM74：023	盆底残片，斜腹，平底，底心内凹	黄灰色，质细硬，有气孔	内白釉黑彩有裂纹，外酱釉，底无釉，釉面不甚光滑，施化妆土	底为鱼藻纹，腹水波纹	安定门煤厂居住遗址
	YM74：034	盆口部残片，尖唇，平沿外折，斜腹	黄灰色，质粗，夹有褐色砂粒，有气孔	内白釉黑彩有裂纹，外酱釉，底无釉，釉面不甚光滑，施化妆土	腹壁绘重叠莲瓣纹，口沿绘太阳纹及莲花纹	安定门煤厂居住遗址
磁州窑标本	JⅠ：1	碗，尖唇撇口，深腹，圈足	黄灰色，质坚硬，有气孔	白釉，光泽差，施化妆土，底有三支钉痕	素面	河南郏县黄道公社
	HⅡ：5	碗底残片，圈足，底有支钉痕	灰白色，质硬，有气孔	白釉，腹外施化妆土，施釉不到底	细线刻划牡丹纹上划有细篦纹	河南鹤壁市陈家屯遗址
	HⅡ：7	盆底部残片，斜腹，平底	紫红色，夹白色粗砂粒，有气孔，质粗硬	内白釉赭彩，釉面无光泽，底内釉层上有支烧点痕	底绘鱼藻纹，腹绘水波纹	河南鹤壁市陈家屯遗址
	YⅧ：6	盆口沿残片，圆唇，平沿外折，斜腹	灰白色，质细硬，有气孔	内白釉黑彩，釉面滋润光滑	腹部绘莲瓣纹，沿部绘莲花纹	河南禹县扒村遗址

表 8 - 7 元大都及磁州窑址出土标本瓷胎化学成分和吸水率数据对比表

标本编号		化学成分含量（%）									吸水率（%）	备注
		SiO_2	Al_2O_3	TiO_2	Fe_2O_3	CaO	MgO	K_2O	Na_2O	总量		
元大都标本	YE73：04	63.57	27.69	0.91	2.76	0.84	1.09	1.50	0.40	98.76	11.00	
	YG72：08	62.47	30.67	1.02	2.10	0.79	0.97	1.60	0.21	99.83	15.86	
	YG72：056	62.88	28.80	0.87	2.81	0.77	0.56	1.60	0.20	98.49	6.62	
	YM74：023	62.43	28.81	1.04	3.27	0.77	0.81	1.70	0.15	98.98	13.19	
	YM74：034	61.76	28.08	0.93	6.68	1.10	0.90	0.80		100.25	15.07	
窑址标本	JⅠ：1	63.62	26.91	0.74	3.82	1.46	0.73	1.40	0.15	98.83	5.92	
	HⅡ：5	63.72	26.43	0.23	5.24	1.57	0.97	1.40	0.20	99.76	0.15	
	HⅡ：7	61.13	25.96	0.89	7.72	0.90	0.97	1.00		98.57	14.63	
	YⅧ：6	67.46	24.01	0.86	3.06	1.01	0.73	2.50		99.63	0.58	
	80A675	63.45	30.74	1.01	2.20	1.00	0.56		酌减 0.68	99.64	7.94	美陶碗
	676	62.12	30.84	0.90	2.60	1.00	0.80		酌减 0.75	99.01	8.17	美陶碗

注：1. 上述数据由邯郸陶瓷研究所化验室测定。

2. "美陶"指河北彭城镇邯郸美术陶瓷厂下发现的窑址标本。

（三）花纹装饰

磁州窑器的纹饰，除主要采用彩绘外，还用剔、划、塑等技法，有的与彩绘结合使用，在总数 1165 件的标本中，彩绘瓷占60%左右。彩绘的主要题材为花草、龙凤、鱼藻等（图8-4），其中以牡丹、菊花、葵花及水

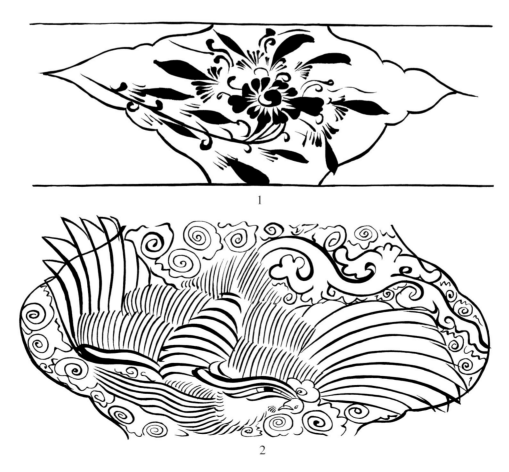

1

2

图 8 - 4 元大都出土磁州窑白釉彩绘罐腹部主题纹饰
1. 花卉纹 2. 云凤纹

草纹最多，龙凤纹皆绘于大型罐、四系罐、扁瓶等器上，鱼藻纹绘于大盆内，碗、盘等小型器物上则绘以简单的花叶或水草。由于彩绘必须在瓷胎半干时一次绘成，磁州窑的画工都需具有走笔如飞、一气呵成的技艺，所以在碗、盘等大量日用器上的纹饰都很简练。尤为特殊的是在碗、盘内用草体字代替纹饰，字的笔画简单，又较几撇水草美观，成为磁州窑器特有的装饰。磁州窑彩绘的主体纹饰内容较简单，但无论是花草还是动物，都充满生活气息，形象生动灵活，具有真实感。在绘画技法上，既有图案式的画法，如有的龙凤纹绘于菱形或莲形框内，有的则用黑彩在器物全身用平涂法绘就。除彩绘外，还结合剔、划、塑等技法，如有的四系瓶及大罐上用黑彩绘后，在龙、凤、卷云上用剔划法将鳞片、筋骨、羽翅、尖爪等勾勒出来，显示出龙、凤在天空云彩中飞翔遨游的威武神态，使其形象更为生动。

除主题纹饰外，边饰纹在磁州窑上也非常丰富。题材中既有缠枝牡丹、菊花、葵花、折枝桃花、水草、卷草以及山头、卷云、太阳、水波等植物及自然现象，又有弦纹、点纹、曲线纹、连环圈纹、三角纹、螺旋纹等几何纹饰（图8-5~8-7）。这些边饰配合或衬托主题纹饰，使整个器物纹饰花团锦簇，加上色彩的黑白、褐白对比鲜明，使磁州窑瓷器上的纹饰显示出明朗清晰的面貌。

磁州窑瓷器上还有用文字装饰器物的习惯。在元大都出土的磁州窑瓷器中文字最多的是一件大罐，上有"七言诗"一首，内容是"百草千花雨气新，今朝陌上尽如尘，黄州春色能于酒，醉杀西园歌舞人"。诗后写"清静道德"四字，同时也有书"清静道德"四字的罐盖。还有的罐盖上书"春夏秋冬"四字。在碗、盘底心彩绘草字的很多，也有二字、四字的，以"王"字最多，其他有元、之、花、安、乙、田、史、毛、刘、林、冬、两、来、干、好、抄、铜及松月、东乡、金源、风花雪月等字，在罐腹或经瓶肩腹部也有彩绘字，如"梨花白""情人""内府""裇"等。除彩绘字外还有刻划字，如一件经瓶上刻有"张口英福"四字。这些彩书或刻划的文字都用行书或草书，一般书写较差，个别草书写得潇洒飘逸或浑厚有力，起到装饰的作用。文字或诗词内容除了起装饰作用外，有的是制造者或使用者的姓或名或表记，有的是应景、应时语或吉祥语，还有的是表示器物的用途。在蒙古贵族统治下，民族矛盾尖锐，罐、瓶上绘书的诗词、题字也反映了元代中下层汉民无奈的精神寄托及宗教思想。

（四）墨书文字及其他

在元大都出土的磁州窑的碗、盘、罐、盆、经瓶等器物底部也写有墨书文字，字迹能看清的不多，计有马、郝、贾、史、朱、刘、李、高、黄、葛、宋、陈、王、文、郭、辛、荣、向、白、秋、徐、赵、傅、天、火、日、茶等姓，以及马口、文泰、张记、口店、西福宁等姓名或字号。此外还有墨书或阴刻的数字及各种标志、表记，如十、上、下、×、扌、㇏、子、立、工、卄、亙、昱、及、△，以及印刻的"春"字等，还有用红色的朱砂书的"十"字表记。这些数字及表记大部分是写或刻于经瓶、罐、盆的底部或腹部。碗、盘底部墨书文字的意义、用途应与钧窑瓷器上的文字相同。阴刻表记是磁州窑瓷器物上特有的，而且都是刻在大型器上，推测应是产品进出窑时所划刻，可能是作为检验瓷器的表记。

五　霍窑瓷器

在元大都出土的瓷器及碎片中，有一种釉色洁白、器形纹饰与定窑白瓷相似、胎薄质脆的白瓷，其釉色与定窑白瓷有差异，与同出的磁州窑及景德镇窑乳白釉瓷的胎质、器形、纹饰亦不完全相同，经查阅有关文献，与记载中提到的霍州窑瓷器相似。如《平阳府治》载："白瓷霍州出。"《格古要论》中载："霍器出霍州。元朝

图 8 - 5　元大都出土磁州窑白釉彩绘罐肩部纹饰

1. 缠枝菊花和连环三角菱形纹　2. 菊花和圆形纹　3. 缠枝葵花纹　4. 缠枝牡丹和连环莲瓣纹　5. 牡丹和莲瓣纹　6. 缠枝花卉和连环莲瓣纹　7. 菊花
卷草纹　8. 菊花卷草和连环莲瓣纹　9. 牡丹和点线纹　10. 牡丹和曲线纹　11. 缠枝葵花、粗弦纹和点纹　12. 弦纹和"S"纹　13. 弦纹和"S"纹

图8－6　元大都出土磁州窑白釉彩绘罐腹部主题花纹之间填补的边饰纹
1. 花卉纹　2. 花叶纹　3. 花叶纹　4. 花叶纹　5. 花叶纹

图8－7　元大都出土磁州窑白釉彩绘罐腹部主题花纹之间填补的边饰纹
1. 牡丹纹和山形草叶纹　2. 折枝双桃和太阳形草叶纹　3. 折枝菊花和草叶纹　4. 折枝菊花和草叶纹

戗金匠彭君宝效古定制折腰样者甚整齐，故曰彭窑，土脉细白者与定相似……卖古董者称为新定器……"《博物要览》中则记："元时彭君宝仿定窑烧于霍州者，名曰彭窑，又曰霍窑。效古定折腰制者甚工，土骨细白……且质极脆……"为了确定窑口，我们又到山西霍县陈村附近调查霍窑窑址并采集了标本，经各种比较，确定元大都的白瓷标本为霍窑瓷器。现将这批白瓷的器形、烧制工艺、胎釉成分等特征分述如下：

（一）器形特征

元大都霍窑白瓷器形有碗、盘、高足杯、盏托等，完整或可复原器不多。

碗有二型。Ⅰ型为尖唇撇沿，斜弧腹，圈足，足壁稍外撇，足底旋削平整，圈足内外无釉处有一层浅黄色护胎釉，有的足内外亦满釉。口径大者 19 厘米，小者 9.5 厘米。Ⅱ型碗亦为尖唇撇沿，束颈，颈下有凸弦纹，斜弧腹，圈足壁外撇，内壁挖成弧形，挖足较深，底心留有乳突，外腹施釉不到底，有流釉，无釉处有白色化妆土。上述二型碗皆为轮制、支烧，碗内外皆留有小米大小的五个支钉痕。

盘亦分二型。Ⅰ型为尖唇大口，浅斜腹，大圈足，大口口径 28.5 厘米，施釉方法同Ⅰ型碗。Ⅱ型为尖唇撇沿，斜腹折腰，圈足，口径在 11～15 厘米，腹深浅稍有不同，与Ⅱ型碗的施釉方法相同。上述二型盘的装烧方法亦相同，皆支烧，底部亦有五个小支钉。Ⅱ型盘出土数量较多。

高足碗是出土数量最多的。上部碗形同Ⅱ型碗，高足较矮，一般在 2.3～3.5 厘米，足外壁有四至六道凸弦纹。施釉不到底，足部流釉，足内旋挖深，足壁薄，内壁平滑，施化妆土。以支钉垫烧，足底及碗内底皆有支钉痕。有的碗内印简单花草纹。

盏托之托碗为尖圆唇，弧腹内收，底中空，碗腹壁与托圈足相通；中部托盘亦为尖圆唇，斜弧腹；浅盘下为底中空圈足，足较高，足壁直，足底平整。胎薄釉白，足底及口沿一圈无釉。盘外壁有细线呈放射状，系制胎时遗留痕迹。

（二）烧制工艺

这批白瓷造型轻巧，虽仿定窑白瓷，但仍有自己的独特之处。其制作原料是采用当地产的瓷土，土质优良，加上淘洗精细，使胎质纯净无杂质。由于采用一次配方，胎质较松软，但轮制、拉坯、旋削的技术较高，能将器物制成厚仅 0.2～0.3 厘米左右、口沿处仅 0.1 厘米的薄胎。施釉采用一次上釉，为了使釉色白净，在很多器物上施有化妆土，施釉方法为蘸釉或浸釉，不少器底足部露胎处遗有三个手指印痕。装烧时采用支钉叠烧，一般为五个支钉，钉尖痕留在器底或足底。

（三）胎釉成分

从元大都出土的两件霍窑白瓷标本及霍窑窑址采集的一件标本的理化测试数据中获知，霍窑白瓷的胎土系瓷土。从外观鉴定，坯胎白中带微黄，断口致密，气孔可见，釉面光亮，白色釉层厚度为 0.05 毫米，胎厚 2～3 毫米。胎的显微结构测试结果为，胎中石英数量较少，颗粒大小亦较细，一般在 20～40 微米之间，棱角清楚，还含有较多的云母和少量的莫来石，而中间层多为钙长石，物理性能测试结果为透光度 0.487%，白度 72.8，吸水率 2.94%，烧成温度 1280℃±20℃。由于釉层极薄，剥取难度大，元大都标本釉的化学分析未做。现将霍窑白瓷的化学组成列表于下（表 8−8）：

表 8-8　元大都及霍窑出土白瓷标本胎釉化学分析对比表

标本编号		化学成分含量（%）											
		SiO_2	Al_2O_3	TiO_2	Fe_2O_3	CaO	MgO	K_2O	Na_2O	MnO	FeO	P_2O_5	总量
元大都 标本	YG73Ⅱ-1 胎	57.37	39.36	0.72	0.47	0.44	0.22	0.90	0.50	0.01	0.03	0.04	100.06
	YG73Ⅱ-2 胎	57.90	38.61		0.87	0.37	0.27	0.39	0.54	0.004	0.20	0.05	99.204
霍窑 标本	FYⅠ-1 胎	57.08	38.80	0.53	0.46	0.97	0.10	1.80	0.51		0.14		100.39
	FYⅠ-1 釉	67.25	19.50	0.45	0.68	7.87	2.85	1.25	0.35				100.20

注：表中数据由中国社会科学院考古研究所化验室及中国科学院上海硅酸盐研究所测定。

从表 8-8 可知，霍窑白瓷釉为石灰釉，胎的化学成分含量基本相同。元大都标本与窑址标本尤以 TiO_2、Al_2O_3、Fe_2O_3、Na_2O 等化学成分的含量接近，其中 Al_2O_3 的含量较其他窑址的瓷器都高，而 Fe_2O_3 的含量最低，因而形成霍窑白瓷器白度高而质地脆的特点。

鉴于元大都这批白瓷在器形特征、纹饰、烧制工艺及瓷胎化学成分等多方面均与山西霍县陈村霍窑遗址所出的白瓷近似，其窑口当是霍窑无疑。

除了上述有窑口可考的白瓷外，在元大都出土的瓷器中尚有部分白瓷器，其中有两件能复原的完整器形：一件是后英房居住遗址出土的白釉铺首盘口瓶，其器形为圆唇直沿盘口，直沿旁有凸棱一周，长颈，椭圆形腹，下为须弥座式圈足，器身瘦长，胎厚，颈腹间贴有对称的兽面形衔环，施白釉，有碎裂纹，白釉色泽微带黄色。另一件花瓣口直沿、折腰斜腹、小圈足大碗，施乳白釉，胎较厚，挖足过肩，口沿与圈足底无釉，下腹部亦无釉，为一件芒口瓷碗。上述二器的胎质皆较松软，呈灰白色，从外形及制作特征观察与定窑器相似，可能为定窑生产的白瓷器。

六　结语

从上述元大都出土的各主要窑口瓷器特征、成分、工艺、纹饰的分析，可以对元代一般日用瓷器的面貌及各窑创新的独特器形的面貌有较清楚的认识。现综述各窑口器形的特征等，并对有关问题提出一些看法。

（一）元大都出土瓷器特征综述及比较

元大都出土的各窑口器物，由于产地、原料来源、工匠技术、工艺方法等各种条件不同，在造型、胎釉、纹饰等方面各具特色，总的印象是北方窑址生产的瓷器胎体厚重，制作较粗但浑厚古朴，南方窑址生产的瓷器则胎体轻薄，制作精良。但也有例外，如以仿定窑瓷器为主的北方霍窑产品，造型细巧，胎薄如纸；南方的景德镇窑和龙泉窑的一些大型器、仿古器也是胎体厚重，具有浑厚古朴之风。为了对元大都出土各窑口主要产品有全面的认识，选取主要器形绘制对比图（图 8-8）。

从图 8-8 中看，元代各窑口的常用器，如碗、盘、高足碗的形制有不少相同之处。碗中，尖圆唇、口稍敛、斜腹、圈足碗在南宋时已是常见的形制，元代仍继续生产使用。这类器形最主要的特征是内底心稍凹或呈一小窝，外底圈足径小，底部旋削规整，底心有尖状乳突。除霍窑外，各窑都有这类器形。另一种碗为尖圆唇、撇沿、弧腹、圈足，足径较大，足壁矮。除钧窑外，其余各窑也都有这种器形。此外还有一种被称为折腰碗的器形，尖唇撇口、折腹、小圈足。这类碗的特点是口、腹部胎薄，底足胎厚，故圈足虽小仍能稳定放置，内底则皆平整。除磁州窑外，各窑皆有，只是形制上稍有差别：如钧窑的口部为圆唇；霍窑的口沿外撇较甚，因腹浅而归于盘类；景德镇窑的影青釉碗及龙泉窑的青瓷碗折腹不甚明显，只有景德镇窑枢府釉的折腹碗最典型。

盘也有两种形制，较接近，一种是圆唇敞口、浅弧腹、圈足，另一种是尖唇折沿、斜腹、圈足。除钧窑、霍窑的折沿盘未在元大都发现外，其余各窑盘的形制基本接近，只是胎厚薄、釉色泽及器形大小等稍有区别。高足碗出现于南宋，元代最为流行，元大都遗址内除钧窑外，其余各窑的都有发现。形制也有两种。一种是圆唇直沿或撇沿，弧腹，高圈足，足把粗短，足底外撇成喇叭口状。这种器形在元代早中期流行。元代晚期，另一种高足碗的器形在南方窑址中出现，碗形相同，但圈足足把瘦长，呈柱状或竹节状。其他罐、瓶、炉、托盏等日用器皿，有的在上述五处窑口中的三处窑口中形制接近，也有的在两处窑口中形制相似。此外，各窑还分别有独特的日常用器器形。一些受蒙古族习俗影响而创制的器形，如扁形的瓶、壶等，虽然各窑的器形不同，但在风格上仍是一致，都是仿皮囊壶的形状。为什么地处北方和南方，相距数千里的窑场，生产的产品却有不少相同点，并反映出元代独特的风格？这与元朝政府对瓷器手工业的重视，以及北宋末年瓷窑的大批工匠南迁有关，也反映了元代南北方瓷窑相互交流、模仿的盛况，这些因素促进了元代制瓷业的发展。

除了器物形制外，在制作工艺上，虽然各窑产品的胎釉精粗不一、制作繁简不同，但整个制作过程与水平仍比较接近，淘洗瓷土、拉坯轮制、分段镶接、修坯、底足旋削等工艺过程都基本一致。施釉方法也相同，一般器物皆经素烧后再一次施釉。龙泉窑、景德镇窑、钧窑的产品中有二次以上施釉，并有不同釉色的彩斑，如龙泉窑器上的青釉褐彩及青釉上的素胎贴花，钧窑的釉上加施紫红斑，景德镇窑影青釉上施褐釉彩点（又称"飞青"）等，都是元代特有的以不同釉色装饰瓷器的技术。磁州窑继承宋代的白釉釉下褐彩、黑彩或釉上红绿彩的技术，景德镇窑更创新出以氧化钴或铜为色料绘于瓷胎上，在高温及还原气氛中烧造出青花、釉里红等鲜丽色彩的技术，成为元代制瓷工匠在瓷器釉色装饰上的重要贡献。此外，景德镇窑在瓷胎配方上采用瓷石加高岭土的"二元配方"法，提高了瓷器的烧成温度，使瓷器更为洁白纯净、坚硬细密。磁州窑器胎质较差，为使釉面白净，采用在瓷胎外涂一层化妆土的方法，这些都是元代瓷器的特征。在装烧方法上，景德镇窑、龙泉窑皆用顺山坡砌筑的龙窑烧瓷，燃料以木柴为主，装烧方法以垫饼垫烧或叠烧为主，景德镇窑还有用砂渣垫烧的。钧窑、磁州窑、霍窑则以圆形或马蹄形窑烧瓷，燃料有用煤的也有用柴的，除垫烧外，磁州窑部分器物用支烧，霍窑器物则以支烧为主，支钉尖如小米粒大小，一般为三至五个。烧造工艺上的这些特点，反映了各窑相互间在制瓷技术上的交流、模仿，由此促进了元代制瓷技术的发展，为明清制瓷业的繁荣开拓了道路。

元大都瓷器的装饰技法有刻、划、印、绘、堆贴、雕镂、捏塑等多种，其中刻、划、印的技法常见于景德镇窑及龙泉窑的瓷器上，堆贴、雕镂和捏塑是钧窑瓷器常用的技法，但景德镇窑的器物、塑像及其他窑口的器物附件上也都采用；绘画则主要见于磁州窑的釉下或釉上彩瓷器和景德镇窑的青花、釉里红瓷器上。装饰技法除各窑有所不同外，还反映了时代早晚的不同，如刻划技法早在宋代就盛行于青、白釉瓷器上，元代早期亦颇盛行，元代中期以后，印花成为瓷器装饰的主流技法。龙泉窑青瓷上的素胎贴花也是元代中期后盛行的技法。磁州窑的釉下彩绘本是宋代就已流行的技法，元代虽属继承，但在彩绘的技法及风格上已有变化，不如宋代的构图精细、笔法细腻，而是潇洒粗犷、构图简洁，往往以寥寥几笔勾画出生动的形象，反映出民间工匠的熟练技巧和艺术水平。景德镇窑青花瓷上的绘画与磁州窑稍异，青花装饰亦盛行于元代中晚期，但题材已较丰富，构图亦繁缛，技法清秀细腻，受传统中国绘画的影响。

在装饰题材上，各窑瓷器许多题材内容是相同的，都反映了元代社会流行的风尚、习惯和思想。如各窑器物上喜用的植物图案，多为折枝或缠枝的莲花、菊花、牡丹、梅花或松竹梅三友及各种变形莲瓣等。这些植物纹饰被赋予了某种思想，莲花象征清白，牡丹象征富贵，松树象征长寿，竹枝象征气节。动物纹中龙、凤是常见的，代表崇高、威严、吉祥、喜庆、美丽、善良等。鱼的形象代表着富足有余，鹿则象征着高官厚禄，等等。

有的动物图案旁还印有"福"字。此外，八卦、八宝、如意云头、十字杵头、古钱纹等花纹亦都是当时流行的各种宗教思想的反映。除了主题纹饰外，陪衬纹饰中代表性的有刻划纹、回纹及卷草、卷云纹等。在绘画纹饰中，边饰、陪衬纹的内容更多，有三角纹、网纹、弦点纹、连环纹及阳光、山头、折枝桃等，充分反映出制瓷工匠对自然界万物的观察力及绘画技巧。时代不同，纹饰的表现方面也有明显变化。元代早期的纹饰较简单，莲花及莲瓣纹为植物纹饰中最常见的，且往往以一个题材多次重复或重叠组成图案式纹饰。而到元代中晚期，由于纹饰技法的变化，将绘画施用于瓷器上，为使绘在平面上的各种形象能比例恰当地表现在圆弧的器壁上，就必须在题材的安排上有所变化，同时也为了使瓷器的纹饰更吸引人，所以在题材上以表现生动灵活的形象为主，这就使纹饰由单调变为复杂，由呆板的重复发展为写实、逼真，各种纹饰都栩栩如生。花卉既有含苞待放，又有向阳盛开的形象。云龙、飞凤被描绘得"须鬣生动、鳞甲玲珑、指爪力劲"，达到了"穷游泳蜿蜒之妙，得回蟠升降之宜"。游鱼、奔鹿也都灵活生动。但这些活跃的动植物形象主要反映在彩绘器上，瓷器上刻、印、雕镂、堆贴的纹饰由于釉层色彩的覆盖遮掩，大部分表现得不够明朗生动。

在元大都出土瓷器的纹饰中，彩绘器以青花、釉里红及白釉下黑、褐彩的磁州窑器为主，青花器上所描绘的纹饰与宋磁州窑彩绘纹饰有许多相同之处，不仅题材相同，有的描绘手法、构图安排等也相同，如云龙纹、鱼藻纹、折枝菊、折枝牡丹等纹饰。这些相同点对解决青花瓷的起源问题是有启发的。当然，青花瓷的起源问题需要从多方面去考虑解决，目前在学术界也是一个争论未决的问题。元大都出土瓷器中，两个南北相距很远的窑口的釉下彩绘在器形、彩绘上有许多相似点的现象，至少反映了元代景德镇的青花瓷与磁州窑的釉下彩绘瓷在器形及纹饰描绘上存在模仿或其他渊源关系。关于这个问题已有学者专文阐述①，我们认为该文在上述问题上的观点，于元大都出土的瓷器上是有所反映的。

（二）元大都出土瓷器的年代

把元大都出土瓷器中有纪年题记的器物及各窑口瓷器特征与元代纪年瓷器比较、对照，可以确定，元大都出土的大部分瓷器都是元代中晚期的产品。这一推断与对元大都遗址本身的年代推断是吻合的。元大都的大部分遗址叠压于明初洪武元年（1368年）八月建造的北城墙下，遗址中出土瓷器的年代下限应不晚于明初洪武元年八月。在元大都出土的带有纪年题记的瓷器中，有"致和元年"（1328年）龙泉青釉小盘，还有年代特征明确的八思巴文纹饰或题记，这种文字颁行于至元六年（1269年），但到泰定二年（1325年）才刻印成蒙古字《百家姓》，故在瓷器上的八思巴文只能在泰定二年后才会被划印或墨书。与瓷器同出的其他纪年器物，铜权纪年有"大德□年"（1297～1307年）、"皇庆元年"（1312年）、"延祐五年"（1318年）、"至正二年"（1342年）、"至正四年"（1344年）、"至正七年"（1347年）、"至正十八年"（1358年），铜钱"大元通宝"系元武宗至大四年间（1308～1311年）铸造，这些器物的时代也都在元中晚期。此外，元大都出土各窑口瓷器中，能与已发表的墓葬、窖藏或遗址中出土有纪年可考的瓷器比对的，绝大部分都是元代中晚期的。如在南、北方许多元代纪年墓及沉船、窖藏中发现的景德镇窑的影青、枢府釉瓷器，龙泉窑的青釉瓷器，钧釉瓷器。

纪年墓中出土的计有至元二年（1265年）冯道真墓出土的莲瓣纹青釉小盘，山西侯马延祐元年（1314年）墓、江西九江延祐二年（1315年）墓出土的影青釉器，抚州至正八年（1348年）付希岩墓出土的影青釉及青釉器，辽宁至元三十一年（1294年）李伯宥墓出土的龙泉莲花碗，安徽大德九年（1305年）陈戌墓出土的龙

① 刘新园：《元代窑事小考（一）》，《景德镇陶瓷学院学报》第2卷第1期，1981年。

泉莲瓣碗，福建泉州至大三年（1310 年）出土的龙泉奁式炉，山西新绛至大四年（1311 年）墓出土的龙泉青釉碗，山东滕县至元五年（1339 年）墓出土的钧窑碗等。

在河北磁县发现的至正十二年（1352 年）沉船（为彰德分省粮船）中有景德镇窑、龙泉窑、钧窑、磁州窑、霍窑等窑址生产的碗、盘、高足杯等。

江苏金坛窖藏出土的青花云龙罐与元大都窖藏出土的青花云龙碗纹饰风格完全一致，金坛窖藏出土有延祐元年（1314 年）的纪年器物。在河北定兴、内蒙古呼和浩特、江西高安、江苏丹徒、浙江泰顺等地出土的元代窖藏中都有景德镇窑、龙泉窑、磁州窑等窑口的瓷器，其中内蒙古窖藏出土的钧窑炉上有"己酉"纪年（应为元至大二年，即 1309 年），同出土的还有龙泉青釉大花瓶，与元大都所出相同。

此外，在内蒙古集宁路元代古城及窖藏遗址、天津元代十四仓遗址中，都出土了大量与元大都出土瓷器形制相同、时代相同的各窑瓷器，这里不再一一列举。需要指出的是，前文中曾多次提到，元大都遗址出土的部分瓷器可能是宋或元初仿宋的器物，这是从器物的形制、纹饰等特征分析的结果，但这些宋或仿宋瓷器在出土瓷器中的所占比例是极少的，元代居民在生活中延续使用前代的或元代早期的器物是完全可能的正常现象，不影响我们对元大都这批瓷器绝大部分属于元代中晚期的时代面貌的确认。

（三）从元大都出土瓷器推断元大都各主要遗址的性质

上述各窑口的瓷器在元大都遗址中的出土情况是不同的，有的出于地层，有的出于居住遗址的地面，有的出于窖藏内。在出土的瓷器中，质量最佳的为景德镇的影青、枢府及青花瓷器，其次为龙泉窑的青瓷；数量最多的是磁州窑瓷器，其次为钧窑瓷器。在各个遗址中，这些窑口瓷器的出土数量及质量又各有不同，其中后英房居住遗址和窖藏出土的瓷器质量最高，各窑口器物中造型特殊、纹饰精美的瓷器大部分出于这两处遗址。后英房居住遗址是一座规模大、建筑布局及结构较复杂的遗址，根据出土瓷器及其他器物的精美程度，推测该处应是元大都内官吏的住宅。窖藏内埋有一批精美瓷器，有墨书八思巴文姓，汉译音为"章"，应是章姓的富有者因避乱等原因而埋入的。

从出土瓷器的数量和瓷器出土时的情形，也对遗址性质的推断起决定作用。如西绦胡同一号遗址内出土的大批瓷器，其中既有碗、盘等食器，也有灯、炉等用器，分属不同的窑系，每种器形又有相同的形制、釉色、纹饰及大小尺寸，数量十余件或几十件不等，出土时皆相叠成柱。这些不同用途和窑系的瓷器出于一处遗址的房间内，对推测该遗址的性质提供了重要的依据，该处可能是一处经营瓷器的铺面或仓库遗址。

在元大都其他遗址中，出土瓷器的窑口、品种、用途、数量、质量都不同，总的特点是以生活用品为主，质量以粗瓷居多。这类遗址显然是一般居民住宅或小手工业作坊及小型的店铺。

还有几种现象对推测瓷器的拥有者或使用者也起着重要作用，对判断瓷器本身的来源及价值也是重要的根据，如一些器物上留有锔钉锔补的小孔，在器内外刻印文字以及在器底墨书文字等现象。

有锔补痕的器物以景德镇窑和龙泉窑的瓷器居多，在钧窑和磁州窑器上也有发现，都是一些大型的罐、盆或质量、造型精致特殊的器皿。对这些瓷器的锔补说明它们是受到珍惜爱护的。景德镇、龙泉等地距大都路程遥远，需经长途运输才能将瓷器运到大都出售，这两座窑口的产品又较其他窑的更为精致，价格肯定昂贵，受到大都居民的珍惜不足为奇。即便是距大都较近的民间瓷窑的产品，由于大型罐、盆烧制不易，产量不多，价格较碗、盘等小型日用器皿昂贵，因而也受到爱惜。这些对大型瓷器如此珍惜的，绝不是元大都城内的贵族、统治者，而应是中下层居民，与发掘的遗址性质相同。

在器物上刻印或墨书的姓氏、字号等代表了瓷器的拥有者，从他们的身份可证明遗址的性质。瓷器上的姓氏、字号大多为汉字的百家姓，少量八思巴文字也是汉姓的译音。元朝是由蒙古贵族统治的社会，为了巩固其统治地位，统治者实行民族分化政策，将百姓划分为四等，汉人地位最低，划为三、四等。除少数汉族地主能担任官职外，绝大多数汉人是从事手工业或商业的中下层居民，瓷器上众多的姓氏应是代表这些被统治的中下层居民。这一推测有助于对遗址性质的判断。

（四）对元大都出土瓷器运销情况的推测

元大都出土瓷器窑口众多，窑址分布于全国南、北方较多的省、市或县境内，此外还有朝鲜的高丽青瓷。这些瓷器是通过哪条道路运到大都的？对其进行分析探讨，有助于了解元代的交通运输情况。

瓷器是一种易碎的商品，因此其销售与装运关系密切，元代的商人将瓷器运往大都时，必须考虑运输时的安全。元政府建立后，为发展经济，加强封建统治，除在政治上采取措施外，在经济上对交通运输极为重视。陆路方面建立了全国各地通往大都的驿道，设立了一千三百多处驿站。水路方面开凿了从山东东平到临清的会通河及通州到大都的通惠河，连接了原有的运河。又开辟了海运航线，从长江口的刘家港出发，沿黄海、渤海海岸线直达直沽（今天津），再至大都。由于瓷器易碎的特性，南、北方的瓷器主要应是从上述的水路用船舶运到大都。从调查发掘资料中了解，关于瓷器的运输迹象在以下两处遗址中也有充分的证据：一处是通惠河的终点，即元大都内的积水潭附近发现有码头遗址，遗址中出土较多景德镇窑的影青瓷，这些瓷器应是在该处装卸瓷器时遗下的。另一处是天津附近的元代十四仓遗址，其内发现有大量的瓷器碎片，其中绝大部分瓷片的窑口、器形与元大都所出相同，该处应是瓷器的贮存点，推测是海运或内河航运至元大都的转运站。

综上所述，元大都出土的瓷器对研究元代制瓷手工业的规模、技术、工艺水平是一批极为重要的实物资料，对研究元代手工业经济、商业贸易、交通运输、社会习俗、文化面貌等问题也是一批不可忽视的实物资料。

第九章　元大都石刻中的浮雕艺术

元大都出土的石刻，有生活用具和建筑构件两大类。生活用具皆出土于元大都居住遗址中，为当时居民日常用具，最多见的是加工粮食所用的石磨、碾轮和石碓，这类生产工具器形较大，如石碾轮 YHE：125，直径67、厚18厘米（参见图版4-13-13：4）；其他生活用具有石座、石洗、石盖、捶布石和垂帘石等，器形都较小，如后英房居住遗址出土的椭圆形石洗 YH72：133，高28、长径53、短径42厘米（参见图版4-1-58：1），钟形器 YH72：25，高9.5、底径14.1厘米（参见图版4-1-57：1），都可以搬动。生活用具器体小，器身上镌刻的花纹皆很简练，均为线刻或浅浮雕的莲瓣纹。另一类建筑构件的石刻都比较大，是不可移动的，这类石刻有两种：一种砌筑在大型建筑的台基上，如角石、丹陛石、柱础石、须弥座石和栏板石等；另一种为石牌坊构件（可能为墓地前的牌坊，报告中未收入），有立柱和门额等。这些石刻构件体积大而重，表面镌刻的花纹复杂多样，极富装饰性。如建国门贡院出土的角石 J：250、251，都呈方体长条形，长约120、宽厚约50厘米，在相邻的两侧面雕刻出挺拔的荷花纹（参见图9-23、9-24），这种角石应是砌筑在元代司天台台基立角上的[1]，既能加强台角的牢固性，又有装饰台基的作用。丹陛石和栏板石属面积大的构件石刻，其上镌刻的花纹更加丰富多彩，如锦地灵芝麒麟纹丹陛石 J：184（参见图版4-13-19：1）和锦地双凤麒麟纹丹陛石 YWF：136（参见图版4-13-14：1），都由5种花纹组成。栏板石长约120、宽约50厘米，正面刻满花纹，看起来既繁复又清晰。从纹饰布局看，有边饰花纹、地子花纹和主题花纹（参见图版4-13-19：2、3，4-13-20：2，4-13-21：2、3）。镌刻技法采用深浅不一的浮雕和线刻法，区别出平面花纹和立体花纹的层次感，使主题花纹更加突出。石牌坊上的花纹多在立柱和门额上，由于构件细长而窄，故大多采用线刻和浅浮雕法，镌刻出各式缠枝花，缠枝中穿插婴儿嬉戏，构图很有规律，花纹复杂而不乱。

建筑构件石刻皆于明代初年遭到破坏，从原建地点拆除，搬到明代修筑的城墙下作为墙基使用。因此在明代北、西城墙基下发现大量珍贵的元代石刻。元大都出土的石刻标本概况列表说明如下（表9-1）。

表9-1　元大都出土浮雕装饰石刻情况表

名称（器号）	质地与形状	构图与风格	雕刻方法	雕刻特征	备注
锦地龙纹丹陛（J：133）	汉白玉，长方形	构图工整，富装饰性	压地隐起，减地平鈒	刀法熟练细腻	残缺处可复原，右上局部主地纹被凿损
锦地双凤麒麟纹丹陛（YWF：136）	青石，近于长方形	构图灵活，富装饰性	压地隐起	同上	

---

[1] 蒋忠义：《北京观象台的考察》，《考古》1983年第6期。

名称（器号）	质地与形状	构图与风格	雕刻方法	雕刻特征	备注
锦地灵芝麒麟纹丹陛（J：184）	淡红大理石，长方形	构图完整，富装饰性	压地隐起，减地平钑	同上	缺右下角
团花缠枝莲牌坊门框	汉白玉立柱，抹角	构图紧凑，舒卷有致	压地隐起	刀法明快圆润，棱线明显	缺顶部
缠枝莲牌坊门框	青石立柱上有坊头霸王权	构图简朴，舒卷有致	减地平钑、花形略加雕琢	刀法平直、简朴，锋棱明显	顶部残缺
缠枝婴戏图门框	汉白玉立柱，抹角	构图紧凑，富于宋风	压地隐起	刀法与技法熟练，细腻	缺顶部，柱间断裂
凤穿缠枝牡丹纹门框	同上	同上	同上	同上	顶部缺，风化较重
缠枝莲牌坊门额	青色柱坊，门额与匾铭	构图复杂，富装饰性	透雕、剔地起突、压地隐起、减地平钑	刀法熟练，刻意求工	门额有菱形的簪座迹两个
门上坎残石	青石，长条形	构图复杂，不依旧样，富装饰性	压地隐起	同上	迎面呈圆鼓状，两侧收分，左右端缺损
宝装莲石方座（J1：38）	汉白玉，长方形	构图工整，结构复杂，富装饰性	剔地起突，压地隐起	同上	
须弥座残石	同上	同上	剔地起突，压地隐起，减地平钑，素平	同上	风化较重，两端缺损
须弥座	同上	构图工整，风格鲜明	压地隐起，减地平钑	同上	三级以下残损
雕龙栏板（J：185）	同上	构图简练，富装饰性	同上	主纹圆润，地纹阴刻，线较粗	仅存石栏部分，盆唇上有瘿项残迹，缺左下角
杵索纹栏板（J：187）	青白玉，长方形	构图完整，富装饰性	压地隐起	刀法熟练，刻划细腻，富于质感	中断裂，仅存右下角，盆唇上有瘿项残迹
缠枝莲纹栏板（J：189）	汉白玉，斜角长方形	同上	压地隐起，减地平钑	刀法熟练，收转灵活	右侧上、下角残缺，中间断裂，盆唇上有瘿项残迹
雕龙栏板（J：188）	同上	构图简练，富装饰性	同上	主纹圆润，地纹较糙	左上、右下角残缺，盆唇上有瘿项残迹
雕龙栏板（J：186）	汉白玉，长方形	同上	同上	同上	仅存石栏板部分，盆唇上有瘿项残迹，缺左下角
雕龙栏板（J：194）	同上	构图完整，富装饰性	压地隐起，减地平钑	主纹隐起圆润，地纹刀法深峻纤细	仅存石栏板部分
雕龙栏板（J：192）	同上	构图完整，富于宋风	同上	刀法熟练，收转灵活	左侧残缺，中间断裂并残损，盆唇上有瘿项残迹
雕龙栏板（J：193）	同上	同上	同上	同上	中与左侧断裂，两侧有残损，盆唇上有瘿项残迹
宝装莲瓣纹石板	同上	构图简练，富装饰性	剔地起突	同上	仅存部分宝相莲
缠枝花卉婴戏图残石	同上	构图完整，富装饰性	素平，平钑	技法熟练，绘画特征多于雕刻特征	残损，断裂严重，已不知为何物
莲花角石（J：250）	汉白玉，方形立柱	构图简练，纤细，富装饰性	减地平钑	刀法熟练，收转灵活	

续表 9 - 1

名称（器号）	质地与形状	构图与风格	雕刻方法	雕刻特征	备注
莲花角石（J：251）	同上	同上	同上	同上	
莲花角石（YHE：126）	汉白玉夹青点，方形立柱	构图简练、饱满，富装饰性	压地隐起	刀法熟练，寓方于圆，强调莲之特征，着重质感	风化较重，斑痕累累，中断
金氏尼姑云龙碑（J1：93）	青石，圭形	构图完整，富于宋风	压地隐起，减地平鈒	刀法熟练	一面上方有残损
万宝寺执照碑（J：138）	汉白玉，方形	同上	减地平鈒	同上	
岁数碑铭（J：231）	青石，圭形	构图简练，富于宋风		同上	西城正觉胡同出土
宝相覆莲石座（YG72：132）	青石，圆形	构图完整，富装饰性	剔地起突	刀法简朴	
莲纹柱础（J：101①）	灰青石，方形	同上	剔地起突，压地隐起	同上	右上角断裂
宝相莲瓣钟形器（YH72：25）	汉白玉，钟形	构图完整，装饰性强	剔地起突	刀法熟练，刻意求工	上部有铁穿
宝相仰莲石洗（YWF：137）	汉白玉，椭圆形	同上	剔地起突，压地隐起	同上	口沿残损
莲花纹石碾轮（YHE：125）	青石，圆形	花纹简练	素平	刀法简朴	
莲花形石洗（YH72：133）	大理石，椭圆形	同上	同上	同上	
莲花形石洗（YG73F9：19②）	青石，圆形	同上	同上	同上	

一　纹饰题材分析

元大都浮雕石刻的题材丰富多彩，按其种类大体上可以归纳为以下几类：

仙禽瑞兽纹饰　包括象征帝、后神威的龙凤纹，象征祥瑞的麒麟纹、獬豸纹，以及大象、怪兽和金翅鸟纹等。

人物纹饰　包括婴戏童子、天王和龙女等。

云水纹饰　包括水波纹、海涛纹和各类云纹等。

花草纹饰　包括忍冬、莲花、牡丹、茶花、菊花、慈姑、灵芝、瑞草、卷草、海石榴、仰覆莲及各色宝相花等。

几何纹饰　包括回文、云雷纹、线纹、联珠纹、三角纹、万字纹、花毯纹、六出龟背纹及各式如意云纹等。

其他纹饰　包括绢索纹、金刚杵、十字金刚杵、火焰宝珠纹等。

按照装饰部位，上述各种纹饰则可以分为主纹、地纹、边饰三类。

主纹　经常作为主纹的有龙、凤、麒麟、瑞兽、人物、金刚杵、绢索纹、花草纹等。

地纹　经常作为地纹的有云水纹、海涛纹、灵芝纹、几何纹等。

边饰　经常作为边饰的有花草纹、夔龙纹、如意云纹等。

就其中几种最重要的和有代表性的纹饰，试作分析如下。

（一）　龙、凤纹

早在神话传说中，龙就是最重要的题材，龙的纹饰也总是居于最尊贵、最显赫的地位，往往被作为主纹。凤是凤凰的简称，是古代传说中的鸟王，古人认为这种鸟"不与燕雀为群"[1]，往往用以比喻贤德的人，也用来表示帝王。因此在纹饰中，凤也是一种极其重要的题材，每每处于最显赫的位置，常被用作主纹。

在元大都石刻中，龙纹作为主纹的有很多，例如锦地龙纹丹陛（图9-1）、雕龙栏板（参见图版4-13-19：2、3，4-13-20：2，4-13-21：2、3；图9-2）、金氏尼姑云龙碑。以及现存于山西芮城永乐宫的泰定三年（1326年）重修护国西齐王庙碑（其左右两侧有海石榴花地的龙纹和牡丹花地的龙纹；图9-3：1、2），还有至正九年（1349年）重修的东岳岱山庙碑（其侧面有莲花地龙纹；图9-3：3）等等。

关于凤的纹饰有元大都出土的锦地双凤麒麟纹丹陛YWF：136（参见图版4-13-14：1；图9-4）、凤穿缠枝牡丹门框（图9-5），还有集龙凤纹于一物的居庸关东壁北部北方持国天王怀中的琵琶（图9-6）[2]。

龙的形状随着时代而不断变化，其变化特征可作为判断时代的一种参考性依据。早期的龙大体与虎相类，二者的区别仅在于龙首有角、身有鳞，这种形状一直保持到南北朝时期。之后，龙的身躯部位越变越细长。这种现象在南宋著名画

图9-1　元大都出土锦地龙纹丹陛石（J：133）

家陈容的《墨龙图轴》[3]中已有表现。有的学者认为，在龙的身躯越变越长的同时，龙的上颚部也变得愈加细长且上翘。但根据现有的资料来看，并非完全如此。如元大都出土的斜角雕龙石栏板J：188（参见4-13-20：2）上的龙以及同一地点出土的长方形雕龙石栏板J：185（参见图版4-13-19：2）、J：186（参见图版4-13-19：3）上的龙，上颚与下颚等齐。

关于凤的纹饰，宋《营造法式》指出，角石上有圆形的盘凤纹饰，望柱上有长条形的凤穿牡丹纹饰，是根据不同装饰石刻构件的需要而设计的。在元大都石刻中，也根据不同的需要而有盘凤（如锦地双凤麒麟纹丹陛）或凤穿牡丹纹饰（凤穿缠枝牡丹门框），形制与《营造法式》大致相同，只是更进一步图案化。有些部位，如头颈等大大简略纹饰的细部，双翅和尾部图案化为规整的、粗细大体一致的条纹。但是，元大都石刻的凤纹与宋代的凤纹仍然是有着极为密切的关系的，特别是与宋太祖永昌陵望柱上的凤纹（图9-7）和福州南宋黄昇墓[4]中

①　《史记·日者列传》。
②　村田治郎：《居庸关》，图28，1955年。
③　《艺苑掇英》第14期，第1页。
④　福建省博物馆：《福州南宋黄昇墓》，文物出版社，1982年。

0 ⊢——┤ 10厘米

图9-2　元大都出土花卉龙纹石栏板（J：193）

图 9－3　元代龙纹碑刻

1、2. 山西永乐宫"重修护国西齐王庙碑"碑侧纹饰　3. 山西永乐宫"重修东岳岱山庙碑"碑侧纹饰

图 9 - 4　元大都出土镶地双凤双凤麒麟纹丹陛石（YWF：136）

0 ⊢⊢⊣ 16厘米

0   18厘米　　　0   9厘米

图9-5　元大都（明代城基下）出土凤穿缠枝牡丹纹石门框

图9-6　居庸关持国天王怀中琵琶上的龙凤纹

图9－7　宋太祖永昌陵望柱上的云凤纹

出土的印花彩绘牡丹凤凰花边中的凤纹风格很为接近。

在这里需要特别指出的是，关于龙、凤的纹饰，元朝最高统治者曾两次下诏作出规定：

第一次是仁宗延祐元年（1314 年）下诏，命中书省"定官员士庶衣服车舆制度"①。其中规定，无论是衣服、器皿，或是帐幕、车舆，即使是蒙古人和见当怯薛（怯薛为蒙古语番直宿卫之意），亦"不许服龙、凤纹"，并特别注明"龙谓五爪二角者"②。这样就把龙、凤纹饰作为帝王的专用纹饰了。

第二次是顺帝至元二年（1336 年），规定"禁服麒麟、鸾凤、白兔、灵芝、双角五爪龙、八龙、九龙、万寿、富寿字、赭黄等服"③，再次重申，把龙、凤纹饰作为帝王的专门纹饰。

元朝最高统治者屡屡下诏的目的，在于改变"尊卑混淆"的状况，使"贵贱有章"④。

（二）人物纹

在石刻中，人物纹往往被作为主纹。例如居庸关云台拱门的石刻，在拱门内壁装饰四天王等，拱门正中金翅鸟两边装饰龙女，南、北拱门东西两侧的柱部装饰四位身骑瑞兽的童子，这些人物纹饰全都占据着主纹的装饰部位，构图基本相同，只在细微处有所差异。而在元大都出土的石刻中，作为主纹的人物纹饰刻画的全是小儿形象，宋《营造法式》将其称为"化生"，今一般称为"婴戏图"。例如元大都出土的长方形线刻缠枝花卉婴戏图残石（图 9 - 8）中有三名活泼的男童，左右二人下肢蹲踞，在做摔跤角力游戏，中间的幼童为评判人。左边的幼童激动得"扼腕"怒视，右边的幼童摇手却步，似在寻求和解。又如缠枝婴戏图门框（图 9 - 9）中亦有三名分别作奔跑、攀登、嬉戏状的男童。这些幼童，从头饰、服装，到粗壮的身体，以及高耸的颧骨等面部特征，和居庸关拱石券顶正中金翅鸟两边的龙女（图 9 - 10 I 、II）⑤ 以及南、北拱门两侧手举莲花、身骑瑞兽的童子，都有不少相似之处（图 9 - 11 ~ 9 - 13）。

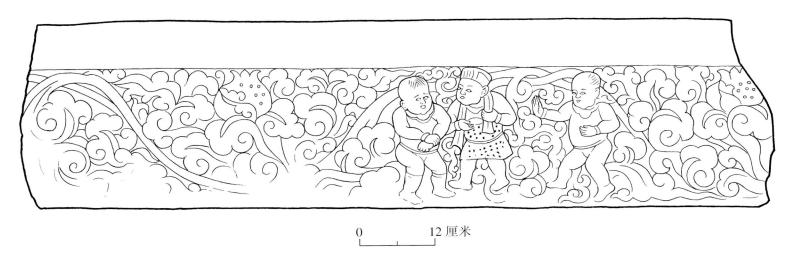

0 ⊢—————⊣ 12 厘米

图 9 - 8　元大都出土缠枝花卉婴戏图残石

①　《元史》卷二十五《本纪第二十五·仁宗二》，中华书局，1976 年，第 567 页。
②　《元史》卷七十八《志二十八·舆服一》，中华书局，1976 年，第 1942 页。
③　《元史》卷三十九《本纪第三十九·顺帝二》，中华书局，1976 年，第 834 页。
④　《元史》卷七十八《志第二十八·舆服一》，中华书局，1976 年，第 1942 页。
⑤　村田治郎：《居庸关》，图 11，1958 年。

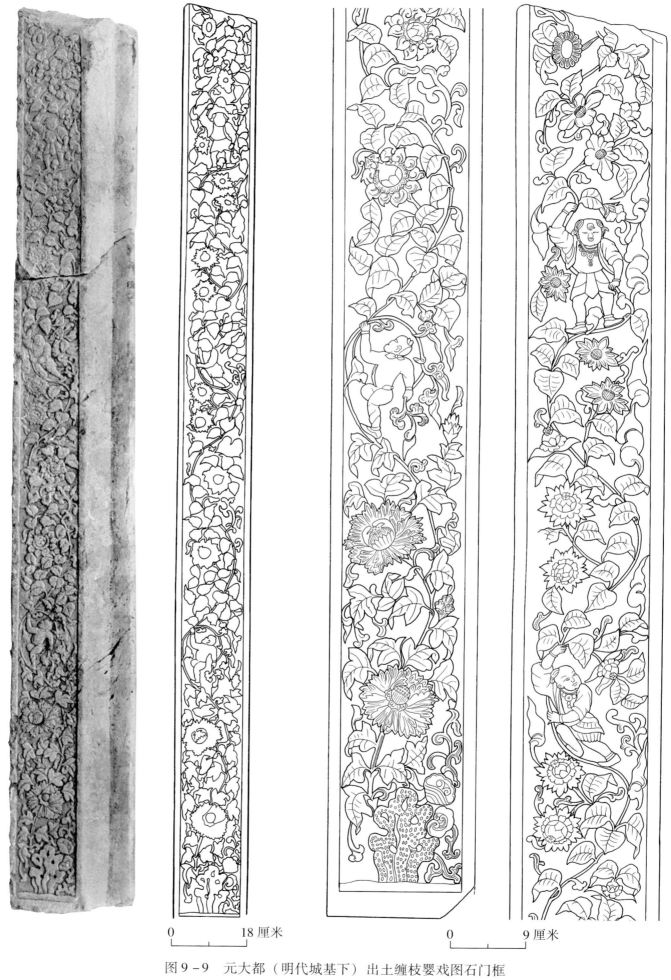

0 —————— 18厘米　　　　　　　　0 —————— 9厘米

图9-9　元大都（明代城基下）出土缠枝婴戏图石门框

图 9 - 10 I　居庸关拱石券顶正中金翅鸟与龙女

图 9 - 10 II　居庸关拱石券顶纹饰

图9－11　居庸关关拱门南面东西两侧童子（象座）
1. 西侧　2. 东侧

图9-12　居庸关拱门北面东侧童子（象座）

图9-13　居庸关拱门北面西侧童子头像

（三）几何纹

元大都石刻中的几何纹种类很多，主要有云雷纹、海涛纹、六出龟背纹、钱纹、花毯纹等，不但种类多，而且变化巧妙、层出不穷（图9-14）。几何纹主要被用作地纹。作为地纹的几何纹处于主纹与边饰纹之间；这种地位决定了它对于主纹来说必须处于从属地位，只能将主纹衬托得更加突出，切忌喧宾夺主；对边饰纹来说，它又必须与边饰界限分明，切不可混为一体。以这种标准来看元大都石刻的几何纹饰，我们认为是很成功的。此外，为了使均齐、

对称的几何纹样不致因过分呆板而缺少生气，元大都石刻还往往将几何纹作为骨架，在骨架上缀以花朵，或于几何纹饰的空白处填补上小巧的花卉纹样，这样就使作为地纹的几何纹既规整又富于生活气息，效果比单纯的几何纹饰更佳。

诚如上述，几何纹主要是被用作地纹。这里还要提出一种特殊的几何纹，即如意云纹。在建筑石刻中按照装饰部位来说，如意云纹在横向纹饰中多被用在两侧，在纵向纹饰中多被用在上下两端或其中的一端。因这种几何纹被用作特殊的边饰，卡在纹饰的两头或一头，故被称为卡子头，而如意云纹也往往被称作如意卡子头。如意卡子头是摹仿彩画额枋上的如意头而来的，因此与木结构上的这类纹饰相同，其形制从简单到复杂，可以变化出多种多样的纹饰。其变化方法大体可分为两种，一种是如意卡子头本身的变化，一种是如意卡子头与其他纹饰结合成变体。

如意卡子头本身的变化表现为如下几种：一种是将一个如意卡子头一分为二，然后将两个被一分为二的半如意卡子头相背排列起来（图9-15：1、2）；一种是在一个完整的如意卡子头两旁再陪衬上半如意卡子头，此即通常所谓的"一整二破"卡子头，这种如意卡子头顶部的排列有的是同向，有的则是异向（图9-15：3～6）；还有一种是三个完整的如意卡子头呈"品"字形排列（图9-15：7）。

如意卡子头与其他花纹的变体有海石榴花变体如意卡子头纹（图9-15：8、9）、灵芝变体如意卡子头纹（图9-15：10）、卷叶变体如意卡子头纹（图9-15：11～14）。这种卡子头亦可称为双叶交茎套联

图 9 - 14　元大都石刻上的几何纹

图 9 - 15　元代石刻上的如意云头纹
1～11. 元大都石刻　12～14. 山西永乐宫碑侧

忍冬纹[①]。在元大都石刻中，如意云纹确实是一种富于变化、线条复杂的纹饰，适合于被安排在边角或束腰等处的装饰部位，因此在明清时期亦得到广泛应用。

（四）忍冬纹

忍冬俗称金银花，为多年生半常绿缠绕灌木。就目前所发现的忍冬纹饰来看，西汉卜千秋墓壁画云彩中的忍冬纹是我国最早的忍冬纹饰之一，武威汉墓出土的屏风也是以忍冬纹作装饰的。此后，忍冬纹作为绘画或雕刻等工艺品的边饰在我国长期流行。

忍冬纹乃是图案化了的忍冬花，在元大都出土的建筑装饰石刻构件的边饰中以忍冬花纹最多，其花纹和它的变体、骨架皆为藤蔓分枝。其造型大体可分为三类：

涡卷形忍冬纹　如元大都出土的杵索纹石栏板的地栿以及龙纹丹陛石边饰（图9-16Ⅰ：1、2）。

卷叶形忍冬纹　如元大都出土的花卉奔龙石栏板上下边饰、须弥石座的第一条花纹带以及万宝寺执照碑边饰（图9-16Ⅱ）。

单叶和双叶忍冬纹　这类纹饰的基本形制为藤蔓分枝，有横向二方连续一上一下式的排列，也有纵向一左一右式的排列，每枝一叶，不同之处在于单叶的忍冬纹叶片按一定方向顺向排列，而双叶的叶片形状两相对称（图9-16Ⅲ、Ⅳ）。在元大都石刻中，这种纹饰使用极为普遍，几乎比比皆是，故不一一列举。

图9-16Ⅰ　元代石刻上的忍冬纹

1. 元大都出土杵索纹石栏板（J：187）上的涡卷形忍冬纹　2. 元大都出土锦地龙纹丹陛石（J：133）上的涡卷形忍冬纹　3. 居庸关持国天王冠与坐佛背光上的涡卷形忍冬纹

①　敦煌文物研究所：《中国石窟敦煌莫高窟（一）》，图13纹样，文物出版社，1982年，第179页。

图 9 - 16 Ⅱ　元代石刻上的忍冬纹

1. 元大都出土花卉龙纹石栏板（J：193）上的卷叶形忍冬纹　2. 元大都出土须弥座上的卷叶形忍冬纹　3. 元大都出土万宝寺执照碑（J：138）上的卷叶形忍冬纹

以忍冬花变化出来的各种纹饰作为石刻的边饰，可以取得恬淡古朴、华而不俗的艺术效果，故而是元代石刻中最盛行的一种纹饰。除元大都城出土的石刻以外，保留至今的元末修建的居庸关云台的石刻纹饰也多有忍冬纹饰，如拱门东壁北部持国天王的宝冠顶前部即以涡卷形忍冬纹为第二道边饰，门洞内斜面坐佛背光的第二道边饰也以涡卷形忍冬纹为饰（图 9 - 16 Ⅰ：3）。再如元上都石刻的边饰（图 9 - 16 Ⅴ），山西芮城县永乐宫的蒙哥五年乙卯兔儿年（1255 年）和中统元年庚申猴儿年（1260 年）圣旨碑碑刻边饰（图 9 - 16 Ⅳ：8、2），以及宋德方石椁上的边饰等①，都采用了忍冬纹饰。不仅北方多采用忍冬纹饰，南方也是如此，例如元代南方中外交通枢纽泉州的石刻也有多处采用忍冬纹饰②。说明忍冬纹确实是元代石刻中最为风行的一种纹饰。

（五）莲花与莲花变体纹

莲花因具有"出淤泥而不染"的特性，受到中国人民的特殊喜爱。尤其是在佛教传入中国以后，因佛经称"一切诸佛世界，悉见如来坐莲华藏师子之座"③，所以饰有莲花的台座成了佛座的专用纹饰，莲花纹饰也有了

①　山西省文物管理委员会、山西省考古研究所：《山西芮城永乐宫旧址宋德方、潘德冲和"吕祖"墓发掘简报》，图版伍，《考古》1960 年第 8 期。

②　吴文良：《泉州宗教石刻》，科学出版社，1957 年。

③　见《华严经》。

图 9 - 16 Ⅲ　元代石刻上的忍冬纹

1. 元大都出土锦地双凤麒麟纹丹陛（YWF：136）上的忍冬纹　　2、6. 元大都出土缠枝莲纹石栏板（J：189）上的忍冬纹　3. 元大都出土宝装莲石方座（J1：38）上的忍冬纹　4. 元大都出土花卉龙纹石栏板（J：193）上的忍冬纹　5. 元大都出土缠枝莲牌坊门框上的忍冬纹　7. 河南少林寺"大元重建河南嵩山少林禅寺萧梁达摩大师碑叙"上的忍冬纹

图 9 – 16Ⅳ　元代石刻上的忍冬纹

1. 元大都出土须弥座残石上的忍冬纹　2. 山西永乐宫"猴儿年圣旨碑"上的忍冬纹　3. 元大都出土石栏板上的忍冬纹　4. 元代经幢上的忍冬纹　5. "元讷庵谦公禅师塔铭"上的忍冬纹　6. 元至顺四年塔石上的忍冬纹　7. 至元墓经幢上的忍冬纹　8. 山西永乐宫"兔儿年圣旨碑"上的忍冬纹

图 9 - 16 Ⅴ　元代石刻上的忍冬纹

更高贵的地位。在元大都石刻中，莲花纹饰有时被用作主题纹，有时被用作边饰，式样繁多，有莲花、铺地莲花、仰覆莲花、宝装莲花。大体可将莲花纹饰分为写实和图案化两大类。

写实类的莲花纹饰有：元大都出土的延祐元年（1314 年）的金氏尼姑云龙碑 J1：93，碑首上面饰以写实性覆莲叶、下面饰以写实性仰莲花和荷叶花纹（图 9 - 17：9、10），此外出土的宝装莲石方座 J1：38 的莲花纹也是写实性（图 9 - 17：2、3）。永乐宫至正九年（1349 年）"重修东岳岱山庙碑"等有刻线莲花纹饰（图 9 - 17：1、13），猴儿年（1260 年）圣旨碑上也有莲花纹（图 9 - 17：14）。官园中心台以南出土的花卉龙纹石栏板 J：193 中，奔龙主题纹饰的右侧衬以写实的莲花与莲叶（图 9 - 17：7）。居庸关南边拱门外的东西两侧有写实性的莲荷纹饰（图 9 - 17：4、5、12）。元大都出土的角石上和门上坎石上有莲花纹（图 9 - 17：6、8），另"岁数碑铭"J：231 上也刻有荷叶纹（图 9 - 17：11）。

除此之外，都是各种形式图案化了的变体莲花。如元大都出土的雕龙石栏板 J：192（参见图版 4 - 13 - 21：2）、杵索纹栏板 J：187（参见图版 4 - 13 - 20：1；图 9 - 18）、斜角缠枝莲花栏板 J：189（参见图版 4 - 13 - 20：3）、门上坎残石（图 9 - 19 Ⅰ、Ⅱ）、须弥座残石（图 9 - 20）、团花缠枝莲牌坊门框（图 9 - 21 Ⅰ、Ⅱ）、青石缠枝莲牌坊门框（图 9 - 22）、莲花角石（图 9 - 23 ~ 9 - 25）、莲纹方形石柱础 J：101①（参见图版 4 - 13 - 4：2）、宝相覆莲石座 YG72：132（参见图版 4 - 7 - 10：6）、莲花形石洗 YG73F9：14（图 9 - 26）、宝相仰莲石洗 YWF：137（参见图版 4 - 13 - 14：3），以及后英房居住遗址的宝相莲瓣钟形器 YH72：25（参见图版 4 - 1 - 57：1）和莲花形石洗 YH72：133（参见图版 4 - 1 - 58：1），上刻"至正十四年六月初二日"字样的莲纹石碾轮 YHE：125（参见图版 4 - 13 - 13：4）等近 20 件石刻构件。居庸关北边拱门外东西两侧的变体莲花纹，拱门内侧及顶部、云台石栏板上的诸种缠枝莲边饰等亦属此类。

图 9 - 17　元代石刻上的写实类莲花纹

1、13. 山西永乐宫"重修东岳岱山庙碑"上的莲花纹　2、3. 元大都出土宝装莲石方座（J1：38）上的莲花纹　4、5、12. 居庸关拱门两侧的莲花纹　6. 元大都出土角石上的荷叶纹　7. 元大都出土花卉龙纹石栏板（J：193）上的莲花纹　8. 元大都出土门上坎石上的莲花纹　9、10. 元大都出土金氏尼姑云龙碑（J1：93）上的莲花、莲叶纹　11. 元大都出土"岁数碑铭"（J：231）上的荷叶纹　14. 山西永乐宫"猴儿年圣旨碑"上的莲花纹元大都形形色色的变体莲花纹是一种值得仔细研究的纹饰，它将莲花的花、叶、蓓蕾加以奇妙的图案化，使纹饰千变万化、层出不穷：

花头变体造型　花纹的设计者非常注意花头中莲瓣、莲蕊、莲子、莲蓬的特征，根据不同需要加以图案化（图9－27Ⅰ～Ⅲ）。有结构匀称的仰莲，是为莲花的正投影图案；有突出莲蓬、莲子、莲蕊或将莲蓬变形成石榴的，是为具有透视特点的变体莲图案；还有被莲叶半掩的侧视莲花图案。除此之外，有的莲花、莲瓣变得与宝相花（居庸关拱门内侧的缠枝莲纹饰）或牡丹花难以区分了（图9－27Ⅲ：92、93），但基本上是从莲花花头脱胎而来。

蓓蕾变体造型　一般采取侧视角度绘制含苞待放或蓓蕾初放的莲苞变体纹饰（图9－28）。

莲叶变体造型　主要是运用图案平衡的原理将莲叶花形化，有叶子的俯视圆形花，也有半圆形叶子的侧视图等（图9－29）。

上述所列举的元大都石刻中的莲花及莲花变体花纹，在数量上或许略少于忍冬花纹，但就其所装饰的位置和在整个石刻中所占的比重来看，都比忍冬花纹更加重要。忍冬主要用来作为边饰，而莲花及其变体花纹却常常用来作为主纹，如斜角缠枝莲栏板 J：189（参见图版4－13－20：3）、缠枝莲牌坊门框（参见图9－21Ⅰ、Ⅱ）和莲花角石 J：250、251（参见图9－23、9－24）等。

在这里还需要特别提及缠枝莲纹饰。顾名思义，所谓缠枝莲纹饰，其基本造型乃是醒目的粗壮枝蔓连续不断地向两侧岔出的莲纹。这种纹饰的渊源是很久远的，如西安兴庆宫遗址出土的盛唐时期的大理石观音坐像，莲座的束腰部分就有类似缠枝莲的纹饰（图9－30）。其中细微的差别是，一种是突出造型各异的硕大的莲花，如元大都出土的两块缠枝莲牌坊门框（参见图9－21Ⅰ、Ⅱ，9－22）；一种是突出莲花和由莲叶构成的俯视圆形花纹，而莲花和由莲叶组成的花纹往往是互相间隔的，如斜角缠枝莲石栏板（参见图版4－13－20：3）。作为建筑物的边饰，这种纹饰是很相宜的，如居庸关拱门内的缠枝莲纹饰（图9－31：1、2）[①]和云台上石栏板板心的缠枝莲纹饰（图9－31：3），都为这些建筑物增添了光彩。

0 —— 14 厘米

图9－18　元大都出土杵索纹石栏板（J：187）

---

①　村田治郎：《居庸关》，图29：6，1958年。

图 9 - 19 Ⅰ　元大都出土缠枝莲门上坎残石

0 ⊢―――┤ 12 厘米

图 9 – 19 II　元大都出土缠枝莲门上坎残石

图 9 – 20　元大都出土须弥座残石

图 9 – 21 Ⅰ　元大都出土团花缠枝莲牌坊门框

图 9 – 21 Ⅱ　元大都出土团花缠枝　　　　　图 9 – 22　元大都出土青石
莲牌坊门框　　　　　　　　缠枝莲牌坊门框

图9－25　元大都出土莲花角石（YHE：126）

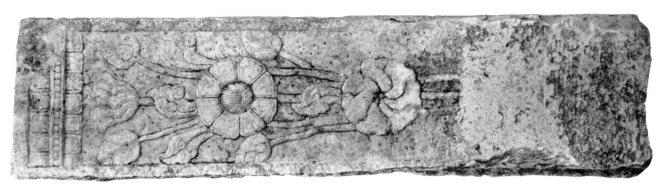

图9－24　元大都出土莲花角石（J：251）

图9－23　元大都出土莲花角石（J：250）

图 9 - 26　元大都出土莲花形石洗（YG73F9：14）

图 9 - 27 I　元代石刻上的莲花花头变体造型

图 9 - 27 Ⅱ　元代石刻上的莲花花头变体造型

图 9 - 27 Ⅲ　元代石刻上的莲花花头变体造型

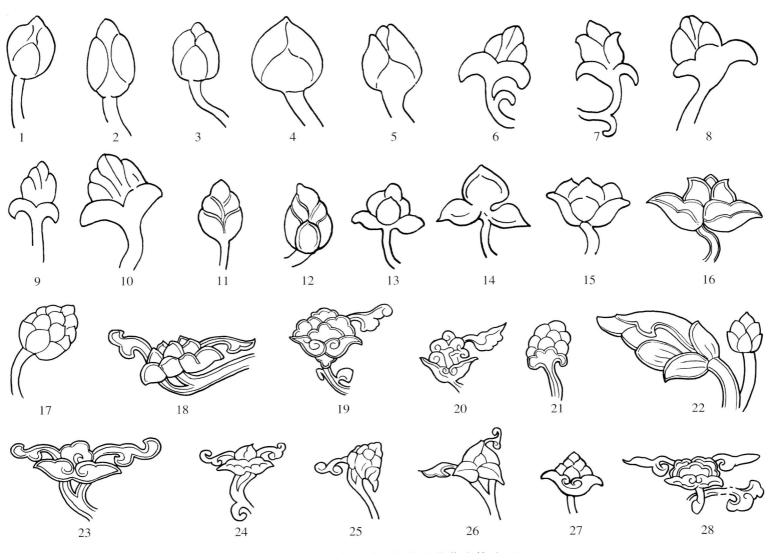

图 9 – 28　元代石刻上的莲花蓓蕾变体造型

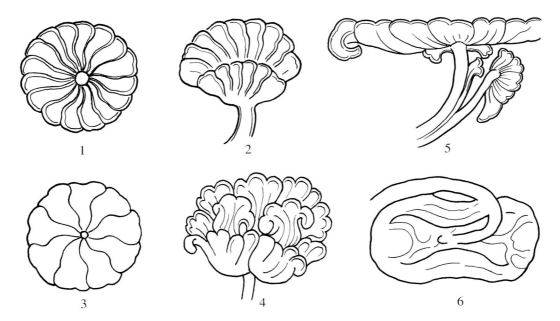

图 9 – 29　元代石刻上的莲叶变体造型

图 9 - 30　西安兴庆宫出土唐大理石观音坐像

图 9-31　居庸关拱门内和云台石栏板板心处的缠枝莲纹饰
1、2. 居庸关拱门内　3. 居庸关云台石栏板

二 工艺及其艺术效果

按照现代浮雕理论，浮雕的技法通常分为高浮雕（半圆雕和中浮雕）、浮雕、浅浮雕、线雕四种。元大都的浮雕石刻，既有高浮雕、浮雕，同时也有浅浮雕和线雕。考察这些浮雕作品，可以看出当时元大都的石匠们已熟练地掌握了透视的方法，会巧妙利用错觉，并且谙习素描原理。正是由于工匠全面掌握这些浮雕原理和雕刻技术，所以才能创作出杰出的艺术品。

按照宋《营造法式》的记载，雕刻方法有剔地起突、压地隐起、减地平钑及素平等四种方法。元大都出土的石刻表明，当时的石匠运用这四种雕刻方法创造了具有不同艺术效果的作品。

剔地起突是一种类似于高浮雕的方法。采用剔地起突方法雕镌的石刻以后英房居住遗址出土的石狮角石最为典型（参见图版4-1-71）。另外还有元大都出土的长方形汉白玉须弥座残石（参见图9-20）、青石刻花牌坊门额残石（图9-32）、金氏尼姑云龙碑（参见图版4-13-11：1）等。总起来说，以剔地起突手法雕刻的制品最富有表现力，主题纹饰清晰突出，立体感强。在元大都石刻中，青石刻花牌坊门额残石是其中的精品，门额正中部位的上半部是以宝瓶和透雕壶门三幅花间隔排列成的。宝瓶是以剔地起突的手法刻成的，为适应宝瓶体凸出的造型特点，上面雕刻了绣球纹、绣球形钱纹和套环纹，这样既使宝瓶古雅典丽，又突出了其立体特征。宝瓶的上下束腰处饰以联珠纹，紧接着联珠纹的是宝瓶口部的仰莲和宝瓶底部的覆莲，这样巧妙的构图更加强了透雕、剔地起突作品的表现力，使瓶体显得玲珑剔透，丰富而又饱满。雕有"……致敬"字样的残匾额也是用剔地起突方法雕刻的，虽然残损严重，但是仍然可以看出它是仿照生活中挂匾的真实式样，呈斜坡形突出于门额平面以上的，增加了门额的层次和真实感。

在金氏尼姑碑的云龙纹中有一具左右对称的正投影的龙头（参见图版4-13-11：1），其突出特点是层次清楚。虽然由于龙头下半部残损，使我们不得窥见全豹，但仅只头的上半部就有着干层次：第一层为隆起的额头。第二层为额头上部"丫"字形的双角和额头下部竖起的双眉。第三层为竖在额面侧、耳孔宛然的双耳。第四层为一双凹陷在额下深眼窝中，赫然雄视的圆鼓鼓的眼睛。第五层为眼睛两侧肉感很强的双颊。第六层为飘荡在脑后的长鬣，长鬣本身又因为鬣纹纹络而分成三个层次。由于有上述若干层次，再加上卧云托月的地纹衬托，活生生的龙头便跃然欲出了，使人不得不为元代石匠高超的雕刻技艺而倾倒。

图9-32　元大都出土青石刻花牌坊门额残石

剔地起突的雕刻方法也被运用在带形纹饰中，如汉白玉须弥残座，前面从底座逐渐向上收分，形成一个向上倾斜的坡面。在这个坡面上，饰以用剔地起突方法雕刻而成的横向条纹带，等距离如意云头圭角、缠枝莲条纹带、宝装覆莲条纹带和宝瓶矮柱间隔的花卉条纹带等，使这一须弥座既华美又显得稳定牢固。

压地隐起是一种类似于浮雕的方法，在元大都石刻中，以压地隐地方法雕刻的装饰石刻数量特别多。单纯使用这种方法雕刻的石构件在元大都石刻构件中即占一半以上，再加上与其他雕刻方法混合使用的，所占比例就更高了。由于用压地隐起方法雕刻的石构件数量极多，这里不再一一列举其名，仅在叙述工艺特点时个别举例进行分析。

压地隐起这种雕刻方法特别适于表现二方连续图案，既可以用来雕刻横向展开的纹饰，如杵索纹石栏板（参见图版4－13－20：1；图9－18）；又可以用来雕刻竖向展开的纹饰，如团花缠枝莲牌坊门框（参见图9－21Ⅰ、Ⅱ）、缠枝婴戏图门框（参见图9－9）、凤穿缠枝牡丹纹门框（参见图9－5）。同时，这种雕刻方法也适合随石刻构件的不同装饰部位而机动灵活地予以构图。上述特点决定了这种雕刻方法既可以雕刻边饰，又可以雕刻主题纹饰。

压地隐起不同于剔地起突，它不能依靠增大雕刻最高点和最低点之间差距的办法来表现纹饰的立体感。在深浅仅差一二厘米或两三厘米的石面上，立体明明被压得很扁，却又要表现出纹饰的空间深度，因此只能借助于合理利用透视错觉、高超的雕刻技术以及巧妙的构图。在这一点上，元大都出土的莲花角石系代表之作。

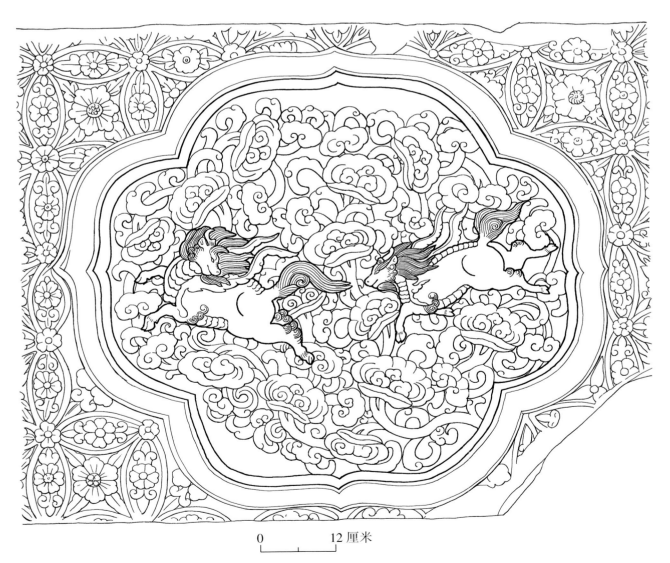

0　　　　12厘米

图9－33　元大都出土麒麟纹丹陛（J：184）

在元大都出土的莲花角石中（参见图 9 - 23 ~ 9 - 25），正中部位有一朵怒放的莲花，四周是盛开的花瓣，中间是紧包着莲房的喷薄欲放的莲瓣，周围衬托着式样别致的莲叶和栩栩如生的莲苞，使莲花显得丰满逼真，立体感非常强。

如上所述，压地隐起的方法常常被用来雕刻主题纹饰。以这种方法雕刻的纹饰主题鲜明，形象饱满，富于表现力。佳作之一是元大都出土的雕龙栏板 J：192。栏板的中心位置是一片苍茫的云海，两条长鬣飘动、遍体鳞甲的游龙在云海中奔腾（参见图版 4 - 13 - 21：2），艺术气魄非凡。佳作之二是灵芝麒麟纹丹陛 J：184。丹陛中间的四瓣开光内是灵芝和麒麟的主题纹饰，一对麒麟形象生动（参见图版 4 - 13 - 19：1；图 9 - 33），层次虽然不多，但刻工隐起圆滑，造成明暗对比的效果，既衬托出主题纹饰，又含蓄而又不露锋芒。元大都中的许多建筑石刻都具有这样的特点，我们举出这件作品进行分析，正因为这件作品具有典型性。

减地平钑为浅浮雕，素平为线雕，这两种雕刻方法要比剔地起突和压地隐起简单得多，但所取得的艺术效果是别具特色的。最典型的以减地平钑方法雕刻的作品有元大都出土的青石缠枝莲牌坊门框（参见图 9 - 22）和缠枝莲门上坎残石（参见图 9 - 19 Ⅰ 、Ⅱ）。以这样的石刻来装饰建筑物，从远处望去，虽然看不清纹饰的具体形状，但雕刻在石构件的凸起部分留下纵横交错的阴影，使人们可以知道这是经过加工的石刻，不比光秃秃的石面那样令人兴味索然；走到近处，又可以看到构图细腻、线条柔和的纹饰，别有一番风味。

以素平手法雕刻出来的构件素雅恬淡，类似于绘画中的白描。如元大都出土的海石榴花缠枝婴戏图残石 J：252，全部装饰面均采用素平线刻的方法雕琢而成。以这种方法雕刻的纹饰，更多是用作衬托主纹的地纹，如雕龙栏板 J：185、186、188（参见图版 4 - 13 - 19：2、3，4 - 13 - 20：2）的雷纹即是。

总而言之，剔地起突、压地隐起、减地平钑及素平四种雕刻方法，雕出的构件各有优长，各具不同的艺术效果，春兰秋菊，各擅一时之秀。

考察元大都石刻，这四种雕刻方法往往一二种或三四种同时并用，如青石缠枝莲牌坊门框（参见图 9 - 22），除透雕外，还同时运用了剔地起突、压地隐起、减地平钑三种雕刻方法；又如汉白玉长方形雕龙栏板，同时运用了压地隐地、减地平钑两种雕刻方法。如果安排得当，使各种雕刻的优点汇集到一处，可以使主宾分明，主次各得其宜，艺术效果往往更为圆满。

三 构图风格

作为建筑装饰石刻，其纹饰构图要受双重的限制：限制之一是，装饰石刻要与被装饰的建筑主体风格协调，要有格调一致的主从关系；限制之二是，装饰石刻作为被装饰的构件，根据其在组成特定建筑中的用途，被划出了严格的装饰部位，如竖长的门框、横长的门额、长方的丹陛、斜长的栏板，以及形制各异的建筑装饰等。这样从构图方面来看，石刻较之绘画所受到的限制更加严格。

尽管受着上述的双重限制，考察元大都的浮雕石刻，其构图是合理的，纹饰的组织结构安排得当，使得作为一种工艺美术品的建筑装饰石刻显示出若干独具特色的构图风格。

元大都浮雕石刻构图的风格之一是繁密富丽，也就是尽量使花纹充满被装饰面，尽量少留空地。只有这样的雕栏玉砌才能与庙宇、殿堂等建筑物的绮窗绣户、画栋飞甍格调一致，充满雍容华贵、庄严肃穆的气象，而这正是使用这些建筑物的统治者所追求的。例如锦地龙纹丹陛 J：133（参见图 9 - 1），边饰是由从宝瓶中生出来的涡卷形二方连续的忍冬纹构成的；丹陛的中心是以 60 度斜线与 90 度横线交织组合而成的六出龟背纹图案，龟背中心以六瓣形花朵填充；丹陛的中上方是八瓣莲纹双层开光，开光内是一条游龙，衬托这条游龙的，上面是朵朵相连的云纹，下面是均匀细密的水涛纹，整个装饰面被精美细密的纹饰饰满，装饰效果很好。比锦地龙纹丹陛更华美的是灵芝麒麟纹丹陛 J：184（参见图版 4 - 13 - 19：1；图 9 - 33），我们在前文已对其开光内的灵芝、麒麟做过分析，兹不重述，此处仅就衬托丹陛的花球纹锦地来分析它的纹饰组织结构。这块丹陛的锦地是由大小相等的圆相交的绣球纹图案组成的。单就一个球形来看，被分为五部分，每部分都被适合他形状的花叶填满，看上去既像绣球，又像铜钱，也像花朵，繁丽规整，富有装饰性。与此相类似的还有青石刻花牌坊门额上的绣球纹条带。

元大都浮雕石刻构图的风格之二是平衡匀称。为适应装饰建筑物的需要，不论是丹陛还是栏板，特别是作为承重构件的柱础，必须要能给人以坚牢、稳固、不可动摇的感觉。建筑石刻上的纹饰多是对称的图案，有些纹饰虽然并不对称，但在构图时也特别注意平衡匀称。例如元大都出土的青石锦地双凤麒麟纹丹陛 YWF：136（参见图版 4 - 13 - 14：1），在四瓣开光内有两只长尾细颈、栩栩如生的翔凤，中间有火焰宝珠，尽管两只凤各以不同的姿态回旋飞翔，但是仍然特别注意到在构图时保持平衡。又如元大都出土的两件逐珠无鳞龙石栏板 J：185、186（参见图版 4 - 13 - 19：2、3）和两件雕龙石栏板 J：192、193（参见图版 4 - 13 - 21：2、3），十分注意整体构图，在龙的动态中求得平衡。还有缠枝婴戏图门框（参见图 9 - 9），更是以缠枝花卉为中轴，以三个不同姿态的儿童为支点，自然地稳定了重心，保持了平衡，使构图和谐而又富于变化。

元大都浮雕石刻构图的风格之三是主题突出，石刻的设计者在构图时很注意突出主题纹饰。很多重点装饰石刻，如丹陛等，往往以开光的方式突出主题纹饰。四瓣海棠开光的形式在元代是很盛行的，不仅元大都的石刻中有很多，元代其他地方的石刻也往往采用这种形式，如江西南昌朱姑桥元延祐二年（1315 年）的墓葬，内有两块红砂岩石刻，其中一块为海棠卷草纹（图 9 - 34：1）、一块为海棠万字纹（图 9 - 34：2）[1]。开光多为朴素的条带纹，相形之下，使开光内的主题纹饰更加鲜明完整。再如元大都出土的三块龙纹石栏板 J：185、186、188，均以古朴规整的雷纹为地，上面衬托出奋力腾跃的飞龙和火焰熊熊的宝珠，以静衬动，突出龙纹主题的效果格外明显。当然，为突出主题，还要借助雕刻方法等多种手段，但是在构图时就考虑到要突出主题纹饰，无论如何也不失为元大都建筑浮雕石刻的构图特点之一。

图 9 - 34 江西南昌元墓出土石刻上的海棠纹
1. 海棠卷草纹 2. 海棠万字纹

① 郭远谓：《江西南昌朱姑桥元墓》，《考古》1963 年第 10 期，第 576 页。

四　艺术源流

尽管这批元大都石刻中官式石刻为数甚少，绝大多数是民用石刻，但是通过研究可以看出，元代石刻的纹饰设计和构图的风格显然是继承着宋代石刻作风的。元大都石刻的纹饰题材、组织结构和雕刻的技法，都与宋《营造法式》所规定的十分接近。在实物方面，宋陵石浮雕对元大都石浮雕的艺术影响表现得尤为明显。我们试举几处例子加以说明。

其一：宋太祖赵匡胤（976年）永昌陵望柱上的云凤纹（参见图9-7）与元大都锦地双凤麒麟纹丹陛中的凤纹（参见图版4-13-14：1），造型特点都是长尾飘摆，颈项柔曲，给人以凌空飞翔的动感。

其二：宋真宗赵恒（1022年）永定陵石像生大象的底座正面为瑞兽缠枝牡丹纹（图9-35），与元大都锦地灵芝麒麟纹丹陛构图风格一致，繁缛富丽，尤其是二者的灵芝造型基本一致。

其三：宋陵中龙的纹饰很多，龙的姿态也多种多样。如英宗赵曙（1067年）永厚陵、神宗赵顼（1085年）永裕陵的石浮雕，龙的纹饰都很出色。这些纹饰中的龙，尽管姿态与元大都石刻中的龙纹不同，但龙的形制大体相类似，都是长鬣、双角、鳞片鲜明、体形粗壮，并多半衬以云纹地。龙爪的数目虽然不尽相同，但都尖锐有力。另外，永裕陵上马石上面四角处的牡丹花（图9-36：1、2）也与元大都锦地双凤麒麟丹陛上的角纹装饰相同。

元上都地区也有少量石刻出土，一般说来纹饰简单、刻工粗糙，多半采用平直刀法，石料又多为流纹岩（图9-37），质地粗疏，容易风化。少数虽然是汉白玉石料，但刻工也远不如元大都石刻采用圆刀刀法雕刻显得那么精细，纹饰也远不如元大都石刻华美（参见图版4-13-19：3）[1]。虽然如此，但是元上都的石刻与元大都的石刻却有多得令人吃惊的相似之处，为我们研究元大都石刻提供了一些可以互相印证的资料。举例如下。

其一：元大都出土的莲花角石（参见图9-23~9-25）与元上都遗址出土的汉白玉石雕荷花（图9-38）[2]，主题纹饰均为俯视圆形莲叶和盛开的莲花、待放的蓓蕾；顶部的卡头均为宝装仰覆莲，中间束以联珠纹饰。

图9-35　河南巩县宋陵象座正面奔鹿花卉纹

① 原田淑人：《元上都》，图版三五：2，图版三七：F，《东方考古学丛刊》乙种第二册，东京，1941年。
② 贾洲杰：《元上都调查报告》，图版伍：2，《文物》1977年第5期。

图 9 - 36 宋元石刻角上的纹饰
1、2. 河南巩县宋神宗永裕陵上马石上的牡丹纹
3. 元上都华严寺"皇元敕赐大司徒筠轩长老寿公之碑"碑首上的云月纹

其二：元大都出土的斜角缠枝莲栏板 J：189，其枝蔓、叶和变体莲花的形态、组织结构等，与锡林郭勒盟正蓝旗元代遗址出土的汉白玉缠枝莲角石完全一致，所不同的只是"压地隐起"的雕刻技巧有高下之分。

其三：元大都出土的青石刻花牌坊门额残石上部的三角形花卉二方连续图案（参见图 9 - 32），几乎是元上都雕花石桌桌面上的三角形花卉二方连续图案（图 9 - 39）[1] 的翻版。

其四：元大都出土的宝装莲石方座 J1：38（参见图版 4 - 13 - 7：3），其云纹圭角与元上都雕花石桌（图 9 - 40）[2] 的云纹圭角如出一辙。

其五：元大都出土的金氏尼姑云龙碑 J1：93（参见图版 4 - 13 - 11：1）龙头上方的云月纹饰与元上都华严寺出土的皇元敕赐大司徒筠轩长老寿公之碑（图 9 - 36：3）[3]，碑首题额上的云月纹饰极其相似。

其六：元大都出土的须弥座残石（图 9 - 41）和宝装覆莲石板上的宝装覆莲花纹与元上都汉白玉石刻（图 9 - 42）[4] 上的宝装覆莲花纹完全相同。

除此之外，元上都浮雕石刻中的缠枝花、忍冬花、四瓣开光及其中的纹饰也有很多相似之处。这都说明，元大都的石刻与元上都的石刻在艺术上有着密切的血缘关系。

① 贾洲杰：《元上都调查报告》，图一一、一二，《文物》1977 年第 5 期。
② 贾洲杰：《元上都调查报告》，图版伍：5，《文物》1977 年第 5 期。
③ 原田淑人：《元上都》，图版六〇，《东方考古学丛刊》乙种第二册，1941 年。
④ 贾洲杰：《元上都调查报告》，图版伍：4，《文物》1977 年第 5 期。

图 9 – 37　元上都出土流纹岩石构件上的莲花纹

图 9 – 38　元上都出土汉白玉石雕荷花

图 9 – 40　元上都出土雕花石桌的云纹圭角

图 9 – 39　元上都出土雕花石桌

图 9 – 41　元大都出土须弥座残石

图9-42　元上都出土汉白玉石刻

图9-43　明法华寺楞严经幢上的忍冬纹

图9-44　明法华寺楞严经幢上的金刚杵纹

图9-46　安徽凤阳明皇陵望柱上的缠枝莲纹

图9-45　居庸关拱门外部西侧的十字金刚杵纹

元大都石刻对后世石刻的影响是深刻的，就装饰石刻中的浮雕而言，无论是纹饰主题，还是纹饰的组织结构以及作品的艺术风格，都对后世建筑装饰石刻中的浮雕有着直接的重要影响。这种影响是广泛和深刻的，由于明清两代存留到今天的石刻很多，无法一一比较，我们仅就明代寺院石刻和明代皇宫及皇陵石刻做一些简要的对比。

其一：北京丰台区法海寺附近明正统九年（1444 年）楞严经幢上的忍冬纹饰（图 9-43），与元大都出土的斜角缠枝莲栏板两侧的忍冬纹相同。此外，该楞严经幢上的金刚杵（图 9-44）和居庸关拱门外的金刚杵以及外部西侧基部上的十字金刚杵（图 9-45），还有元大都出土的杵索纹石栏板上的金刚杵、十字金刚杵（参见图 9-18），都有相似之处。

其二：建于明英宗正统九年的智化寺内藏殿殿内明间设转轮藏一具，八角形，下承白石须弥座，上雕缠枝莲、忍冬纹边饰和宝装仰覆莲纹[1]，束腰处饰力神、卷草纹和八宝，最下面为云形圭角，大有元大都石刻的遗风余韵。

其三：安徽凤阳明皇陵望柱上的缠枝莲纹（图 9-46），与居庸关拱门内两侧的缠枝莲纹饰（参见图 9-31：1、2）构图及造型都很相似，都是由莲花变体纹和莲叶以及粗壮的莲茎组成的缠枝纹。二者的差别仅在于凤阳明皇陵望柱上的莲花变化纹更加纤巧而已。

其四：今故宫内明代早期的断虹桥（图 9-47、9-48）以及明代早期钦安殿石栏板（图 9-49）上面的龙

图 9-47　故宫内断虹桥石栏板

① 刘敦桢：《北平智化寺如来殿调查记》，见《刘敦桢文集（一）》，中国建筑工业出版社，1982 年。

图 9 - 48　故宫内断虹桥石栏板

图 9－49　故宫内钦安殿石栏板

纹，与元大都出土的两块石栏板上面的龙纹，从形制到局部结构都十分相似，龙的身躯细长，都是五爪，动态
也一致，只是元大都石刻上龙的体形较粗壮些，明代早期石刻上的龙更细长些。纹饰的地子也是风格十分相似
的写实性花卉，边饰是藤蔓分枝卷叶形忍冬纹、锦地夔龙纹和缠枝花卉纹。简言之，即二者不仅纹饰主题相同、
结构相同，而且连地纹和边饰也基本相同。

　　总而言之，在探索了元大都石刻的艺术源流之后，我们可以这样认为，元大都石刻继承了宋以来优秀石刻
的艺术传统和成果，同时又对明清石刻有着直接和重要的影响，在我国雕刻史上代表着不可缺少的一个阶段，
居于承前启后的重要地位。

后　记

　　元大都考古发掘领队和《元大都》考古报告主编都是徐苹芳先生。元大都考古发掘历经 10 年（1964～1974 年），考古发掘资料整理、研究和编写发掘报告又历经 6 年（1975～1980 年）。元大都考古是徐先生主要工作之一，也是我国宋元城址考古的重要收获。

　　《元大都》考古报告由编写大纲到报告体例都是徐先生精心操作，他把报告分为上、下编，上编用十八章编写考古发掘资料，下编用八章编写元大都专题研究。上述各章由八个人执笔，徐先生执笔上编的第一章至第五章、下编的第一章至第五章和第七章，他承担的工作量最多。要求 1979 年完成上编考古资料整理、文物修复、器物照相、器物绘图、遗迹图清绘和各类遗址的报告文字初稿，1980 年完成下编的专题研究文稿。1979 年底，六位同志完成了上编第六章至第十八章（即 11 处遗址、瓷器窖藏和出土零散文物）的文字初稿，先交给蒋忠义校对统稿，并配好插图和图版。下编的《元大都的民居建筑》《元大都出土的瓷器》和《元大都石刻中的浮雕艺术》三篇专题研究，于 1980 年也陆续交稿，请徐先生一并过目定稿。

　　1980 年后，徐苹芳先生走上领导岗位，社会活动繁多，成为文物考古界大家，全国考察、出国学术交流、到各大学院所讲课等事务逐年增加，无暇《元大都》考古报告编写，因此报告迟迟未能交稿出版。进入 2000 年后，徐先生年逾七十，精力有限，2003 年他又身染重疴，严重影响了工作，为了尽快完成报告，徐先生提出对报告有关章节进行合并或删除，形成目前的报告章节，即保留上编中的第一章前言（序），合并原上编中的第二章至第五章，形成目前的第二章和第三章，合并原上编第六章至十八章，成为目前报告中的第四章（把发掘的 11 处遗址、瓷器窖藏和零散文物，由十三章变为十三节）。改动和删除最多的是下编元大都专题研究，徐先生自知精力有限，删除了他所执笔的第一章至第五章和第七章（内容为元大都研究小史、元大都的复原、元大都城市规划及其评价、元大都的兴衰及其在北京城市发展史上的影响和各类遗址中所反映的不同阶层的生活），只保留其他人所写的三篇专题报告。

　　2009 年秋，徐苹芳应邀为《扬州城》考古发掘报告写序，告之蒋忠义《元大都》考古报告于 2011 年完成，尽快出版，叮嘱蒋忠义把报告所用插图补绘齐全，图版和插图编排好，插入文字中。孰料 2011 年 5 月 20 日徐先生溘然长逝！2011 年 10 月徐宝善先生在家中徐苹芳的书屋中，找出徐先生有关元大都考古记录资料 26 份，他病重期间执笔的《元大都考古报告》上编中的第二章和第三章手写文字稿共 145 页，很遗憾未能写出第一章前言和下编中有关元大都的专题研究的重要学术成果。

　　2012 年初，中国社会科学院考古研究所领导决定尽快完成《元大都》考古报告，徐先生未完成报告的文字资料和专题研究，应按徐先生生前写的发掘记录、发表的文章和教学讲话，尽快整理写出，此项工作交给健在的蒋忠义完成。经努力于同年 8 月蒋忠义完成了报告的全部文字稿，之后又补绘了 30 余幅插图，《元大都》考古报告完成了，可以告慰徐先生的叮嘱，以此追思徐先生对元大都考古的重大贡献。参加元大都考古工作的24位人员，已有14人先后作古，健在人员也都七八十岁，大家希望报告尽快出版，以纪念作古人员的贡献，也是给考古界和关心元大都的学者同仁们的一个交代。报告最后整理者文化水平低，学识粗浅，远远达不到徐先生的要求和对元大都的研究水平，错误之处请批评指正。参加元大都报告编写人员如下：

徐苹芳：上编第一章、二章、三章和下编第五章、六章；蒋忠义：上编第四章第二节、三节、四节、八节和下编第七章之一、四、五；马希桂：上编第四章第七节、九节、十一节和下编第七章之二、三；关甲堃：上编第四章第五节和十节；黄秀纯：上编第四章第一节和六节；李德金：上编第四章第十二节和下编第八章；喻震：上编第四章第十三节；张广立：下编第九章。

发掘出土的器物修复、绘图和照相，由中国社会科学院考古研究所技术室承担。元大都出土瓷器标本胎釉化学成分分析，由上海硅酸盐研究所承担测试（见下编第八章《元大都出土的瓷器》）；元大都出土铁器分析（见《考古》1990年7期），由《中国冶金史》编写组承担。对上述单位表示衷心感谢。

报告中所用和义门瓮城、后英房居住遗址、雍和宫后居住遗址和西绦胡同二号遗址等复原图，是我国著名古建专家傅熹年先生完成的，感谢傅先生为元大都考古作出的贡献。

元大都城址实测图由郭义孚先生测绘，实测的底图经刘建国先生校对加工成彩色图。对他们的辛勤工作表示感谢。

《元大都》考古报告完稿后，手写稿全部输入电脑变成电子版，这项工作全靠肖淮雁先生帮忙，他在百忙工作中把50万文字稿打入电脑并对全部文字进行校对，工作既繁琐又细致，对他这种认真负责的精神表示感谢。

国家文物局拨专项经费赞助报告的出版，圆了我们老考古工作者之梦。衷心感谢国家文物局的关怀支持。社科院考古所领导研究后，拨付经费资助我们购买文具纸张等办公用品和一点劳务费，并特批一间办公室供我们使用和存放元大都资料，感谢所领导对退休多年的老考古队员的关心。工作期间北京市文物局派科研处处长来看望我们，对他们的关心也表示感谢！

报告中所用图版大部分为黑白版（20世纪六七十年代，因受经费限制，彩色片照得很少），为了使出土器物质地真实和精美，我们于2012年5月提出需照器物彩片和器物的数量名单，并请示社科院考古所领导、北京市文物局和首都博物馆（元大都出土遗物皆存放在该馆或展出）有关领导，等了一年六个月，不知为什么，各单位领导们未回复我们的请示，彩色器物片照不成，我们只好用黑白版，但黑白版分不清精美瓷器胎釉色泽和玉石器质感之美，这点是报告中的遗憾，请广大读者见谅。

编 者

2015年6月

Abstract

Yuan Dadu (the Great Capital of the Yuan Dynasty) holds a very important position in the development history of ancient Chinese capital cities. In 1963, the Institute of Archaeology of Chinese Academy of Sciences and the team of Beijing Municipal Management Commission of Cultural Relics jointly established the group of the Historical Map of Beijing and the archaeological team of Yuan Dadu, with the purpose to study and restore the history and urban planning of Beijing city, as well as to provide scientific data for the group of the Historical Map of Beijing. From 1964 to 1974, the archaeological team successively surveyed remains such as city walls, streets, as well as water systems like rivers and lakes of Yuan Dadu, which led to the understanding of the form and range of the outer city of Yuan Dadu. What's more, in coordination with the urban construction of Beijing, the archaeological team excavated Wengcheng (the barbican entrance to the city) and culvert sites of Heyimen gate and more than 10 Yuan Dynasty residential sites including the Houyingfang residential site.

The whole book consists of nine chapters, which are divided into the first part and the second part. The first part consists of four chapters, embodying the archaeological excavation materials of Yuan Dadu from 1964 to 1974 (including Chapter 1 Preface; Chapter 2 Remains of City Walls, Streets, Rivers and Lakes; Chapter 3 City Gates and Culvert Constructions; and Chapter 4 The Archaeological Excavation of Residential Sites). The second part consists of five chapters which are specialized studies (including Chapter 5 A Brief Research History of Yuan Dadu, Chapter 6 The Urban Planning and Restoration of Yuan Dadu, Chapter 7 Residential Constructions of Yuan Dadu, Chapter 8 Porcelain Unearthed from Yuan Dadu, and Chapter 9 The Stone Relief Art of Yuan Dadu). The book provides rich information for the study and restoration of the history and urban planning of Beijing, as well as for the study of the residential planning, the construction forms, along with the economic and cultural conditions of Yuan Dadu.